面白いほどよくわかる！
心理学の本

圖解心理學

正面迎戰人生難題！

讀懂自己、看穿他人，從0到99歲都適用的生涯處方

日本知名心理學家
澀谷昌三——著

劉名揚——譯

前言

通常，大家在進大學後才會接觸到心理學這門學問。除非就讀心理學系或相關大學，通常也只是為了通識學分修一點心理學，後來就逐漸淡忘了。

但另一方面，正因為這是進大學才會學到的學問，所以才對心理學開始感興趣，希望進入心理學系攻讀的年輕人也是與日俱增。此外，隨著電視或雜誌對心理學熱的報導，取得心理諮商認證的講習或補習班也越來越受歡迎。

為什麼心理學會變得流行？或許是出於大家深感現今社會欠缺安定感，對不確定的未來感到焦慮，覺得日子難過的投射。為了與家人、朋友、同事之間的人際煩惱，又苦無對象可傾吐的孤獨感或許也是一大主因。其他可能是有些人將解析自己及他人的心理視為樂趣。

總而言之，心理學是一門「以科學方法解析心理」的學問，因此藉由學習心理學，可以學會如何理論性地、客觀地理解他人或自己的情感。相信能夠理論性地、客觀地解開他人或自己內心的謎團，是可以帶來滿足感的。而且或許在過程中還能找回自我、獲得自信、產生面對未來的活力。

本書試圖用一般人中生活中的經驗做解說，幫助讀者輕鬆地學習畢生探索、解析心理學的先人智識、試圖用科學方法解析人類心理的二十世紀、二十一世紀心理學家的學問。如果能勾起各位讀者些許知性的好奇心，便是筆者最大的榮幸。

澀谷昌三

圖解心理學●目錄

PART 1 何謂心理學 11～64

●從心理學能學到什麼

●心理學能改變人生？

●心理學的現在・未來

PART 2 人際關係心理學

PART 7 大腦運作對心理的影響

PART 8 性格與深層心理分析

●性格

●深層心理

●釋夢

PART 1

何謂心理學

從心理學能學到什麼
1
以科學觀點研究人的內心世界

據信**心理學**（psychology）這個詞，首次出現於一五九〇年德國哲學**家魯道夫．郭克蘭紐**（Rudolph Goclenius）的一篇論文的題目。一如psyche（心）與logos（理論）這兩個字所示，心理學是一門研究內心的學問，目的是理論性地研究、科學性地分析「心的組成」。

「為什麼會做這種事？」人之所以常會做出連自己也無法理解的事，是因為**內心深處連自己也意識不到的心（潛意識）**的存在使然。心理學能夠透過實驗、觀察、面談、及病理學等種種觀點再三驗證，為我們解析這些潛藏於內心深處的謎團。

雖然我們無法直接看見人的內心，但可藉由心理學的知識感受到心的存在。而由於一切事物都與人有關，「心理」也會對一切事物造成影響，可見心理學的研究範圍是無限寬廣的。而由於心理無法如數學或物理般擁有可以明確測量的對象，因此也是一門有冒險空間的學問。

相關知識

◉亞里斯多德的心理學

自古便有哲學家及醫學家試圖**探究內心**。古希臘哲學家**亞里斯多德**就將心定義為生命活動的原理，認為心的活動透過身體展現出來，也認為不僅是人，動物和植物也都有心。他有一句名言：「精神是最具意義的研究主題。」其著作《何謂心》，也討論到了與現今的心理學共通的主題。

此外，相對於古希臘的哲學家**柏拉圖**認為「心是人與生俱來的」（**先天論**），亞里斯多德認為心是類似「生物的原理」、「如白紙般」的東西。

心理在任何地方都能產生影響

只要有人、有行動，所有的場合都會受到心理的影響。心理學所解釋的，就是這類心理的運作方式及關連。

心理運作的例子

「今天中午想吃○○的親子丼」
＝欲望

「去○○餐廳吃吧」
＝「想吃」化為行為的動機

「噢，真好吃」
＝欲望獲得滿足

「什麼？已經賣完了？」
＝欲望未獲滿足而產生的苦惱

「明天得早一點來」
＝透過經驗學習

從心理學能學到什麼
2

從動作或行動推測背後的真意

內心的運作，或多或少會表現在身體或行動上。因此藉由觀察身體的狀態或行動，可以在某種程度上理解人**深藏不露的內心世界**。這就好比俗話說人的眼睛會說話，從一個人的眼神裡，可以推測出他此時的心境。

美國心理學家**赫斯**（Eckhard H. Hess）曾做過一場實驗：他向受試者展示男女和嬰兒、抱著嬰兒的女性、男性的裸體、女性的裸體、風景等照片，並測量受試觀看每一張照片時的瞳孔大小。結果發現男性在看到女性裸體照時，以及女性在看到抱著嬰兒的母親照片時，都有瞳孔放大的現象，讓赫斯得到了人在產生興趣或感到興奮時，瞳孔便會放大的結論。

此外，從一個人的動作、口頭禪或口誤，也都可以推敲出他的心理。

當然，這種觀察結果可能**因人而異**，並沒有類似數學公式的標準答案。

相關知識

◉運用倒錯

口誤、誤聽、筆誤、會錯意、健忘等均屬於**運用倒錯**，在日常生活中頻繁發生，背後原因就是真正的心意深藏在心中。

例如誤將「會議開始」說成「會議結束」，可能就是宣布「會議開始」的不甘，與心裡「真不想開會」這真正的想法有所衝突，最後真意勝過不甘所造成的口誤。

也就是說，心中的潛意識一再對意識產生干涉，妨礙到「聽覺」與「視覺」等方面的認知，便會產生錯誤行為。這種造成錯誤行為的思考方式稱為**精神決定論**，被視為精神分析的基本邏輯。

窺探潛意識

雖然肉眼無法看見人的內心，但仍可藉由身體的各種動作略窺端倪。

視線

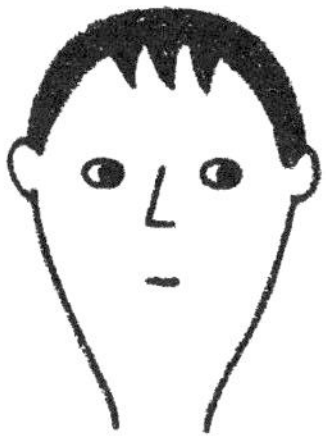

視線會朝感興趣的東西移動。

表情

皺眉可以讓人感覺到內心不愉快。

口頭禪

常說「果然……」的人，較不願服輸。

動作

搔頭代表不安、緊張或苦惱。

口誤

不小心脫口說出真正的想法。

喜歡的顏色等

赤

紅色是熱情的象徵，同時也是破壞的象徵。

↓

心理學藉各種線索推理人心。

從心理學能學到什麼

3

培養抗壓力 抵抗世間各種不合理

人在一生中會遭逢形形色色的試煉。有時可能會為難題所苦，導致內心不安。尤其在景氣低迷的現代，不僅加薪難以期待，甚至還可能遭到減薪或裁員。

在這樣一個時代裡，每個人的**抗壓力**都受到了考驗。

這種時候，只要從心理學中學會客觀理解自己的內心如何運作，並培養出面對突發狀況也能臨危不亂的韌性，便能找出脫離苦惱泥淖的對策。此外在人際關係（溝通）方面，也能正確解讀對方的真意，正確判斷自己該如何應對。

不過，心理學認為我們的行動源自各種層次的需求。也就是說，只要滿足需求，就能保障心理健康。我們都藉由與環境磨合，避免造成心中不安、焦慮的不滿或煩惱過度滋生，並在不知不覺間學會滿足需求的方法。事實上，在研讀心理學的過程中，就能看出根據各種臨床結果及實驗所導出的解決方法。

例如**史托茲**（▼下段）的**LEAD法**（▼下段），就是將克服逆

相關知識

◉LEAD法

美國組織溝通專家**保羅・史托茲**（Paul G. Stoltz）提出的問題解決法。當難題降臨時：

1. LISTEN（**聽**）
2. EXPLORE（**探索**）
3. ANALYZE（**分析**）
4. DO（**行動**）

依上述四個步驟解決問題，便能迴避傷害，或至少將傷害降到最低。也可被當作因應投訴的方法。

◉自我監控

藉由檢視自己在他人眼裡是什麼模樣、或每天做活動記錄檢視自己，一有必要就調整「自己的看法」的傾向。

自我監控的傾向較強的人，**交**

境的四種心理技巧化為法則。至於運動心理學，則是專注於如何克服壓力的研究。除此之外，心理學也能助人找到克服各種難關的智慧。

際能力通常也較強，反之，較少自我監控的人則對他人的反應無動於衷，在個性上較堅持己見。

交際能力較強的人，在遇到難題時也懂得妥善借用他人之力，因此較容易通過試煉。

頹喪時如何應對

史托茲所發明的 LEAD 法，是遭逢重大煩惱時使用的應對方法。

① LISTEN ＝聽

仔細傾聽自己內心的聲音，找出問題，並冷靜地寫下來。傾聽旁人的意見也很重要。

我徹底失敗了……

② EXPLORE ＝探索

冷靜地找尋解決在階段①浮現的課題的方法，並寫在筆記本上。

③ ANALYZE ＝分析

冷靜分析階段①的問題及階段②的解決方法，找出解決問題的策略。

這方法或許可行！

④ DO ＝行動

將階段③想出的方案付諸實行。

我馬上改。

↓

克服逆境

從心理學能學到什麼

4

為什麼被喜歡或是被討厭？

為什麼有些人會為人際關係所苦？很多時候，是因為在溝通過程中忘記**對方和自己不是同樣**的人這個前提。了解對方就是解決人際關係障礙的第一步。

不論是親子之間、上司與部屬之間或情侶之間，這點都是解決各種人際關係的關鍵。

我們常說人與人之間要「建立關係」，心理學就是一門陳述該如何解決解開摩擦的糾結、建立和平的新關係的學問。例如以婆媳問題為首的家庭糾紛可以從**家庭心理學**、感情糾紛可以從**愛情心理學**、工作上的問題則可以從**工商心理學**或**職業心理學**中找到解決方式。

人際關係的基礎是一種溝通的循環，就是**理解對方，並讓對方理解自己**。懂得這點的人可能容易被人喜歡，不懂這點的人則可能被人討厭。而可以讓人檢討自己原本的行為有哪裡出問題的，就是心理學。

❗相關知識

◉人際吸引力

對人的好惡情感。**鄰近性**、**他人的身體魅力**、**相似性**（▼P76）、**互補性**、**好意的回報性**等，都是**人際吸引力**的決定性因素。

可能因為和某人「住得很近」便感到親近，這就是鄰近性。

剛認識某人時可能因為可供判斷的資訊過少，而產生一開始只受其容貌或身體魅力吸引、後來才受其內在吸引的傾向，這就是他人的身體魅力。

相似性則是指和某人價值觀相近、或有過同樣的經驗。反之，互補性則是指在某人身上找到自己所欠缺的特質。

好意的回報性，則是指人容易喜歡對自己抱有好感者的傾向。

揭開「喜歡」、「討厭」的祕密

從心理學的角度來看，容易被人討厭的人常有主動拒絕、遠離他人的傾向。

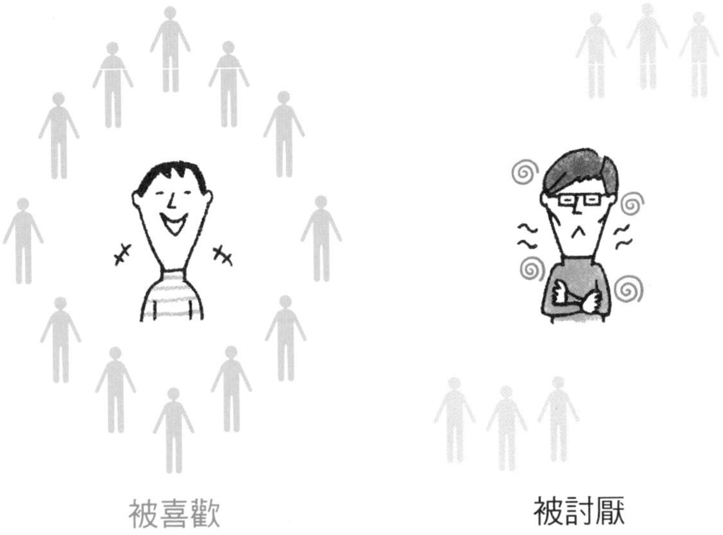

提升好感度的心理學法則

曝光效應	對較常見的事物持有好感	→ P78
好意的回報性	人容易喜歡對自己抱有好感者	→ P18
午餐技巧	一起吃飯有助於強化溝通	→ P192
鄰近性	場所相近者較容易親近彼此	→ P18
相似性	嗜好或想法相近者較容易親近彼此	→ P18、76

從心理學能學到什麼

5

明白忠於自我的生活為何重要

沒有一種生活方式是人人都能接受的。有人喜歡當上班族，有人喜歡從事自由業。某種生活方式對某些人而言是幸福的，但對你而言或許不然。因此忠於自我的生活，就等於找到屬於自己的幸福。

但要過忠於自己的生活遠比想像中困難，原因在於人的心是由自以為是「自己的感覺」的**意識**、以及自己也無從窺見的**潛意識**兩者所構成的。

此外，人自幼就接觸到形形色色的價值觀，有時能幸運地找到符合自己的價值觀，但有時則必須被迫接受以「常識」或「教育」為名，卻不適合自己的價值觀，迫使**「真正的自我」**或**「赤裸裸的自我」被埋藏到內心深處**。

當然，在某些狀況下的確應該隱藏自我。而堅持貫徹自己的價值觀，也可能造成和他人的對立。這種時候，就需要用到瑞士心理學家**榮格**（▼P110）提出的**人格面具**（自我的外在表現的部分

! 相關知識

◉邊緣人

尚未長大的青少年，或外來移民等，雖隸屬於複數的文化或群體，但並不擁有中心地位而處在邊緣的人。

據信邊緣人雖然因為狀態不安定而容易陷入苦惱，但也由於位處邊緣，可能擁有獨特的見解或卓越的想像力。比起已經進入社會、擁有成熟文化的成人，年輕人的思考較為柔軟，感性也較為豐富。

Psychology: Q&A

Q 挑選安養院時，在一家安養院的簡介上讀到「本院以居住者的QOL為第一優先」。請問這是什麼意思？

如何找到真正的自我

由於被迫接受「常識」或「教育」等，導致真正的自我埋藏到內心深處，連自己都無法了解自己。只要活用心理學，便能準確地掌握自己的內心。

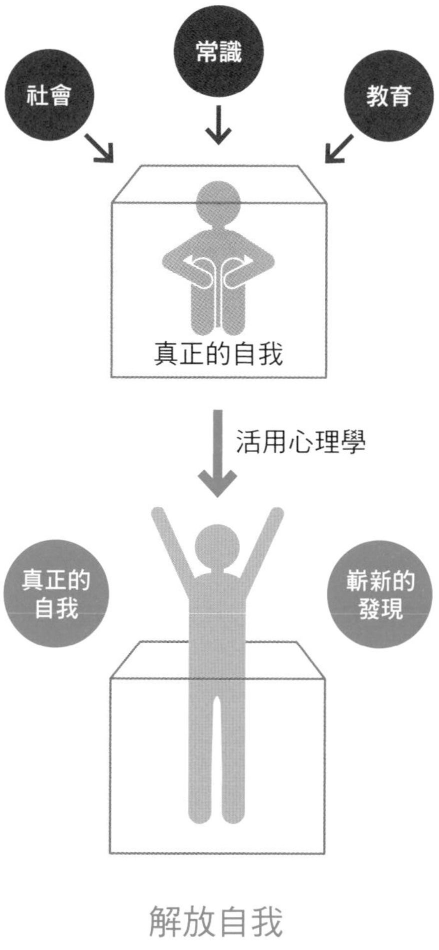
常識
社會
教育
真正的自我
活用心理學
真正的自我
嶄新的發現
解放自我

▼P116），才能妥善地與人相處。

不僅人格外在表現的部分，心理學也能挖掘出潛藏在內心深處的**深層心理**。既能幫助人發現自己的價值觀，也有些測驗能反映出自己原本的性格。

心理學的特徵，就是能助人找出真正的自我，並提出選擇生活方式的建議。

A QOL（quality of life）指的是不只是物質豐富、精神上也富足的綜合生活品質。意思是這家安養院不僅硬體完善，也能為居住者提供無法以金錢衡量的心理滿足。

從心理學能學到什麼
6

解開個性差異的奧祕

要達成同一個目標，每個人不一定都會採取同樣的行動。

有些人可能會謹慎行事，也有些人會一古腦地往前衝，可見**每個人的思考模式或行為模式有著明顯的差異**；而這種差異就是所謂的**個性**。雖然我們同樣都是人類，但是每個人都是有著不同個性的個體。

既然不同的人有著不同的個性，要了解彼此就需要對此有所認知。理解彼此的個性或性格，有助於與人相處、改善人際關係，也能讓我們擁有更美好的人生。

不過，這種個性差異是如何產生的？源頭之一，就是每個人本身的性格或成長環境所帶來的影響。

心理學的功用之一，就是觀察人心潛在的部分，研究形塑個性的要素。

Psychology: Q&A

Q 我在一個女性居多的職場工作，常常感覺自己接不上她們的話題。男女的溝通方式是不是有什麼不同？

A 由於性別差異，男女說話的方式當然也有別。女性在溝通中常以表現自己的情緒為目的，這叫做**情緒性溝通**。

至於在仍以男性為主的職場中，溝通常被當作一種達成目標的方式或工具，這種溝通叫做**工具式的溝通**。職場中的男性和女性之所以難以互相理解，正是基於溝通方式的差異。只要理解兩性在這方面的差異，溝通就會變得容易許多。

為什麼有些人個性開朗，有些人個性憂鬱？

沒有人天生就是「開朗」或「憂鬱」的。「開朗」或「憂鬱」不過是一個人心理狀態的展現。

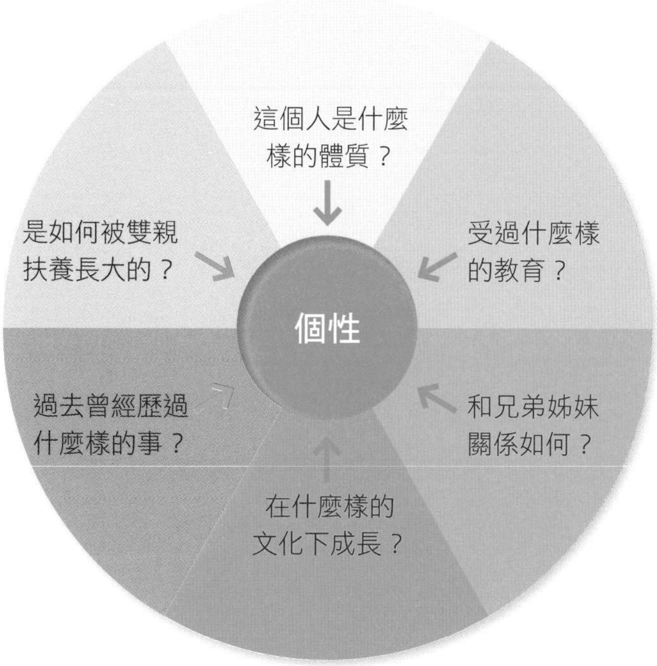
這個人是什麼樣的體質？
受過什麼樣的教育？
和兄弟姊妹關係如何？
在什麼樣的文化下成長？
過去曾經歷過什麼樣的事？
是如何被雙親扶養長大的？
個性

藉由心理學掌握對方的性格或個性，
便可以改善人際關係，享受快樂人生。

從心理學能學到什麼

7

網路社會對心理造成的影響

根據日本總務省於二〇〇六年進行的社會生活基本調查，**日本的上網人口高達六千九百五十萬人**。在年輕族群裡，有約九成使用網路。隨著資訊技術的發達，人際關係也產生了巨大的變化。

網路可供使用者進行互不見面的**匿名資訊交換**，具有可隱藏行蹤的特徵。因此，也有弱化社會原有制約、導致個人欲望如脫韁野馬的隱憂。諸如**學生網站**（▼P72）這種**匿名性留言板**中的**誹謗或中傷**，就造成了許多社會問題，交友網站中受害的青少年族群也是與日俱增。此外，網路上一些不經意的發言也可能引發攻擊，在部落格或留言板上引發激烈爭執，導致個人資料外洩的案例，如今也越來越多。

美國心理學家**米爾格倫**（▼下段），列舉了現代人的四個特徵：「傾向在短時間內處理資訊」、「傾向忽視不重要的資訊」、「傾向推卸責任」、「傾向避免與他人接觸」。上述四點，與生活在網路社會裡的人的特徵十分吻合。

♥ 心理學的偉人

◉史坦利・米爾格倫（Stanley Milgram）

美國心理學家，研究主題為「服從權威」，曾以德國軍官**艾希曼**為對象，研究納粹大屠殺的心理因素。他最知名的成就，是發現人慣於向權力高於自身者者屈服，並可能因此做出反道德行為。

都市生活對心理的影響也是米爾格倫的研究主題之一，包括**熟悉的陌生人**（認得長相，但從沒打過招呼或交談過的人，▼P78）、電視的影響，以及都市生活本身等領域都在他的研究範圍內。

Psychology: Q&A

Q 在約會網站認識網友，為何常會產生感情糾紛？

此外，這個時代也產生了不時時上網便會感到焦慮的**網路成癮**、或不時時檢查手機簡訊就感到不安的**簡訊恐慌症**等特有的心理症狀。探討這類問題，研究人在網路社會中該如何與彼此共處，也是心理學的目的之一。

A 由於約會網站上的訊息真偽難辨，可能產生見面前單方面解釋內容的**妄想型人格異常**（▼P204），而且「我喜歡你」之類的話語很容易靠打字傾吐，因此也容易招徠對方同等程度的**好意的回報性**（▼P18）。

從統計看人與網路的關係

現代的年輕族群高達九成使用網路，對人際關係造成莫大的改變。

撰寫部落格的動機

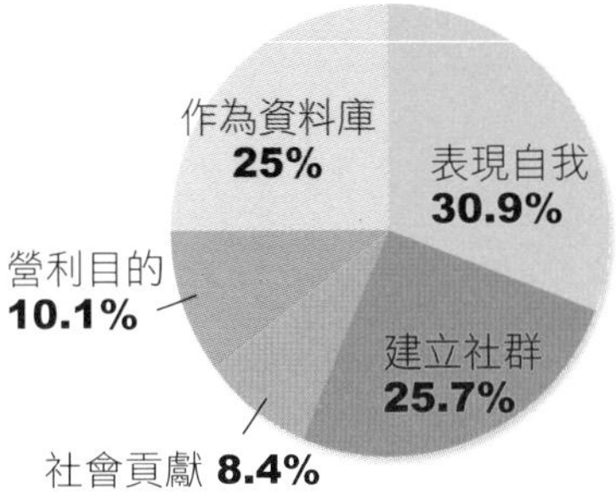
作為資料庫
25%
表現自我
30.9%
營利目的
10.1%
建立社群
25.7%
社會貢獻 8.4%

- 表現自我（30.9%）➡以10～20多歲者居多。
- 作為社群的一分子（25.7%）➡以經營「育兒」社群的母親居多。
- 社會貢獻（8.4%）➡以40多歲者居多。
- 營利目的（10.1%）➡以10多歲、40多歲者居多。
- 作為資料庫（25.0%）➡以30多歲、60多歲以上者居多。

約會網站相關犯罪

日本2008年檢舉件數：1592件
被害者人數：852人（其中724人為兒童）

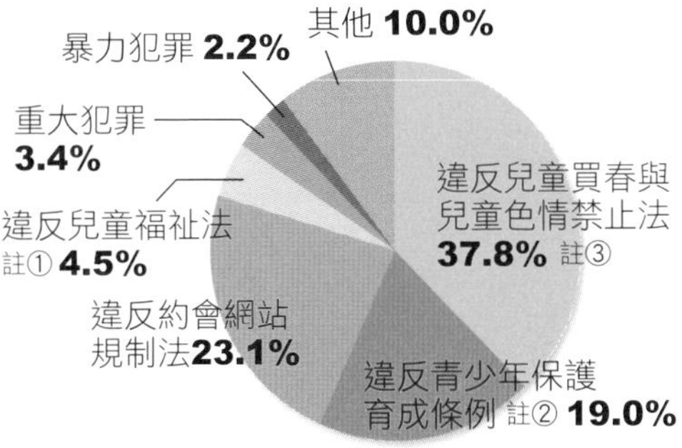
暴力犯罪 2.2%
其他 10.0%
重大犯罪
3.4%
違反兒童買春與
兒童色情禁止法
37.8% 註③
違反兒童福祉法
註① 4.5%
違反約會網站
規制法23.1%
違反青少年保護
育成條例 註② 19.0%

引自2009年2月日本警察廳

註①：台灣為「兒童及少年福利與權益保障法」，或兒少法。

註②：本條例僅日本有，主要內容大致上為為保護未滿18歲的青少年，約束與管制政府所認定的有害圖書、玩具、廣告、自動販賣機的販賣物、禁入風化場所、深夜外出限制等。

註③：本條例僅日本有，內容為凡成年人與未滿18歲的兒童進行淫亂行為，不管涉及金錢交易與否，都將面臨刑事處罰。

從心理學能學到什麼

8

高效工作或學習的訣竅

在職場上，要是不天天進步就難以生存。但大多數人想必都忙到無暇**學習**。利用心理學，就能找出高效的學習方法。而這些方法，當然也可以應用在學業的學習上。學習原本就是心理學的一大課題。心理學上對學習的研究，由十九世紀德國心理學家**艾賓浩斯**（▼下段）揭開序幕，至今已持續進行了約一百三十年。

不論是要**記憶**、思考或發想，只要懂得心理如何運作，效果便能提升數倍。反之，如果不懂得心理的運作原理便開始行動，可能會白費力氣。

美國管理學家**彼得．杜拉克**（Peter Ferdinand Drucker）認為，現代是**知識勞動**的時代，意指工作報酬不再是以所花費的時間計酬，而是以所使用的智慧或知識計價。換言之，一個人的工作能力，取決於不必花費時間就能達成的成果有多少。

此外，有助於建立人與人之間的信賴關係的**關係建立技巧**，在工作及學習上也是不可或缺的。雖說如今是一個實力主義的時代，人

相關知識

◉準備度

要學習某件事，最重要的是身體、精神機能必須發達到一定的程度。這種適合學習的狀態就稱為**準備度**。例如小學生在學完加法、減法之後才學乘法、除法，就是以學習準備度為基礎所做的設定。

認為學習應該在準備度成熟之後才開始的主張，稱為**成熟理論**。反之，支持及早學習者則認為只要提供較好的環境和經驗，就能幫助幼兒提早養成學習準備度，採用的是**學習理論**的主張。

心理學的偉人

◉赫爾曼．艾賓浩斯

（Hermann Ebbinghaus）

德國心理學家，曾以自己為實驗

脈的力量依然不容小覷。而說服力與交涉力，也是源自心理學所發現的心理法則。

由此可見，心理學有助於開發自我的能力，掌握更好的人生。解決各種人際關係所遇到的難題，也在心理學的研究範圍之內。

對象進行記憶相關的實驗。其他的知名研究成果，還包括為了證明個體聯想能力差異不會對實驗結果造成影響而發明的**無意義音節**，以及發現人所記憶的內容會隨時間遺忘的**遺忘曲線**。

心理學是成功的要因

藉心理學開發自我的能力，可幫助人掌握更美好的人生。

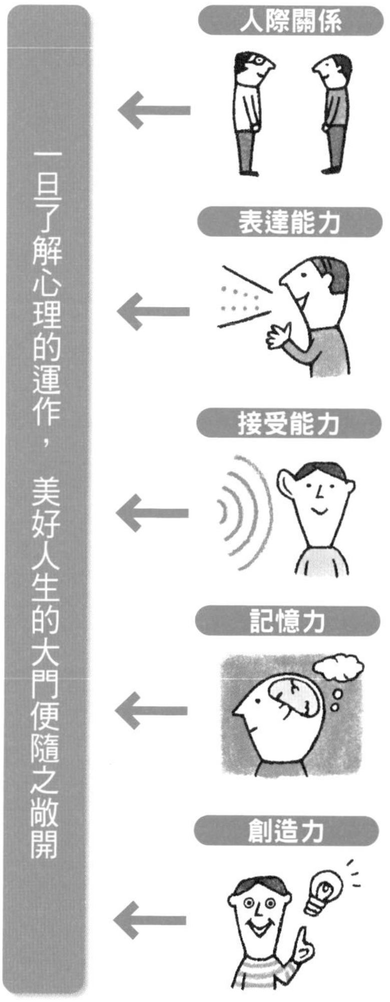
一旦了解心理的運作，美好人生的大門便隨之敞開
人際關係
表達能力
接受能力
記憶力
創造力

從心理學能學到什麼

9

色彩對心理的影響

森林浴能解放心靈。雖然或許是呼吸到充滿負離子的空氣、或是為自然界各種柔和的聲音所圍繞使然，但是被綠油油的樹林所包圍，絕對是帶有療癒功效的。

色彩可以對人心造成形形色色的影響。除了森林浴之外，色彩的效果也能被活用在醫療、教育、服裝設計等領域。分析色彩對心理的影響、發現利用色彩的法則，也是心理學的使命之一。

此外，色彩是**非語言溝通**（▼P66）的一種。將某種顏色穿在身上，可以視為一種傳達潛意識裡的無形訊息的方式。

瑞士心理學家**麥斯・呂舍爾**（Max Lüscher）認為，人對色彩的偏好具有心理學上的意義。有些研究報告則指出，一個人喜歡什麼顏色可以**投射出他的性格**。因此學習心理學，便能了解色彩的力量，並有效地利用色彩。

相關知識

◉色彩調節

色彩能讓人產生各種各樣的心理反應。**色彩調節**就是依循這類心理反應，對居住環境、工作環境等進行色彩規劃，以讓人能更舒適、更有效率、更安全地在其中活動。

例如藍或綠等冷色系能讓人感覺沉靜或涼爽，紅或橘等暖色系則能讓人感覺溫暖。由此可見，如果要讓補習班或學校能提升學習效果、或讓職場提升工作效率，只要將室內牆壁漆成較柔和的色彩，便能讓置身其中者的人心靈得到撫慰，使用範圍相當廣泛。

色彩調節這個辭彙，是由美國一家致力於用色彩規劃提升工作意願、產能及品質的油漆工廠所創造的。

喜歡什麼顏色可以看出性格？

心理學家呂舍爾主張，一個人對顏色的偏好可以反映出他的心理狀態。

紅	熱情、積極、自我主張強烈。	粉紅	用情深厚、喜歡照顧別人、容易受傷。
橙	開朗但嫉妒心強。擅長社交，廣受歡迎。	黃	精力充沛、好奇心旺盛、充滿野心。
綠	理性、和平主義者、但同時也是個現實主義者。	藍	知性、冷靜、感性豐富、獨立性強。
紫	高貴、神祕、蘊藏些許情欲特質。	褐	協調性高、責任感也強、心靈安定。
黑	頑固、自尊心強。喜愛孤獨。	白	潔癖、認真、理想主義者。

從心理學能學到什麼 10

理解現代年輕人的心理

「真不知道現在的年輕人在想些什麼。」

每年企業開始有新人報到時，都會聽到這類抱怨。雖然自己也曾經是年輕人，但**代溝**和成長環境的差異，常讓人不知該如何與年輕人相處。

一旦升任管理職，有時可能得指導這樣的年輕人。而家有就讀中學、高中的孩子的家長，也必須面對正值**叛逆期**的孩子。可見了解「年輕人的心理」，便可能為他們的人生帶來莫大的影響。

叛逆期間的青少年正開始**心理斷奶**（▶P140），脫離父母的庇護、自行決斷或行動的欲望日漸增強。但他們的純真，又讓他們**對現實社會的矛盾缺乏認知**，因此對現實經常持否定態度。雖然待他們脫離父母、獲得社會與經濟上的獨立，這種情況便能解除，但在那之前，他們的**精神狀態是非常不安定的**。

深夜群聚於便利商店門外閒晃、吵吵鬧鬧地在大街上徘徊，都是這種心理狀態的體現。雖然他們個個都想有自我主張，但還不懂得

❗ 相關知識

◉砂糖族員工

缺乏自我要求、工作道德、獨立心的年輕員工稱為**砂糖族員工**。命名者為任職於社會保險勞務顧問公司的**田北百樹子**。砂糖族員工可分為以下幾類：

一碰到問題立刻向父母求助的**依賴直升機父母型**。

將私生活中的吊兒郎當態度帶進工作裡的**擴大私生活型**。

工作量一增加便陷入恐慌的**單人房容積型**。

自尊心過強，一惹惱他人便以「我把份內的工作都做好了，都是○○的錯」推卸責任的**自我尊重型**。

抗壓性低，一碰到問題就深感挫折，認為「自己不適合這裡」而辭

該如何表現，只能投身集團表現主張。

這種針對每個發展階段的心理、性格的研究叫做**發展心理學**。學習發展心理學，將有助於理解看似難懂的年輕下屬、或不聽勸的叛逆子女的內心世界。

日本近年新人員工類型一覽表

歷年來，剛進入社會的年輕人曾被冠上以下的俗稱。

年度	俗稱
1989	液晶電視型
1990	輪胎止滑鍊型
1991	附贈訂製禮券的白襯衫型
1992	條碼型
1993	大腸火鍋型
1994	濾水器型
1995	四格漫畫型
1996	地板暖氣型
1997	沐浴乳型
1998	再生紙型
1999	記憶纖維襯衫型
2000	營養補助食品型
2001	木糖醇口香糖型
2002	抱枕型
2003	照相手機型
2004	網路拍賣型
2005	發光二極體型
2006	部落格型
2007	當沖交易員型
2008	冰球型

株式會社現代Communication Center（2000年為止）
日本財團法人社會經濟生產性本部（2003年以後）

職或休學的**越獄型**等等。

修正中年期之後的人生方向

中年期是人生的轉換點，因為這是一個面臨各種變化的時期。進入中年期，體力與精力開始衰退，年輕時的旺盛活力不再復返。這會讓人感受到自己已不再年輕，對衰老和死亡的擔憂頻頻閃過腦際，以為自己的人生已經所剩無幾。

這社會曾經奉行終身聘僱制，但老後的生活保障已隨經濟低迷逐步消失。在工作上也開始看到自己的極限，教人開始對未來的人生感到憂慮，有些人也因此陷入**中年憂鬱症**。放下育兒重擔的母親，也是在這個時期開始摸索下一階段的人生。**父母的照護**與**更年期障礙**等，都是在這時期才開始面臨的新難題。

這些變化可能會造成中年人的苦惱，使精神陷入危機狀態。要安度這個稱為**中年危機**的時期，必須重新修正人生，建構嶄新的自我。

瑞士心理學家**榮格**（▼P110）認為中年期開始的人生相當重要，也認為只要能讓意識上的**自我**（ego）和潛意識下的**自性**（self）

相關知識

◉創造性疾患

瑞士精神醫學家**亨利・艾倫伯格**（Henri F. Ellenberger）發現，達成創造成就的天才型人物，多是在中年經歷嚴重的**精神疾病**後，真正偉大的創造力才得以開花結果。他稱此為**創造性疾患**。

佛洛伊德（▼P98）長年為精神官能症所苦，到頭來，**佛洛伊德**建立了**精神分析**，榮格也得以將自己的心理學深度化、系統化。

◉人生的午後

榮格的名言。太陽光影的方向在正午改變，將人生分為前半、後半兩段，四十歲前後稱為**人生的正午**，之後則稱為**人生的午後**。相對於**青春期**（▼P142），這時期關注

中年世代的種種擔憂

詢問 1084 名 35 至 59 歲男女「我的老後生活將要如何、將會如何」所得到的結果。

對自己老後是否擔憂？

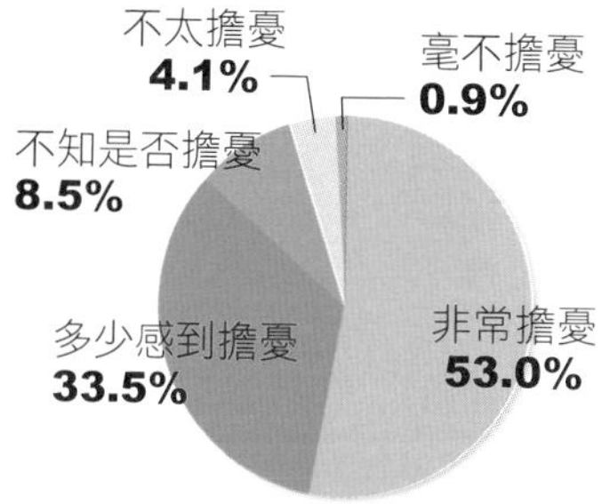
不太擔憂
4.1%
毫不擔憂
0.9%
不知是否擔憂
8.5%
多少感到擔憂
33.5%
非常擔憂
53.0%

需要什麼才能消除對老後的擔憂？

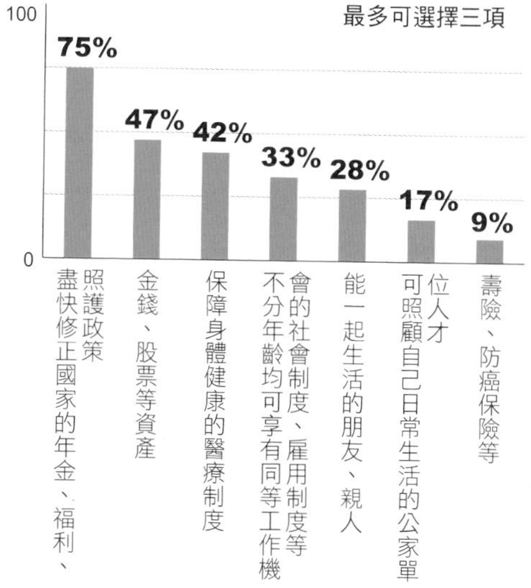
100
0
最多可選擇三項
75%
47%
42%
33%
28%
17%
9%
照護政策盡快修正國家的年金、福利、
金錢、股票等資產
保障身體健康的醫療制度
會的社會制度、雇用制度等不分年齡均可享有同等工作機
能一起生活的朋友、親人
位人才可照顧自己日常生活的公家單
壽險、防癌保險等

（其他選項依統計結果排列）
- 提供適切建議的生命規劃師 ➡6%
- 土地．不動產 ➡5%
- 其他 ➡0.6%

2006年，日刊工業新聞Net Research

相互承認、合而為一，一個人就能擁有幸福的人生。這個過程叫做**個性化**或**自我實現**。

中年期的問題，可以被視為發現另一個自我、步入嶄新人生的契機，也是一個追求**自我實現**的大好機會。心理學也有促進這種發現、助人找出解決方法的功效。

的重心從人際關係等外在事物，轉移到自己內心等內在事物。比起榮格活躍的二十世紀前半，如今人類的平均壽命提升，正午或許可以延後到四十五至五十歲。

心理學能改變人生？

2

如何面對少子高齡化時代

二〇〇七年，日本六十五歲以上的**高齡人口**已**創下二千七百四十六萬人的最高紀錄**，**平均壽命**在過去五十年間也延長了十五年以上。至於出生人數則逐年減少，日本已經進入史上未曾經歷的少子高齡時代社會。

這種社會趨勢導致**老年期**（▼下段）的大幅延長。衰老自古就是哲學所探討的議題之一，心理學也開始以科學的實證方法研究老後問題，開創了**老年心理學**的領域。

老年心理學所研究的，是諸如**衰老**是否會導致認知能力衰退，或工作能力、思考能力、感知能力是否有所變化等等。而照護者與被照護者雙方的心理變化，也是研究的課題之一。

就這層意義而言，相關的**助人心理學**所扮演的角色也很重要。老後不該只被視為餘生，而是一段嶄新的人生。而心理學可以告訴我們如何**在少子高齡社會中**活得幸福、有意義。

此外，如今雖然是個凡事便利的時代，但是以追求效率為優

相關知識

◉自我照顧

日本成為高齡社會，國民醫療費負擔也日漸增高。再加上環境荷爾蒙及食品添加物等問題，都對健康造成影響。**自我照顧**今後將成為每一個國民的課題。從心理保健的功效來看，年事雖高但仍注重打扮也算是一種自我照顧。

◉老年期

一般人從六十五歲起，便算邁入**老年期**。美國教育學家**羅伯特・哈維赫斯特**（Robert J. Havighurst），將社會期待個體在每個階段，於某些行為發展上應該具備的能力稱為**發展任務**。

而**老年期的發展任務**包含以下七項：①退休後妥善因應收入的變

先，導致這社會不僅是對現役世代，對兒童或高齡者而言也會產生一些負面效應。**環境心理學**所研究的，是人在什麼樣的環境裡能活得最幸福，在研究中將不難發現如今的社會對兒童或高齡者而言，並不一定是個合適的環境。活用心理學，也有助於解決這方面的問題。

化、②學習退休後如何與配偶共度、③與高齡朋友和樂相處、④適應身體上的變化、⑤打造完善的生活環境、⑥善盡社會責任、⑦適應配偶的死亡。幸福的祕訣，就是事先適應自己的變化，快樂過生活。

前所未有的少子高齡社會來臨

日本的平均壽命，在過去 50 年間延長了 15 年以上，老年期也隨之延長，迫使大家正視自己的生活方式。

平均壽命

1955年	男 63.60 歲	女 67.75 歲
2005年	男 78.56 歲	女 85.52 歲

日本厚生勞働省「完全生命表」（2005 年為止）
日本國立社會保障・人口問題研究所（2005 年以後）

◎ 2005年，日本人的出生人數與總和生育率寫下有史以來最低紀錄。

出生人數

1955年	173 萬 6692 人
2005年	106 萬 2530 人 39% ↓

生育率（一個女性平均一生誕育的子女數）

1955年	2.37%（約 2 人）
2005年	1.26%（約 1 人） 47% ↓

日本 2008 年版少子化社會白皮書

少子化趨勢無法止息。

隨著人類潛力擴展的心理學

有史以來，人類的心靈創造出了語言、歷史、文化、技術等，而心理學就是一門研究**這些產物與心靈之間的關係的學問**。現在的心理學與各種學問接軌，接二連三地發現新的心理法則。

心理學可被粗略地分為**基礎心理學**及**應用心理學**兩大類。基礎心理學研究的是構成心理學的骨幹的各種現象，應用心理學則是將基礎心理學所發現的法則活用在各種學問上。

近年，應用心理學不斷**專門化**、**細分化**，**不論是文科還是理科，都和心理學展開合作**。以在這種背景下誕生的嶄新心理學研究為基礎，從校內輔導、身障福利、老人問題、青少年問題、行銷、產品開發到災害心理輔導等領域，都活用了心理學的知識。每當科學技術有所進步、或社會情勢出現變化時，我們都會面臨心靈如何因應這些變化的問題。在這種情況下，心理學的研究領域便可能有所擴展。

Psychology: Q&A

Q 據說昔日為了掌握心理的活動，曾在大腦內放置電極等異物。如今是如何進行實驗的？

A 心理學是以科學的實證方式研究心理活動的學問，實驗當然不可或缺。但要以手術刀剖析心理，還是得等到科學技術夠發達才行。因此過去的確進行過上述的實驗。

不過，如今隨著電腦科技的進步，只要利用**電腦斷層掃描**或**核磁共振造影術**（MRI），無須麻醉或在腦內放置電極便能測定腦波，就能從體外觀察心理的活動。這些**功能性神經造影**技術，是現代心理學研究不可或缺的方法。

心理學的專業化、細分化

心理學與各種文科、理科學問領域的融合，讓心理學不斷孕育出新領域。

基礎心理學

- 研究心理學的一般法則
- 聚焦於群體
- 研究方法以實驗為中心

- 社會心理學
- 知覺心理學
- 發展心理學（嬰幼兒心理學→兒童心理學→青少年心理學→老年心理學）
- 認知心理學（思考心理學）
- 學習心理學（行動分析）
- 人格心理學
- 異常心理學
- 語言心理學
- 計量心理學
- 數理心理學
- 生態心理學

等等

這兩群人心理有什麼不同？

應用心理學

- 以基礎心理學所發現的法則及知識實際解決問題
- 聚焦於個人

- 臨床心理學（諮商等）
- 教育心理學
- 學校心理學
- 工商心理學（組織心理學）
- 犯罪心理學
- 司法心理學
- 社區心理學
- 家庭心理學
- 災害心理學
- 環境心理學
- 交通心理學
- 運動心理學
- 健康心理學
- 性心理學
- 藝術心理學
- 宗教心理學
- 歷史心理學
- 政治心理學
- 經濟心理學
- 軍事心理學
- 民族心理學
- 空間心理學

等等

心理學的
現在・未來
2

治療心理病症的臨床心理學

心不一定永遠都是健康的。有時也會失去平衡，甚至嚴重受傷。臨床心理學的目的，就是在這種時候替心理進行治療、改善症狀。一般認為，臨床心理學是美國心理學家**賴特納・韋特默**（Lightner Witmer）在賓州大學開設第一家心理診所時誕生的（他也是首位使用臨床心理學這個名稱的先驅）。

臨床心理學的目的在於，解決**厭食症**、**心身症**、**犯罪行為**、**拒學**、**繭居族**、**虐待**、**暴力**、**憂鬱症**、**歇斯底里症**、**思覺失調症**、**成癮**（▼P202～235）等所有心理病症。而幫助患者解決這些問題的心理學專家，就是**臨床心理師**。要取得這認證，需要在研究所學習臨床心理學。由於近年心理學漸受矚目，報考者也有增加的趨勢。

不過雖說是治療心理病症，臨床心理師並**無法使用藥物治療**。因此必須仔細觀察**患者**，分析其症狀及病徵，以最適合的心理療法加以治療。

在這種過程中，最重要的就是熟悉患者的狀況。臨床心理師所

Psychology: Q&A

Q 精神科醫師與臨床心理師有什麼不同？

A 一言以蔽之，**精神科醫師**治療時可使用藥物，**臨床心理師**則是以利用**諮商**等心理療法助患者恢復正常。日本的醫藥法規定，醫師以外的任何人均不得開立藥物處方。

此外，精神科醫師的工作是找出病徵加以治療，臨床心理師的工作則是幫助為問題所苦的患者克服難關。臨床心理師會向患者進行**心理測驗**及輔導治療，精神科醫師也可以採用這些治療方法。

但現狀是，精神科醫師需要同時治療眾多患者，常無法在一位患者身上投注足夠的時間，因此精神科醫師常需要與臨床心理師合作進行

採用的，是在心理檢查或面談中儘可能蒐集與其家庭狀況或生長環境等有關的資訊，充分掌握患者人格特質的**個案研究法**，再以研究結果為基礎進行治療。日本原本多採用**個人療法**，但近年也開始採納與患者身邊親近的人對話、以解消其苦惱等各種方法。

治療。

心理學常使用的沙盤療法

沙盤療法為心理學家河合隼雄引進日本的藝術療法之一。為醫院及學校等的心理輔導室、心理治療中心、少年感化院等常使用的治療方法。

沙盤療法

患者在治療師的陪伴下，將人偶、建築物、家具等自由配置於沙箱中。

↓

追求心理的調和

◎對苦惱者、煩悶者、自認走投無路而迷失自我者等最有效的治療方法。

3

解析暴力犯罪與社會病理的犯罪心理學

犯罪心理學是一門研究犯罪與人類心理的學問。其目的可粗略分為以下三點：①分析人為何會做出**違法行為**、②為了決定犯罪是否成立，檢視目擊者發言的可信度、③研究如何幫助罪犯在服刑完畢後順利**回歸社會**。

犯罪心理學的研究，以針對犯罪者的**訪談**為主要方法。藉由仔細調查他為何會步入犯罪歧途、他曾經歷什麼樣的成長過程、對他而言這種行為有什麼意義，再利用心理學的知識思考其犯罪的意義。

發生暴力犯罪或動機不明的隨機殺人時，我們會認為「嫌犯應該是個心理異常的人」。但犯罪心理學認為**犯罪者與常人之間並沒有明確的差異**。研究「人為什麼會犯罪」的犯罪心理學，重要性就在於此。

實際的犯罪調查也需要心理學的輔助。例如需要救出遭挾持的人質時，負責與犯人交涉的**談判專家**，會蒐集犯人的精神狀態及現場狀況等資訊，善用心理學、**行為科學**、**犯罪學**的知識與話術，力求事

相關知識

◉側寫

從遺留在犯罪現場的種種線索，推測出犯人特徵以利調查的方法。除了**犯罪心理學**的知識之外，**側寫**也需要借重人類學等行為科學領域的知識。

側寫原本是由FBI所開發的方法，但目前**利物浦派**側寫已經成為這種調查方式的主流。相較於將犯人的行為做分類、再以這些資料為基礎勾勒出犯人輪廓的FBI**派**，利物浦派較偏向利用統計。這兩種側寫方式統稱為**罪犯側寫**。

此外，確認犯人的藏身處，以鎖定犯人下一次犯案的可能地點的調查方式，叫做**犯罪地緣剖析**。

◉司法心理學

件和平落幕。此外，**側寫**（或**罪犯側寫**，▼下段）指的則是在犯罪調查中，以行為科學式的分析推論犯人特徵的方法。

目擊者證詞或罪犯口供的可信度、做出判決的法官的心理、受害者及被告的特徵對判決可能產生的影響、以及陪審員的選擇等各種與審判相關的心理問題，都屬於**司法心理學**的研究範圍。

什麼是犯罪心理學

一種解析犯罪者的特徵或環境要素，並以犯罪預防、犯罪調查，及幫助罪犯矯正為目的的應用心理學。

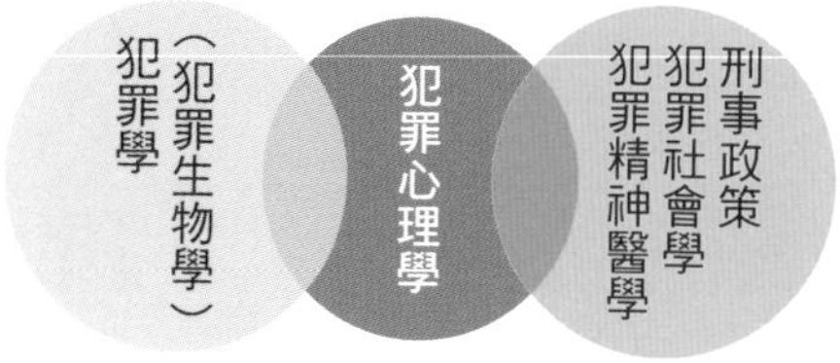

犯罪學心理學的研究對象

❶人為何會犯罪？
❷犯罪者與正常人的心理特徵，有沒有什麼不同？
❸犯罪者服刑完畢後，我們該如何接納他們？

心理學的
現在・未來
4

解析思想控制和洗腦的社會心理學

社會心理學將人的行為視為**受到他人的刺激或反應所產生的結果**。**思想控制**或**洗腦**的相關研究，可說是社會心理學最擅長的主題。除此之外，**流行**是如何產生的、集團是如何組成的、為什麼有些人喜歡助人有些人則否等，各種大到以社會為單位小至個人的人類行為，都屬於社會心理學的研究範疇。

在操弄人的種種方法中，思想控制可能是最惡劣、同時也最巧妙的方法之一。例如奧姆真理教這類**破壞性邪教**（破壞信徒的人格、人生觀、價值觀及社會性的宗教），擅長利用思想控制，在本人毫無自覺的情況下破壞信徒的**認同**（▼P146），改造其人格成符合自己的需要。也就是藉由**欲望操控**及**資訊封鎖**等對信徒進行支配。因此，受到破壞性邪教的思想控制者，有時會做出超乎常理的犯罪行為。詐騙集團在不知不覺間騙走受害者鉅款的方法，也屬於思想控制的一種。

思想控制與洗腦常被混淆。**洗腦**（▼下段）這個辭彙第一次出現，是美國記者**愛德華・亨特**（Edward Hunter）用於形容韓戰時期美

更多詳情

◉洗腦的三個步驟

美國心理學家**艾德加・施恩**（Edgar Henry Schein），將洗腦的過程分為以下三個階段。

①解凍：以長時間審問、獨居監禁及剝奪睡眠，摧毀一個人原有的價值觀及自我認同。

②變革：以攻擊破壞一個人的自我認同，使其失去依靠，可使他因為極欲尋求安定而接受新的價值觀。此時已經經過解凍後的階段，可以將新的價值觀烙印在他的腦海裡。

③再凍結：經歷②的變革階段，接受新的價值觀後，一個人會被迫將新舊兩套價值觀連結起來，此時周遭的旁人只要以**威嚇的態度**說服他支持新的價值觀，便能將

國戰俘所受到的審問及思想教育。方法是利用**物理性的強制力將人體置於拘束狀態**，以改變其行為。這種心理的運作方式，就屬於社會心理學的研究範疇。

這套價值觀牢牢刻印在他的腦海裡，完成整套洗腦程序。

四種思想控制的方法

邪惡的思想控制，可以藉由以下的技巧剝奪一個人的批判能力及判斷能力，使其失去主宰自己行動的自由意志。

① 行為控制

對一個人的行為下達詳細指示，限制與其他人的往來，甚至限制睡眠時間。但當事人會誤認為這是自己受良心指引所做出的自發性行為。

② 思想控制

進行完全不容當事人質疑的徹底教育。

③ 感情控制

良性的組織可使人心靈平和，但破壞性的邪教則是以恐怖及不安的情緒對人進行控制。

④ 資訊管制

禁止對組織的批評，有時甚至禁止媒體以第三者的立場進行任何客觀評論。

不可用上述技巧進行脅迫或詐騙行為。

心理學的現在・未來

5

研究從嬰兒到老年的發展心理學

人類的心靈與身體，均是在長時間的發展中逐步成熟的。研究**發展過程**的學問，就是**發展心理學**。

促成這種發展的究竟是遺傳，還是經驗？嬰兒為什麼會辨識親人？兒童為什麼會有叛逆期？許多人為什麼在中年期轉換跑道挑戰第二人生？發展心理學的研究涵括所有年齡階段，因此在心理學中占有相當重要的位置。

因為發展心理學原本是美國心理學家**史坦利・霍爾**（G. Stanley Hall）以兒童心理學為中心一手創建的，因此直到不久前，一直是**以兒童期及青少年期為主要研究對象**。但隨著社會的高齡化而逐漸修正，如今已改為將人從生到死視為同一框架（生涯發展）進行研究。因此發展心理學，是一門解析「成長之謎」的學問。

代表性的理論有瑞士心理學家**皮亞傑**（Jean Piaget）的**認知發展理論**（▼P130）、以及美國心理學家**艾力克・埃里克森**（Erik Homburger Erikson）的**心理社會發展理論**（▼下段）兩大派別。

! 相關知識

●心理社會發展理論

埃里克森將人的一生分為八大發展階段，每個階段都有特屬的發展目標及心理危機。

①**嬰兒期**：信任對不信任
②**幼兒期**：自主對羞怯懷疑
③**學齡前兒童期**：主動好奇對內咎
④**學齡兒童期**：勤勉對自卑
⑤**青少年期**：自我認同對混淆
⑥**成年早期**：親密對孤獨
⑦**成年中期**：繁殖對停滯
⑧**成年晚期**：自我榮耀對失望

發展心理學的擴展

隨心理學家霍爾創立兒童心理學而誕生的發展心理學，研究範圍涵括人生每一個年齡階段的發展過程。

幼兒心理學

以幼兒期為研究對象，常被納入兒童心理學的範疇中。

兒童心理學

涵括嬰兒期、幼兒期到學齡兒童期，常因與自我意識的發展息息相關而被提及。

青少年心理學

從12歲到22歲前後，為人格形成過程中出現重大發展變化的時期。

老年心理學

高齡人口的增加，促成了發展老年心理學的必要性。

發展心理學的代表性理論

認知發展論	皮亞傑	發言、傾聽等方面的認知需要循階段發展。人天生就具有認知能力，但會隨不同階段的發展產生質變。
心理社會發展理論	埃里克森	從生命週期的觀點來看，人生可被分為八個發展階段，每一個階段都各有需要完成的發展目標，也各有需要提防的心理及社會危機。

心理學的現在・未來 6

隨電腦問世而誕生的認知心理學

人如何吸收自己所接觸到的事物？如何喚起記憶中的資訊？又是如何解決眼前的問題？分析這些問題，就是**認知心理學**（▼P252）的任務。

「看、聽、說、記憶」等認知結構，都不是可以從外在客觀觀察到的。因此認知心理學將心理視為**資訊處理系統**，藉此分析其結構。

電腦以①輸入資訊、②記錄在硬碟裡、③必要時以搜尋開啟檔案或程式這三個過程處理資訊。由此導出的結論就是，處理及活用資訊，需要經過**輸入**、**儲存**、**搜尋**三個階段。

認知心理學與電腦是同時誕生的。每一種心理學在發展過程中都會受到當時其他學問的影響，**認知心理學這門誕生於二十世紀的新學問**，也是由電腦及**資訊理論**所催生的。

此外，藉由與**腦科學**、**資訊科學**、**語言學**、**人類學**、**神經科學**等形形色色的學問融合所產生的**認知科學**，目前在學術界也被視為一門相當重要的心理學。認知科學是一門嘗試從資訊處理的觀點理解

! 相關知識

◉基模

基模（schema）指的是眼前的資訊雖不完整，但可利用相關領域的知識框架進行推測或認知、或建立各種預測的知識**模組**（module）。

例如到一家從沒去過的餐館，卻也可能順順利利地吃完一餐飯，正是因為每家餐館對如何點菜、如何用餐等程序都遵循同一套基模使然。

換言之，我們在現實生活中如何進行認知、如何利用看到的或聽到的知識掌握這世界，為了提出理論性解釋而產生出基模概念。

人類知能活動的研究分野，因此**人工智慧**也在討論的範圍之內，常需要與心理學、人工智慧學、語言學、神經科學、文化人類學等學問攜手進行研究。

「認識」的結構

認知心理學將心靈認識事物的方式比擬為資訊處理系統。

	電腦	認知心理學
① 輸入	輸入資訊。	藉視覺、聽覺、觸覺、嗅覺、味覺將感官資訊輸入到心中。
② 儲存	儲存在硬碟裡。	人的認知能力，能比電腦處理更廣泛、更複雜的資訊。
③ 搜尋（輸出）	必要時以搜尋開啟檔案或程式。	人心能判斷接收到的感覺或資訊，再對外做出決定或反應。

◎深受電腦的誕生所影響的認知心理學，藉資訊處理的邏輯理解人類心理。

幫助運動員解決苦惱的運動心理學

如何能提升運動能力、運動對性格會產生哪些影響、以及觀看運動為何能讓人興奮等，都是運動心理學所研究的課題。這門學問從各種角度研究從事運動的人、觀賞運動的人、以及以運動為職業的人的心理。日本在一九六四年舉辦東京奧運時曾以**運動心理學**作為選手強化對策之一，對這門學問日後的發展可謂貢獻良多。

運動心理學最重要的研究主題，就是**心智訓練**。有些選手在練習時明明有優秀成績，正式比賽時卻無法發揮原有實力。要改善這種情況，可以藉由強化心理學的方式提高競賽能力，**讓競賽者的潛在能力得以完全發揮**。

為此，需要實際使用的方式包括控制情緒壓力、強化專注力、進行意象訓練、提升衝勁與目標達成力、強化團隊合作能力等溝通技巧等等。

此外，**運動心理諮商**也是一種可以考慮的方式。如果無法以直接指導解決選手的問題，可以藉由訪談找出問題的背後的成因，助選

相關知識

◉巔峰表現

一個人在運動等領域裡所獲得的最佳成績。美國心理學家**查爾斯・加菲爾**（Charles Garfield）認為，達到**巔峰表現**需要以下八項要素：①精神上的放鬆、②身體上的放鬆、③宛如置身繭中的舒適感、④自信十足的樂觀情緒、⑤高度散發能量的感覺、⑥高度自我控制的感覺、⑦思路異常清晰的感覺、⑧專注力高度集中的感覺。

持續追求巔峰表現，能使人不再以運動為苦。由於有助於身心強健，因此這方法在體育領域之外也備受重視。

◉避免失敗與追求成功

美國心理學家**阿特金森**（John

手發現真正原因以求解決。

由此可見，運動心理學可用**認知行為療法**（▼P240）及**臨床治療**（▼P38）兩種性質的方式幫助運動選手克服難關。

William Atkinson）認為人類有**避免失敗**與**追求成功**兩種動機，行為變化便是源自兩者的強弱差異。前者令人想起失敗時的失落，而迴避適切目標。後者為想要成功的情緒，使人選擇適切的目標。

藉心智訓練將運動能力發揮到極限

心智訓練可以幫助選手在比賽中發揮出最高能力。藉由心智訓練，可以提升衝勁、培養自我控制能力。

心智訓練

❶ **設定目標**：將目標細分化。
❷ **自我控制訓練**：放鬆。
❸ **心理暖身**：將情緒帶到最舒適的狀態。
❹ **意象訓練**：徹底想像自己從頭到尾的表現。
❺ **專注**：強化專注力。
❻ **積極思考**：轉為正面思考的技巧。

心智訓練的成果

莫斯科奧運會（1980年）的參賽者中，採用心智訓練的選手比例:

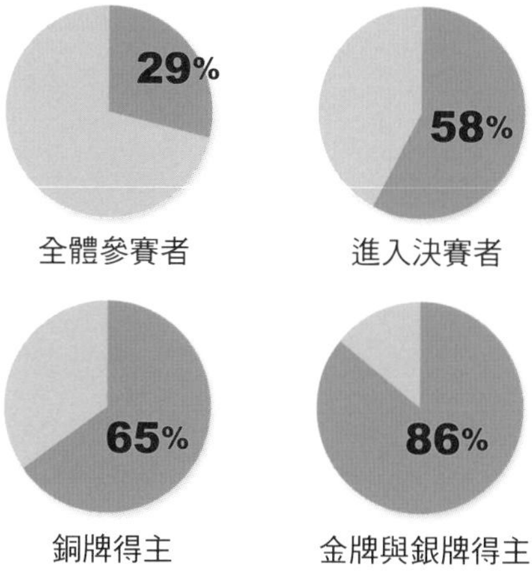

出自瑞典國際斯堪地納維亞大學
尤涅斯塔爾博士（Lars-Eric Uneståhl）的研究報告

心理學的現在・未來 8

提振員工士氣的工商心理學

工商心理學研究如何以心理學的方法解決經營事業所遭遇的各種問題，並提升效率。研究範圍涵括領導能力、決策能力、雇用人才、人事評鑑、工作人的健康、宣傳廣告效果等，甚是多元。

企業想要在景氣低迷時提振業績，**員工的士氣**是不可或缺的要素。如何提振士氣，是工商心理學的一大研究課題。

提振士氣需要**動機界定**。動機是產生行動的動因，動機界定的用意則是讓行動持續下去。動機界定可分為**外在動機界定**（例如以高額獎金為誘因等）與**內在動機界定**（例如將新部門委任予員工以刺激其奮發等）兩種。設定可能達成的目標以累積**成功經驗**，也是一種有效的動機界定。此類動機界定，可以賦予工作張力，讓員工**對未來的自我表現充滿期許**。

就研究如何提升業績這點而言，除了理解工作人的心理，理解消費者的行為也是相當重要的。因此**消費心理及消費行為**，也是工商心理學的一大研究課題。

相關知識

◉上班族情感淡漠

進入一流企業的新人，在長假後上起班來毫無衝勁、有氣無力的現象。大學新生的**學生情感淡漠**也是一種類似的症狀。

情感淡漠是造成精神疾病的無力狀態。原本想像的是理想的社會生活或學生生活，現實上卻無法獲得符合期待的成果，情感淡漠就是為了逃避此類痛苦的現實，而產生的**自我防衛反應**。

◉組織中的職涯概念

職業經歷這個字眼雖然常被認為等同於「專業」，但在心理學中則是被視為**涵括過去、現在和未來，是需要在一生中形成的東西**。**生涯**＝是人整個一生的連鎖，**職涯**＝則不論訂立的計畫有多縝密，付諸實踐的畢竟還是人。企業或組織中人員的工作方式及工作意識，都會隨時代的潮流產生變化。因此工商心理學在研究上聚焦的對象，仍然是人。

是一生中職業經驗的連鎖。組織經營方面的研究，多聚焦於職涯上。

　不過，職涯從個人觀點和從組織的觀點所做的認定，是有所出入的。

工商心理學的定位

利用心理學及經營學的知識，解決經營事業所遭遇的各種問題。

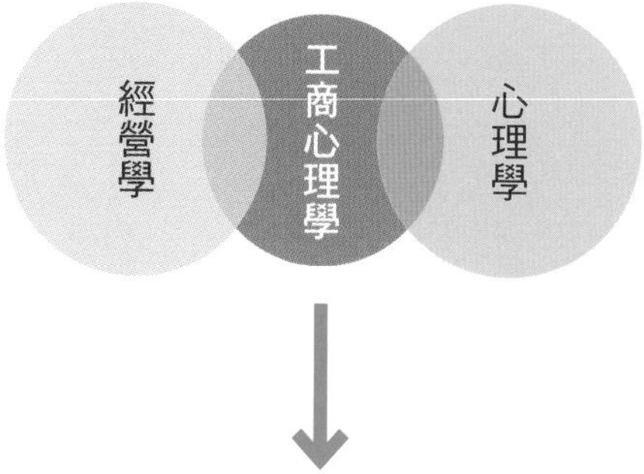

提振員工士氣

1. 研究組織成員的心理。
2. 研究組織成員的工作態度或領導能力等心理變化。
3. 研究組織內出問題（例如逃避工作或渾水摸魚等）的可能性。
4. 研究顧客（消費者）購買商品時的心理。

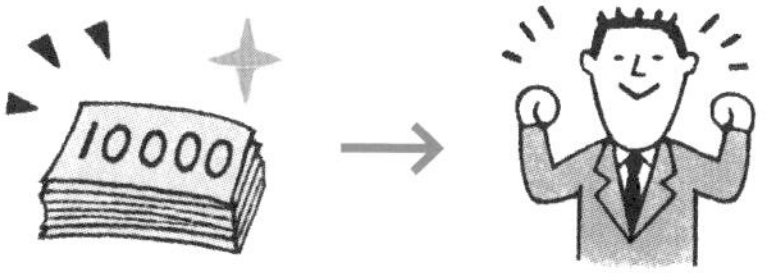

以高額獎金為誘因 → 充滿幹勁

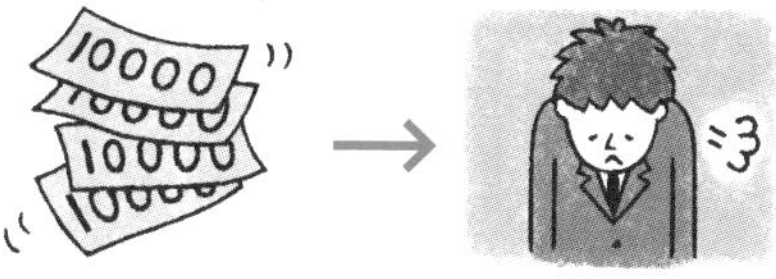

獎金微薄 → 毫無幹勁

心理學的
現在・未來
9

研究音樂感染力的音樂心理學

人每天都生活在音樂的包圍之下，領受了不少音樂的恩賜，可見音樂對人的感情有極強的感染力。音樂與心靈的關係自古便不乏人探討，西元前約三五〇年，**亞里斯多德**（▼P12）在其著作《**政治學**》中，便討論過音樂對社會生活的影響。

此外，**舊約聖經**裡也有**大衛**（古以色列第二任國王，伊斯蘭教也將之視為預言者之一）以豎琴聲撫慰**掃羅**（古以色列建國國王）心靈的故事。以科學方法檢證音樂與心靈的關係，就是**音樂心理學**所研究的課題。

將音樂心理學的研究所獲得的法則應用在臨床上的，則是**音樂療法**（▼P242）。音樂療法屬於被稱為**藝術療法**（▼P242）的**心理療法**之一，原理是藉由欣賞或演奏音樂，恢復心靈原有的力量。

音樂有助於心靈的放鬆，欣賞音樂能產生**洗滌效果**（▼下段），促進與他人的交流。此外在復健治療中，有時也會以音樂助長身體機能的恢復。

? 更多詳情

◉洗滌

與淨化同義。原為**亞里斯多德**（▼P12）提出的概念，意指觀賞希臘悲劇，可為觀眾帶來淨化心靈、安定精神的效果。

今日的我們也擁有許多**洗滌**的方式。例如要擺脫工作或讀書所帶來的負面情緒，可以利用旅行、運動、收看電視等娛樂淨化心靈、減輕這些課題所造成的壓力。

! 相關知識

◉心理聲學

研究主題為人類聽覺所觸及的聲音對心理造成的影響，為音樂心理學的領域之一。也稱作**聽覺心理學**。

例如記錄下音響器材的周波數等

音樂療法的對象，包括**自閉症**、**學習障礙**、或**發展遲緩的兒童**，以及**心身症**、**精神官能症**（▼P208）、**酒精中毒**（▼P224）的成人等等。要是病情過於嚴重，或許難以產生效果。近年，音樂療法在治療**失智症**或**上班族的紓壓**也頗具成效而備受矚目。

數據以測量聽覺對此有何反應、或噪音對人能造成多大的心理負荷等等，都屬於心理聲學的實驗範圍。

以音樂之力回復心理健康

音樂能為人帶來喜悅，幫助緊張繁忙的現代人紓解壓力。音樂心理學所研究的，就是音樂對心理所產生的種種效果。

音樂療法的兩種方式

被動療法	主動療法
欣賞音樂。	主動投身歌唱、合唱、樂器演奏、作曲等。

音樂療法的效果

紓解壓力
幫助放鬆
恢復心理健康
在老人安養院等機構中促進人際交流
淨化心靈的洗滌效果
對苦惱者施予的心理療法

心理學的
現在・未來
10

治療因災害受創的災難心理學

災難可以毫無慈悲地奪走人的生命及財產。遭遇這種狀況時，人可能因受到巨大打擊而陷入**恐慌**，有時不僅四處逃竄，甚至可能做出破壞性的行為。

災難心理學所研究的，就是這種緊急狀況所造成的恐慌，以及**謠言散播**的模式等課題。

要擺脫恐慌，最重要的就是儘可能作好心理準備。例如初次進入一棟大樓時只要先確認逃生出口，發生緊急狀況時便能在腦海中勾勒出逃生路線。像這樣在腦海中勾勒出的鳥瞰圖般，就稱為**認知圖**。

災難不僅是對身體，在心理也會留下很大的創傷，造成諸如痙攣、惡夢、或嚴重健忘等後遺症，有時則會使人變得對突如其來的噪音異常惶恐，或對自己的存活感到幾近罪惡感的愧疚。這種症狀稱為**創傷**（**心理創傷**，▼P222）或**創傷後壓力症候群**（▼222）。可見不僅是災害發生時，事後的心理保健也是十分重要的。

此外，災難發生時會使人動搖，無法做出正確的判斷，而確認

Psychology: Q&A

Q 在恐慌狀態下還能主動救人者，有些什麼特徵？

A 無償且自發性的幫助他人的行為，稱為**援助行為**。通常女性更常有採取這類行動的傾向，或許是因為女性具有更強的**同理心**使然。

此外，只要有過一次援助行為，第二次似乎就較容易出手。

更多詳情

● 災後心理減壓

幫助災難或犯罪的受害者消除精神上所受到的**衝擊**。在阪神大地震後，這個名詞在日本變得廣為人知。

災後，藉由讓受害者、諮商師、**同儕支持團體**（接受心理專家指

不足、連絡不足等也可能造成**二次災難**。災難心理學除了研究預防二次災難的法則，也將治療心中遺留的創傷視為一大課題。對於地震等天災頻仍的地方，災難心理學是個未來發展頗受期待的領域。

導，負責進行**災後心理減壓**的人員）等一同進行長時間的對話，能有效解消受害者的心理壓力，並預防心理後遺症。

造成恐慌的三個條件

恐慌並不是在任何時候都會發生。造成恐慌的條件大概有以下三項。

1 情報氾濫

曖昧的情報充斥時，真偽難辨的情報容易造成大眾的不安。

2 謠言擴散

煽動者所散播的謠言，因真偽難辨及攸關事態而容易迅速散播。

3 盲從

盲從的傾向越強，自己的判斷力就變得越弱，導致不安逐漸加劇。

↓

一遇事端便陷入盲目與慌亂，可能造成恐慌。

心理學的現在・未來 11

尋找適合自己職業的職業心理學

日本自二戰後持續至今的終身聘僱制，如今正隨著鼓勵高年齡層提早退休、年輕族群的工作流動（飛特族現象）等出現變化。在**年功序列制度的瓦解**及朝**成果主義**發展的趨勢中，越來越多人希望能藉由適合自己的工作、具有升遷機會的工作來磨練自己。**職業心理學**可以為這些人提供指引。這是一門透過職業的適性與選擇，針對人與職業的關係進行各種研究的學問。

適性是指一個人針對某件事的能力、個性、偏好、態度等，並非藉教育或訓練所獲得的知識、經驗、或技能。不過，在從事一個工作後才發現的能力、適性、偏好等，或許也可被納入適性評估的要素中。

但需要謹記的是，**求職並不是自我探索**。許多年輕人為了尋找適合自己的工作而頻頻跳槽，為了追求夢想（宛如追求幸福的青鳥）不斷換工作，這種現象就被稱為**青鳥症候群**（▼下段）。

美國心理學家**唐納・薩柏**（Donald E. Super）認為從**生涯**的觀點

相關知識

◉生涯錨

在自己的生涯規劃上無法讓步的價值觀或內涵。提出此說的美國心理學家**施恩**，將生涯錨定義為以下八點：①創業家的創造力、②自律、獨立、③保證、安定、④生活方式、⑤服務奉獻、樂於貢獻社會、⑥純粹的挑戰（向不可能挑戰）、⑦具備專業技能（專家的滿足感）、⑧具備管理技能（可指揮組織收到成果）。

更多詳情

◉青鳥症候群

由精神科醫師**清水將之**提出，名稱源自梅特林克（Maurice Maeterlinck）的童話故事**《青鳥》**，內容敘述貼貼爾和彌貼爾兄妹為來看，職業的發展可以依序分為**成長**、**探索**、**建立**、**維持**、**衰退**五個階段。為了找到適合自己的職業而持續探索雖然重要，但如果在一定年紀後仍無法到達建立的階段，剩下的就只有衰退一途。

因此，以實踐佐證的職業心理學，對構築幸福的生涯應是有所助益的。

尋找青鳥而展開的一段冒險旅程。**青鳥症候群**為日本特有的現象，好發於缺乏養成社會經驗及耐力的青年，本人難以察覺自己的病徵也是一大特徵。

一生中職業的發展階段

美國心理學家薩柏，將人一生中的職業發展分為下述五大階段。

成長階段

0～14歲
發現自己是什麼樣的人，開始思考工作的意義。

探索階段

15～24歲
對職業產生期待並開始實踐，懂得衡量目前的努力對將來是否有幫助。

建立階段

25～44歲
確立職業上的方向及地位。

維持階段

45～64歲
維持自己所建立的地位或優勢。幾乎不再開發新領域。

衰退階段

65歲以上
屆退休年齡，工作量日漸減少，最後完全停止，自此展開第二人生。

活用心理學的第一線 1

運用心理學的職種日漸豐富

時下因社會不安、工作壓力、或人際關係的不適應等，使得心理學在越來越多的情況裡變得不可或缺。人與人的心靈接觸，必然會產生**衝突**，因此在各種領域裡，都需要運用到心理學的職務。

諮商心理師就是回應這種需求的職業之一。而因應服務場所或所扮演的角色，有時也會使用異於**諮商心理師**的稱呼。

最常聽到的就是**臨床心理師**。他們以**臨床心理學**（▼P38）的知識與技術處理心理問題，堪稱「心理的專家」。在醫院或診所裡，有越來越多臨床心理師以**心理療法**或**心理測驗**幫助醫師診治病患。

企業諮商師負責的則是一般企業的心理健康，以心理學的方法幫助員工學習如何自力解決自己的苦惱。其他還有**學校諮商師**或**校內輔導員**（▼下段）、**精神醫療社工**、**音樂治療師**、**家庭輔導員**、**行為治療師**、**職涯諮商師**等等。

相關知識

◉學校諮商師

為了改善拒學等兒童的偏差行為，日本文部科學省以公立中學為中心，推廣在校內安插此類心理專家，以輔助中學的教育體制。

學校諮商師的職務範圍，包括對因校內問題而產生壓力或不滿的學童進行輔導、對教職員進行**諮商**（▼P60）、以及向家長提供建議等等。

由於學校諮商師需要具備高度的臨床心理學知識，因此需要具備**臨床心理師**的資格。許多時候，也由具備同等專門知識的精神科醫師、或大學心理學系的老師等來兼任。

此外日本文部科學省也正逐步實施於全國各小學配置「學生及家長相談會」的政策。

在日本如何成為諮商師

日本諮商師種類繁多，在此只介紹最具代表性的臨床心理師的資格取得程序。

研究所相關科系畢業，習得所需知識

需要自日本臨床心理師資格認定協會所指定的第1種指定研究所或第2種研究所畢業。

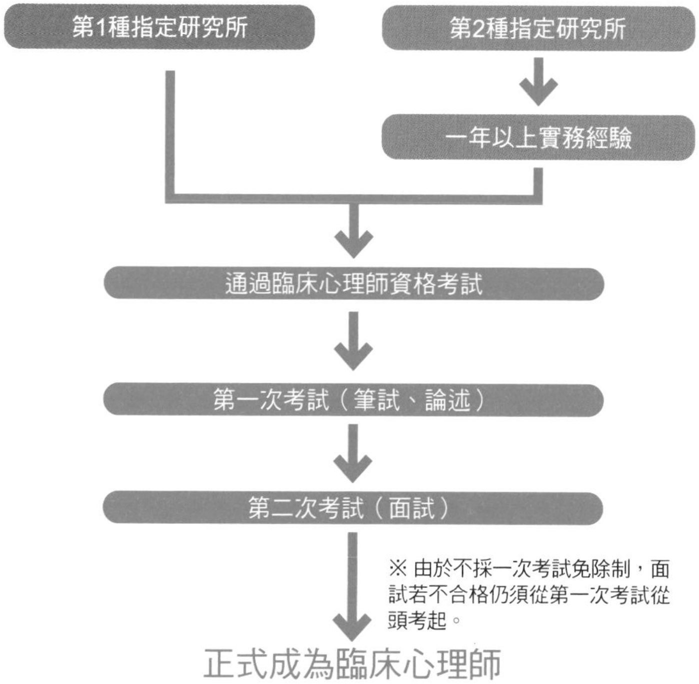
第1種指定研究所
第2種指定研究所
一年以上實務經驗
通過臨床心理師資格考試
第一次考試（筆試、論述）
第二次考試（面試）
※ 由於不採一次考試免除制，面試若不合格仍須從第一次考試從頭考起。
正式成為臨床心理師

◎其他心理諮商相關資格

日本諮商心理師並不是國家認證資格，而是民間認定資格。輔導員資格的徵人條件大多會明列所需資格，因此除了取得各種團體所要求的資格，沒有其他捷徑。有些機構甚至會要求須有實務經驗。

活用心理學的第一線
2

支援患者的諮商心理師

美國心理學家**羅傑斯**（▼下段）曾指出，輔導員需要具備以下三種條件：**一致**、**無條件尊重**和**同理心**（▼P238）。

一致是指時時保持一貫的自我，無條件肯定是指即使對方犯了罪也不加以否定，同理心則是指站在對方的立場，設身處地地理解他。

也就是說，諮商師這工作並不是單方面地提出指示，而是要時時站在**支援患者**的立場。為心理疾患所苦的患者，有時會變得任性、固執、難以溝通。諮商師需要的，就是在這種情況下也要本著關懷與其交心的包容力、忍耐力、理解力，以及遇上不願傾聽的患者也能妥善自制的自制力。

諮商工作最有趣、但也最困難的，就是**不要告訴對方答案，而要幫助對方找到答案**。

心理學的偉人

◉卡爾．羅傑斯
（Carl Ransom Rogers）

美國心理學家**羅傑斯**根據擔任諮商師接觸患者的經驗，創立了**個人中心療法**（▼P238），這是一種在尊重患者心境的前提下，設身處地為患者思考，助其找回自律性的療法。

更多詳情

◉諮商

相對於對患者所進行的治療稱為**諮商**，專業人員為解決其他專業人員的問題而行的治療稱為諮詢。例如手術前麻醉科醫師與外科醫師的討論、或老師們針對學生問題所進行的討論，均屬於諮詢。

諮商師需要具備的三大條件

諮商師需要時時站在支援患者的立場行事，具體來說，需要具備以下三項條件。

① 一致

毫不掩飾，誠實表達自己的心境，而且時時掌握自己的心理狀態。

② 無條件尊重

不論患者所陳述的事是好是壞，均須以肯定態度傾聽。

③ 同理心

以感同身受的態度傾聽患者的感受，並讓患者充分感受到自己的誠意。

↓

諮商師以不要告訴對方答案，而要幫助對方找到答案的方式，幫助患者回復心理健康。

活用心理學的第一線 3

心理學在產品研發及環境規劃所扮演的角色

企業的**產品研發**不僅受到時間及經費的制約，**如何讓消費者的心理與產品產生連結**也是一個重要考量。這種時候，就需要運用心理學。許多心理學家對人類消費行為與生活模式的研究結果，常是商品研發的重要參考。

此外，為了縮短人與產品的距離，設計出讓使用者樂於持續使用的產品，需要根據情報分析進行**親和性產品研發**。在這過程中，**工程心理學**的輔助也是不可或缺的。

心理學的應用範圍不限於產品研發。有些新落成的商業大樓會出現人潮不如預期的現象，原因很可能是在設計、建造方面沒有考量到**周遭環境或生活者行為模式**。這種時候，便應該以**環境心理學**為基礎進行環境規劃。

在環境與都市規劃上，也需要運用到形形色色的心理學。例如隨著社會邁向高齡化，六十歲以上的高齡駕駛所造成的車禍也逐年增加。為此，可以運用**交通心理學**的方法調查高齡駕駛車禍的特徵、或

相關知識

◉SD法

語意分析法的簡稱，為美國心理學家**查爾斯．奧斯古德**（Charles Egerton Osgood）提出的心理學測定法。進行評鑑時先取「好」與「壞」、「快」與「慢」等兩極的形容詞，再安插「非常好（正面評價）」、「有點好（正面評價）」、「不好不壞」、「有點壞（負面評價）」、「非常壞（負面評價）」等評鑑尺度。為形象調查或產品研發常使用的測定法。

在建築領域裡，也被視為非常有效的景觀評鑑方法，而頻繁運用。

◉擁擠度

人口過於密集所造成的不舒適。過度擁擠可能使人血壓上升，或在

在彎道上行駛時的行為特性等，以研擬出更完善的安全教育系統、或改善環境的措施。

以人為主體的產品研發或環境規劃中，一定可以看到心理學的影子。不論是以安全性、生產性、避免疲勞為考量的環境規劃，還是以舒適性、便利性為訴求的都市規劃，所有符合現實社會多元變化的設計，都是在活用心理學下誕生的。

人際關係方面出現否定行為。大樓設計或鐵路車輛等的研發工作，多以降低**擁擠度**為目標。

至於常聽到的**人口密度**，則是代表物理上的人口密集程度。

運用心理學的產品研發

企業在研發產品時，常需要活用心理學的知識。

企劃

根據心理學的法則擬定發想的方向。

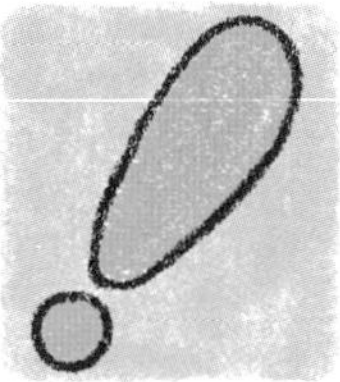

研發

以心理學法則追求悅目的設計或便利的功能，使企劃階段的發想成形。

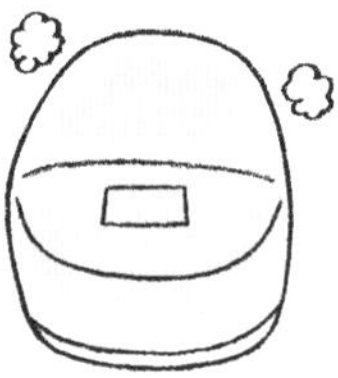

檢驗

以心理學法則分析消費者對產品的意見，為研發結果進行修正。

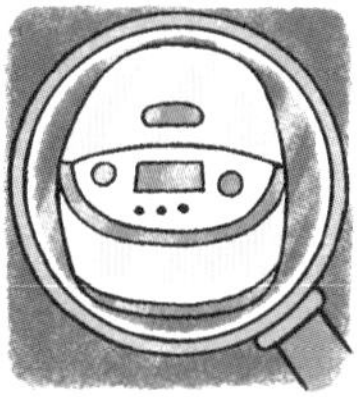

販賣

以心理學法則進行廣告、行銷等宣傳活動。

有趣又有用的
深層心理
1

手也會說話？

假設這四個人正在聽你說話。從他們的手勢判斷，哪一個對你說的話最感興趣？

❶

以手指敲桌。

❷

雙手抱胸。

❸

將雙手攤在桌上。

❹

手貼額頭。

解答

答案是❸。他態度輕鬆，代表最有興趣。不過這姿勢如果有點不同，例如雙手握拳，就表示拒絕、威嚇、具攻擊性。

❶的姿勢代表不耐煩、緊張或拒絕。

❷是拒絕他人進入自己勢力範圍的拒絕姿勢，但如果是面帶微笑地雙手抱胸，並不時使使眼色，反而代表他很感興趣。

❹的姿勢代表迷惑，帶有幾分不信任的味道。

PART 2

人際關係心理學

良好的人際關係需要適度距離感

在擁擠的電梯或電車中，你是否曾巴不得大家能離你遠一點？這種時候你想獲得的就是**個人空間**。

人在潛意識中會根據自己和對方的親暱程度，設定出不同程度的**心理距離**。換句話說，每一個人都擁有自己的「勢力範圍」。如同動物死守賴以為生的地盤，人也不希望不熟悉的人闖入自己的勢力範圍。

美國文化人類學家**愛德華・霍爾**（Edward T. Hall）曾潛心研究這種心理範圍，並將研究成果公諸於世。他將這種人對空間的行為稱為**空間關係學**，將人的心理距離分為**親密距離**（家人、情人、摯友）、**個人距離**（朋友、不熟的人）、**社會距離**（同事）、**公眾距離**（陌生人）四個等級，而且每個等級都還可被細分成**遠**、**近兩個等級**。受歡迎的人，大多懂得熟知這種心理的距離感，並巧妙地加以運用。

相關知識

◉非語言溝通

一種以語言以外的資訊為線索，解讀他人心理的**溝通**模式。非語言的資訊包括肢體動作、表情、穿著、容貌、膚色、氣味、接觸行為、**個人距離**等等。

聆聽者透過**非語言溝通**解讀表達者的意志，稱為**解碼**。反之，表達者對聆聽者展現動作，則稱為**編碼**。

一般而言，女性的解碼能力優於男性，進行編碼的傾向也明顯比男性強烈。或許女性比較容易從情人的肢體動作發現對方出軌，或明顯對上司表現出嫌惡的態度，正是出於這種特質。

以距離感衡量人際關係

感覺舒適的距離感，隨對象的親密程度而變化。

親密距離（0～45cm）

近距離（0～15cm）
近到可以感覺到對方的呼吸，以身體與身體的溝通為主體。是關係匪淺的人才能有的距離。

遠距離（15～45cm）
在電車裡與陌生人處於這樣的距離，會讓人感覺壓迫與不舒適。這是家人與情人才能有的距離。

個人距離（45～120cm）

近距離（45～75cm）
與配偶或情人以外的人，處於這種伸手便能握住或抱住對方的距離，容易產生誤會。

遠距離（75～120cm）
兩人只要伸手，便能碰觸到彼此手指的距離。是最適合傳達個人希望或要求的距離。

社會距離（120～360cm）

近距離（120～210cm）
無法看出彼此微妙的表情變化、或碰觸到彼此身體的距離。是最適合與上司或同事等工作夥伴共處的距離。

遠距離（210～360cm）
無法碰觸到身體，但可以清楚看見彼此的距離。是最適合公共場合的距離。

公眾距離（360cm～）

近距離（360～750cm）
彼此可以進行簡單的問答，但難以建立私交的距離。

遠距離（750cm～）
以肢體語言的溝通為主體，無法傳達言談中的細微差別，是最適合演講等場合的距離。

2 為何大家認為城市人比較冷漠？

城市和鄉下都有天性冷漠的人，但大家常說城市人比鄉下人冷漠。為何大家會有這種感覺？

原因之一是人接收到的資訊量差異。拜網路及電視之賜，如今身處鄉下也能接收到一定程度的資訊。不過，新事物大多還是來自城市，比較整體的資訊量，城市還是有著壓倒性的優勢。

在時下的資訊時代裡，城市的資訊尤其氾濫。美國心理學家**米爾格倫**（▼P24）將這種情況稱為**資訊超載**。

人在資訊超載的環境下，面對氾濫的資訊會有忽視其他資訊，只挑選自己所需的傾向。因此與和自己無關的人，便只做最低限度的溝通，使人產生冷漠的印象。

加拿大社會學家**高夫曼**（▼下段）將這種行為模式稱為**禮貌性的忽視**。由於這種行為模式在城市人中較為常見，因此也叫做**市民的冷漠**。為了排除與不親近的人不必要的往來，大家都依禮儀行事，佯裝冷漠，並將這種行為模式視為一種潛規則。例如在電梯裡會避免將

相關知識

◉旁觀者效應

遇到旁人緊急情況也視而不見。自從美國發生了女性遭暴徒襲擊、周遭居民也無人相助的**凱蒂・吉諾維斯事件**（Murder of Kitty Genovese）後，這個形容城市人冷漠心理的名詞才變得廣為人知。

後來，經由研究旁觀者人數多寡對救助率會產生什麼影響的實驗，得到的結論是旁觀者較少時，越可能有人出手相救，證實了旁觀者較多，會導致「我不救也有別人會救」的**責任分散效應**。

心理學的偉人

◉厄文・高夫曼

（Erving Goffman）

加拿大出身、活躍於美國的社會

視線移到旁人身上，或望向天花板，佯裝沒注意到旁人的存在。但公共社會之所以協調，也是拜此行為之賜。

適應資訊超載環境的四種方法

城市屬於資訊異常超載的環境。米爾格倫認為，為了適應這種生活所採取的行為，會出現以下四種特徵。

① 短時間處理

只傳達最低限度的資訊，在最短時間內處理完畢，儘可能避免與對方的接觸。

就這樣，
再見。

② 排除資訊

忽視不重要的資訊，只接收符合自己需要的資訊。

○○○和
○○○正好
有×××，
優惠是……

③ 迴避責任

有問題就往其他人身上推，期待外力協助，不願帶頭做事。

HELP!

④ 利用他人

儘可能減少與他人的私人接觸。不主動連絡他人。

剩下的就
拜託你了。

學家，曾於賓州大學等學府教授人類學及社會學。他認為人類的日常生活充滿戲劇性要素，而且人人都試圖掩飾這點。著有《日常生活中的自我表演》（The Presentation of Self In Everyday Life）等書。

人際關係 3

與人共鳴的從眾行動是成功之鑰

在公司或集團中，都傾向要求所有成員擁有同樣的思考或行為模式。遇有不符常規者便加以矯正，如果無法矯正可能就加以排除。

懂得順應公司方針的人能受人賞識。雖然如今的社會講求的是實力主義，但比起不聽話的天才，懂得適應公司文化的秀才或庸才反而比較容易成功。不論社會風氣再怎麼變，這種傾向應該不會有多大改變。

因此，人在以公司為首的各種組織中，不論是出於意識還是潛意識，都傾向配合周遭的氣氛依規矩行事。這種現象稱為**從眾**。

美國心理學家**艾許**（▼下段）以實驗證明了這種現象。他對八名參加者提出簡單的問題，但其中只有一名是真正的受試者，其他七名都是配合演出的臨時演員。先由七名臨時演員作答，最後才輪到受試者回答。當所有臨時演員都回答出正確答案時，實驗對象也會回答出正確答案。但刻意安排臨時演員答錯時，35％的受試者也會回答出和臨時演員同樣答出錯誤的答案。

心理學的偉人

◉所羅門．艾許（Solomon Asch）

生於波蘭，後來流亡美國的心理學家，曾任普林斯頓大學教授。主要聚焦於**初始效應**等有關印象是如何形成的研究（**印象形成**）。此外，也以實驗證實**從眾行為**，對社會心理學的發展貢獻良多。

相關知識

◉鏡像行為

艾許所研究的**從眾行為**證實人有受多數決左右的特性，通常帶有負面意涵，但也不乏正面意義的「從眾」。

誠心的溝通讓兩人之間產生**信賴關係**後，雙方會開始做出相同的姿勢或表情，這叫做**鏡像行為**。此這是實驗對象對自己的答案失去信心，選擇迎合旁人意見的結果。這種從眾行為叫做**群體壓力**。當自己的回答與群體的回答一致時，人會認為自己的答案符合**主觀規範**。即使不知答案是否正確，但也會認為自己符合了**社會主流價值**。由此可證明人皆具有從眾的傾向。

外，也因這行為帶有「時間同步」的性質，而稱作**共時性**。

這種行為，在關係親密的夫婦或情侶身上相當常見。

從眾行為

個人的意見或態度隨多數人的意見或集團的規則產生變化。

在大排長龍的餐廳前排隊

自己並非美食家，只因朋友對這家店的料理讚不絕口而願意排隊。置身人龍，以為自己也成為美食家。

融入公司文化

如果打扮或行為在公司裡顯得突兀，不僅可能遭排擠，也會感覺不自在，因此只能選擇從眾。

人際關係

4 將弱者視為代罪羔羊的霸凌

令人遺憾的，由**霸凌**衍生而出的自殺或暴力事件層出不窮，近年透過電腦或手機的**網路霸凌**更是急遽增加。霸凌不僅發生在孩子之間，在職場及各種社群、團體內也會發生，儼然成為一大社會問題。

霸凌常被當成不滿或壓力的宣洩口。越來越多人不懂得如何經營人際關係或控制情緒，長期累積下來導致**攻擊性**逐漸升高，一旦被逼到走投無路，許多時候不滿的情緒便會促使他們將弱者當成**代罪羔羊**（▼下段）來出氣。此外，**霸凌的娛樂化**、**犯罪化**也有日益普遍的傾向。

但每當談及霸凌問題，像是「受害者可能也有問題」的論調也必然會出現；有人認為容易被欺負的人可能「比較**脆弱**」。不可否認的，脆弱的確是受害者遭到霸凌的一大要因，但霸凌者當然也該負責。

霸凌的起因相當多元，有時霸凌者是出於蓄意，但有時並不是

更多詳情

◉代罪羔羊

古代的猶太教徒有宰殺山羊獻祭，為自己贖罪的習俗。在心理學上，這名詞指的是群體針對其中一位成員進行攻擊，以解消群體的不滿或不安的心理傾向。

在一個發生霸凌的班級中，每一個同學心中都有不滿情緒。之所以「選擇」一名同學霸凌，正是為了排解心中鬱悶。

相關知識

◉學生網站

供國、高中生交換訊息的網站。站內會顯示使用者的電郵地址、照片及個人資訊，使用者可在此徵求網友或男女朋友。也具備聊天功能，對青春期的青少年而言，是個

出於惡意。總而言之，情緒壓力常是一大要素。霸凌受害者必須學會儘可能不靠他人，自己解決問題。而霸凌或許難被周遭察覺，不過一旦發現就不該袖手旁觀，在避免孤立受害者的同時助其找出解決方法。

相當方便的溝通工具。但常被當作交友網站，並因此衍生出不少社會問題。此外，由於許多留言是**針對特定學生的誹謗或中傷**，因此也常成為網路霸凌的溫床。

攻擊性過高衍生出霸凌

霸凌通常依以下的步驟發生。

人原本就具有殘酷、攻擊性的動物本能

＋

難忍壓力導致情緒焦慮

＋

模仿暴力遊戲中具攻擊性的角色

↓

攻擊性累積到頂點

↓

找到代罪羔羊

↓

霸凌發生！

人際關係 5

匿名性促成的網路論戰

對於建立人際關係來說，**自我揭露**是必要的。得要先讓對方知道自己是個什麼樣的人、喜歡什麼討厭什麼、從事什麼樣的工作，藉此讓周遭的人理解自己。再照著同樣的步驟理解對方，縮短彼此的**心理距離**（▼P86）。

但網路的出現改變了這種人際關係的建立方式。最大的改變，是不必讓人知道自己在現實中的模樣，也能和對方溝通或交換訊息。不僅能在自己喜歡的部落格裡留言，也能**匿名**或以**暱稱**在留言板上表達意見。

現實社會中的任何一個人，到了具匿名性的網路世界裡都能公平、自由地陳述意見，而且還能恣意包裝自己，可以將自己塑造成一個和現實裡截然不同的人物。從姓名、性別、職業、到年齡都可以捏造，可以為自己創造一個截然不同的身分。

從反面來看，匿名能讓人變得大膽。一則自己認為沒什麼大不了的意見，也可能對他人造成嚴重傷害。而且由於網路上的雙方無須

! 相關知識

◉網路論戰

網路專有名詞，指大量匿名網友針對部落格（供使用者寫作、記錄的網站，多被當作發表書評、日記等的自我表現場域）等的內容寫下誹謗性留言的現象。不時有人被惡意的留言所傷，造成**網路恐懼症**。

Psychology: Q&A

Q 在公事上對下屬稍事警告，下屬竟傳電子郵件為自己辯護。分明就坐在隔壁，有話為何不能當面說？真令人火大。

A 這與**資訊超載環境**（▼P68）有關。在資訊時代裡，每個人或多或少都沉溺在數位工具中。年輕世代一出生就被最新型的數位器材包圍，相當習慣以此進行溝通。

照面，對方僅能從字面判斷留言者的為人。網路是個供人隨時隨地連絡他人的場域，稍有不慎便可能淪為不負責任的溝通工具。為了避免**網路論戰**（▼下段）等無意義的問題產生，在網路上發言要比在現實生活中的談話更加小心。

這類人稱為**封閉人**，特徵是習慣迴避面對面的人際關係，寧願埋首於數位工具。在他們的生活中，手機及電腦是不可或缺的必需品。

網路世界裡的人際關係

讓人能輕鬆與任何對象溝通的網路，大幅改變了既有的溝通模式。

① 匿名性

有人因為匿名隱藏身分而有膽量發表意見，也有人因此而得以大膽散布不負責任的發言或有害的訊息。

② 將自己塑造成一個截然不同的人物

從未和網路上的對方謀面，得以自由地扮演一個完全不同於自己的角色。

③ 科技依賴症

過度依賴電腦及網路，會使人對現實世界裡的人際關係感到厭煩。

人際關係

6 戀愛、婚姻的對象是如何選擇的？

人是如何選擇戀愛或結婚對象的？

美國心理學家**柏絲柴樂**（Ellen S. Berscheid）等人，認為人會傾向選擇和自己相近的人為對象（**配對假說**）。根據這個假說，人會害怕被比自己更有魅力的對象拒絕、又會拒絕魅力不如自己的對象，因此可能與類似自己的對象成為情侶。加上剛認識時對彼此又缺乏了解，只能藉由找出彼此的類似點尋求親切感（**相似性**，▼P18）。

不過一旦考慮結婚，**互補性**（▼P18）也會變得很重要。個性大而化之的女性選擇心思細膩的男性當作結婚對象，對經營家庭生活可能較為有利。

結婚是男女建立新家庭的創造性行為。猶豫是否該和某個對象結婚，或該和哪個對象結婚時，不妨參考英國心理學家**格雷厄姆・華萊士**（Graham Wallas）提出的**創造過程四階段論**。

相關知識

◉羅密歐與茱麗葉效應

因羅密歐與茱麗葉悲劇戀情而得名的戀愛心理傾向，意指在親人或周遭的反對下，戀情反而會變得益發強烈。也就是說，心懷某個特定目的時，障礙越大，克服障礙達成目的的意志也會變得越強。

選擇婚姻對象時，不該被**羅密歐與茱麗葉**效應影響，而是該退一步冷靜地觀察對方。

這效應不僅見於戀愛問題，在行銷或管理方面也相當適用。

例如越稀少的商品越能刺激購買欲，或越困難的工作越能激起幹勁等等。

找到理想對象的四個階段

華萊士認為每個新事物的誕生過程都會依照四個階段。按照這個假說，選擇結婚對象的過程大致如下。

① 準備階段

為了增加邂逅的機會，積極參加餐會或交流。

② 醞釀階段

多次約會，進一步了解對方。

③ 豁朗階段

「我要和她結婚！」的信念突然湧現心中。

④ 驗證階段

將對象介紹給親朋好友，藉由觀察旁人的反應，驗證此人是否適合成為自己的配偶。

↓

結婚！

為什麼在電車裡看到的陌生人會覺得熟悉？

常會在電車上遇到某些人，**連他叫什麼名字都不知道，卻很眼熟**。美國心理學家**米爾格倫**（▼P24）將這種人稱為**熟悉的陌生人**。米爾格倫拍下尖峰時間擠滿乘客的月台，在一週後的同一時間向正在上車的乘客出示這些照片，發現多數人平均認得四位熟悉的陌生人。

熟悉的陌生人常對彼此感興趣。比起完全素昧平生的陌生人，他們讓人感到比較親切。事實上，不少人會想像熟悉的陌生人過著什麼樣的生活，也可能因為某種契機與他們**成為朋友**。

例如，如果你和熟悉的陌生人一同遭遇災害或意外，可能很快就會成為同甘苦共患難的夥伴。事實上，的確不乏當災害引起恐慌時，幾個熟悉的陌生人相互勉勵、共同度過難關的實例。

此外，如果曾與熟悉的陌生人點頭示意或簡單對話過，彼此將變得更感親切、更為體貼。針對近鄰的噪音容忍度的調查顯示，一般人對曾交換過隻字片語的鄰居的包容程度，比只認得長相的鄰居來得高。由此可見，比起當個熟悉的陌生人，打個招呼更有助於睦鄰。

相關知識

◉小世界現象

米爾格倫（▼P24）提出的概念。他寫信給在堪薩斯州威奇托市隨機選擇的六十名實驗對象，要求他們把信轉交給麻薩諸塞州的一名特定女性，但只限於面對面地與認識的人輾轉傳遞，最後這位女性收到了三封信。像這樣的傳遞聯繫平均需要六個認識的人。

現今的**社交網路服務**，就有相當於六人網路的功能。

◉曝光效應

美國心理學家**羅伯特．札佐克**（Robert Boles aw Zajonc）曾要求大學生先看過畢業紀念冊裡的一張大頭照，再回答對此人有多少好感。結果發現照片看過越多次，好感度

從熟悉的陌生人到戲劇性的邂逅

雖然不相識，卻莫名其妙地感到親切。有時經過戲劇性的邂逅，熟悉的陌生人也可能成為命中注定的伴侶。

電車通勤

根據心理學家的調查，每人平均認得四個熟悉的陌生人。

成為命中注定的伴侶？

產生親切感

↓

產生興趣

↓

對話的契機

↓

戲劇性的邂逅

就越高，證明多曝光有助於強化對該對象的好感。這傾向就稱為**曝光效應**。

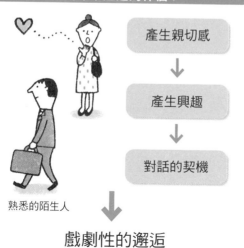

非語言溝通更能傳達真正的意思

語言是人與人溝通的基礎，但出人意料的，只用語言進行的溝通其實頗為稀少。除了語言，人也會以表情、姿勢、動作等**非語言溝通**（▼P66）向旁人傳達訊息。

美國人類學家**雷・博威斯特**（Ray Birdwhistell）認為，人對人的訊息傳達有35％藉由語言、65％藉由非語言方式進行。群體中的人數越多，藉由語言溝通的比例就越小。也就是說，人從對方的表情、姿勢、動作等汲取資訊或情感的比例，其實是壓倒性的大。

不論我們有多麼想隱藏，也很難藏得了感情。驚訝、憤怒、厭惡、悲傷、恐懼、輕蔑、愉悅等表情，是隨著對刺激的反應出現的**不自主運動**，很難藉意識控制。

有一種非口語性的話語叫做**類語言**。夾雜在對話中的笑意、哈欠、或稍微的停頓等，都是藉音質或說話方式表現情感或思考的方式。在對話中，可以藉由這些類語言讀出對方的性格或內心狀態。

人類的溝通能力正是藉由讀取這類非口語性的訊息、或隨話語

相關知識

◉雙重束縛理論

當語言溝通及**非語言溝通**不一致時，會讓人感到困惑。美國人類學家**格列高里・貝特森**（Gregory Bateson）稱這種現象為**雙重束縛**。意指當某人所說的話和表情不一致時，可能使對話的另一方感到錯亂。

例如父母誇自己的孩子可愛時，卻面無表情或面帶焦慮，孩子會因難以理解父母的真意而產生**心理衝突**。與家人的溝通出現雙重束縛，可能會出現精神分裂症等症狀。

◉達爾文

（Charles Darwin）

一般認為關於非語言溝通最早的研究，出自英國自然科學家**達爾文**

出現的肢體語言，才有了進一步的發展。

的著作《人及動物之表情》（The Expression of the Emotions in Man and Animals）中。

非語言溝通

美國心理學家奈普（Mark L. Knapp）將非語言溝通歸納成以下幾個類別。

分類	非語言溝通工具
身體動作	儀態、姿勢、表情、眼神等
身體特徵	容貌、髮型、穿著、膚質、體味等
接觸行為	有無身體接觸、或身體接觸的形式
類語言	哭泣、笑容等接近語言的動作、或音調的高低或說話節奏等
如何利用空間	與人保持多大距離，或在哪個位置就坐
如何使用器物	化妝、服裝、飾品等
環境或建築樣式	裝潢、燈光、溫度等

與人往來無礙所需的社會技能

社會技能是在社會中與人共存、保持順暢人際關係不可或缺的能力。

世界衛生組織（**WHO**）對社會技能的定義是：「在日常生活中遇到困難時，憑自己的力量以富創造性且有效的方法因應的能力。」這能力涵括的範圍包括做決定、解決問題、富創造性的思考、批判性思考、與人有效溝通、經營人際關係的技能（自我開示、質問能力、傾聽能力）、自我意識、與人產生共鳴、情緒控管、壓力控管等等。

例如解讀對手的心境、或因應需要抑制自己的情緒這類技能，與其說是天性，不如說較接近透過經驗累積或學習而磨練出的反應。

社會技能優異的人通常也比較受歡迎。近年常會看到一些人因細故**動輒暴怒**，諸如「在電車中用耳機聽音樂要注意音量」的禮節人人都懂，但這類人只要稍被勸阻便可能暴力相向。這類型的人唯有習得社會技能，方能與社會和平共處。

相關知識

◉自我肯定訓練

又名**自我主張訓練**，對封閉性思考、或具攻擊性等難於經營人際關係的人特別有效。原本是一種用於治療**精神官能症**（▼P208）患者的**行為療法**（▼P236），如今已廣為各種社會組織所用。

治療方法是透過團體課程學習清楚表達自己意見的表達法、或接受他人異議的態度。

◉得失效應

比起一路得到對方肯定，被對方否定後又得到對方善意的對待，更能讓人產生好感。由於遭否定後再受肯定會對心理造成衝擊，因此能讓人留下更深的印象。

有些原先對男人頤指氣使的大女

人際關係的經營是一門複雜的學問。琢磨社會技能，將有助於找到解決人際關係難題的線索。

人，後來卻變得小鳥依人愛撒嬌。這種外冷內熱的**傲嬌**更能讓男人神魂顛倒，便是一種得失效應，可說是欲擒故縱的**社交技能**。

世界衛生組織對社會技能的定義

根據世界衛生組織的定義，在社會中與人正常交流、共生，需要具備以下的能力。

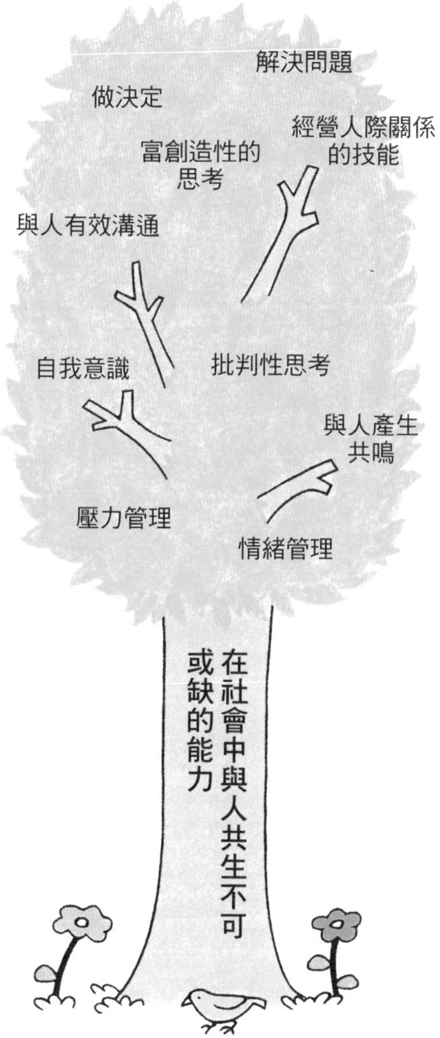
解決問題
做決定
經營人際關係的技能
富創造性的思考
與人有效溝通
自我意識
批判性思考
與人產生共鳴
壓力管理
情緒管理
在社會中與人共生不可或缺的能力

大幅影響印象好惡的標籤

初次看到一個人時，人會下意識地為對方貼標籤。以諸如「笑臉迎人」、「自吹自擂」、「冷靜可靠」等評價定義對方的形象。心理學將這種行為稱為**標籤效應**來解釋這種行為。

一開始替他人定義的形象，決定了一個人整體大致的形象。從這種稱為**初始效應**的現象，可以看出第一印象能對觀感的好惡產生極大影響。美國心理學家**艾許**（▼P70）曾以實驗證明初始效應。他先向受試者讀出一個虛構人物的特徵：「知性、勤勉、衝動、好批判、倔強、善妒」，接著再把次序倒過來讀一次，測試大家對這人物的印象會產生什麼樣的改變。

實驗結果是，受試者認為前者「雖然有缺點，但大致上是個有能力的人物」，後者則是「似乎有點能力，但過於顯著的缺點讓他無法發揮既有的能力」。從這實驗結果，應該不難看出**第一印象的重要性**。

他人為自己貼的標籤也可能造成自身的改變。**標籤理論**定義了

相關知識

◉自我應驗預言

美國社會學家**羅伯特．默頓**（Robert King Merton）提出的概念，指藉預言某事將發生而採取行動，可能使原本不會發生的情況成真。

上例是**自我應驗預言**所造成的負面結果，但其實也可能產生正面結果。例如一個實際上並不算美的女人長期相信自己長得很美，最後可能會真的變成一個美女。

◉時近效應

初始效應實驗結果證明，在前半出現的資訊對好惡判斷所造成的影響要比後半出現的資訊大。反之，後半出現的資訊比前半出現的資訊更容易引人注意的情況，則稱為**時近效應**。

自我應驗預言（▼下段）的作用。舉例來說，如果有一個人讓旁人貼上了「邋遢」的標籤，又連自己也產生了這種感覺，最後就會真的變得邋遢。由此可見，從我們自身到社會整體，都應該儘可能避免胡亂為他人貼標籤。

推銷話術利用的就是這個原理。把話說到最後才祭出賣點，就能在不知不覺間挑起顧客的購買欲望，經驗豐富的業務員都懂得這個道理。

好感度取決於第一印象

旁人貼的標籤對一個人的形象能產生決定性的影響，因此最好能給人留下良好的第一印象。

標籤效應所造成的影響

根據心理學家的調查，每人平均認得四個熟悉的陌生人。

初次見面（貼標籤）

第一印象，兩人被貼上A先生＝整潔，B先生＝邋遢的標籤。

二度見面

即使兩人的穿著完全相同，A先生還是讓人感覺較為整潔。

後來

被貼上「邋遢」標籤的B先生，真的變邋遢了。

1

誤判距離感令人不受歡迎

想要向人正確傳達自己的想法，除了把話說清楚，還需要懂得視對方情況遣詞用字。因此，務必懂得拿捏與對方的心理距離，也就是**心理親近度**。

與人交談時，我們通常不會顧慮太多，但有時可能因些微的遣詞用字遭人誤解、惹對方生氣。這種情況的起因，就是誤判自己和對方之間的**心理距離**。

例如和地位在自己之上的人往來，不論關係有多親近，都不該以和朋友聊天的口吻說話。即使上司宣布「今天不必計較地位高低」，說起話來也不能沒大沒小。反之，如果雙方本就關係親暱，遣詞用字過於彬彬有禮，反而會使人產生疏離感，讓對方誤以為「這個人不願敞開心胸，真是冷淡」，或是「他是不是討厭我？」

精準拿捏自己和對方的關係與距離，是相當重要的。能做到這點，就能建立良好的人際關係。日常生活中，最好能時時掌握與親近度高、親近度低的對象的對話技巧，自然且嫻熟地與不同的人往來。

Psychology: Q&A

Q A先生很受歡迎，和初次見面的人也能迅速拉近距離。對剛認識的人，他起初還會以名字稱呼，但沒多久就改以暱稱稱呼。即使不用「您」、「這位客戶」或職稱稱呼對方，也不會讓人生氣。這是為什麼呢？

A 先生這種以暱稱稱呼人的行為，具有提高對方**自尊**的效果。這是一種「自尊心被捧在掌心上」的感覺，以召喚對象的**自我**的方式讓人產生**參與感**，這種心態稱為**自我涉入**。賦予一個人決定權，來激發出他更大的幹勁，這也是一種自我投入的現象。

此外，自我涉入也能賦予對方一種雙方的態度與行動一致的印此外，有時為了營造氣氛的需要，必須刻意以親近度高（或親近度低）的話術製造效果。例如推銷話術需要以親近的口吻拉近和顧客的距離，或者女人被不喜歡的男人告白時，可以用較正式的口吻拉開彼此的距離等等。

象。自我涉入跟辨識雙方的**親近度一樣**，在**人際溝通**方面相當重要。懂得巧妙運用這種心理技巧的A先生，算得上是人際溝通高手。

如何拿捏心理距離

心理距離有時可用興趣、關懷或嗜好判斷，有時也可用人種、性別、居住地區、組織內的地位、知識水平、生活習慣等來判斷。

同好之間的心理距離

想法相近的人心理距離也較近，想法相反的人心理距離較遠。

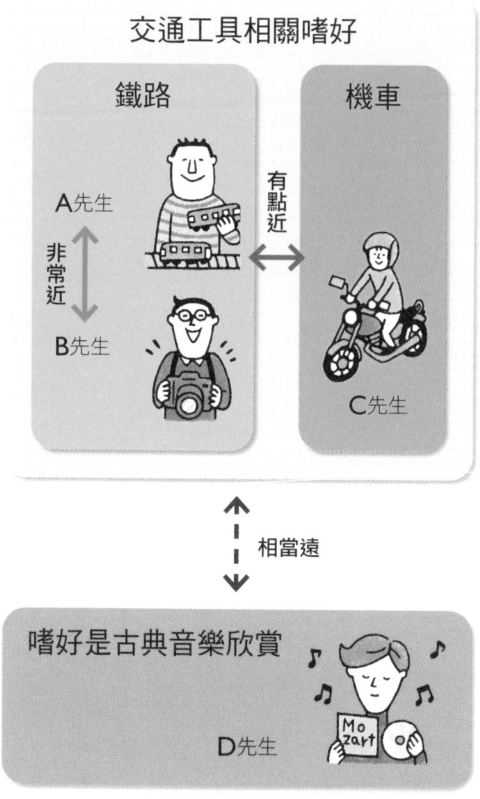
交通工具相關嗜好
鐵路
機車
A先生
非常近
B先生
有點近
C先生
相當遠
嗜好是古典音樂欣賞
D先生
Mo zart

2 頭銜與出身造成的心理影響

評價一個人時，我們會以什麼樣的**價值觀**為衡量基準？基本是依據個人的價值觀，但隨時可能因為某種影響而大幅改變。

例如大家原本對一個滿頭亂髮的人毫無好感，但一聽到他是個囊括多項文學獎的小說家，可能立刻將那頭亂髮當成為創作苦惱的證據。

這種一接收到某人背景的新資訊，馬上改變**對他的看法**稱為**月暈效應**。造成月暈效應的因素可能包括頭銜、學歷、年薪、或家庭背景。此外，身上穿戴的名牌也可能產生這種效果。

某些政治家或演藝人員，父母也是名人的消息一經披露人氣便急遽上升，也是基於同樣的道理。造成好感度提升的因素，有時可能和本人的特質毫無關係。

美國心理學家**辛格**（Jerome E. Singer）曾做過一場實驗。他向四十名大學教授出示一百九十二名女學生的照片，要求教授逐一評價女學生外貌的魅力高低。最後發現外表被認為最具魅力的，學業成績

! 相關知識

◉仁慈效應

除了**月暈效應**，人在評價、判斷他人時容易產生另一種的扭曲稱為**仁慈效應**。這指的是過度評價對方的優點，同時也過度忽視對方的缺點的心理傾向。例如**家暴**（▼P216）這種成癮行為中，就有仁慈效應的影子。許多女性雖想逃離暴力情人的魔掌，卻怎麼也離不開，乃是因為「他雖然會施暴，但其實很溫柔」的「溫柔」被過度強調，造成了容許其施暴的心態。

仁慈效應在相信人性本善這點或許值得肯定，但家暴畢竟是嚴重的犯罪行為，放任**人際認知**的扭曲造成的仁慈效應妨礙現實判斷，是有可能造成危險的。

也被認為最好。可見此學生的美貌這外觀特徵能造成月暈效應，改變了大家對她成績的評價。

雖說人最重要的是內在，但若無長時間的往來，很難了解一個人的內在。因此最好能先以服裝和打扮為自己製造良好印象，讓月暈效應發揮最大效果，接下來再慢慢讓別人了解自己的內在。

讓人顯得比實際上更為突出的月暈效應

「月暈」其實是指「背後的光環」。一個人的某種特徵成為背後綻放光芒的光環，可以扭曲大家對此人其他特徵的評價。

普通人

毫無特徵，無法讓人留下深刻印象。

擁有各種頭銜的人

名校畢業、出身良好等背景，可能讓大家對一個人評價過高。

經濟
能力
學歷
坐擁銀座
不動產
地位
證照
家庭
背景

情人劈腿時，你會如何反應？

發現男（女）朋友劈腿時，你會怎麼做？

❶

默默承受。

❷

立刻分手。

❸

求對方和劈腿對象分手。

❹

直接找劈腿對象談判。

解答

❶的人有負面思考的傾向，對自己也不夠重視。應該要學著培養自信，讓自己勇於強勢面對對方。❷的人可能根本不愛對方，和對方有的不過是表面上的感情關係，感情的虛實有待確認。❸的人生性保守，雖然深愛對方，但自尊心也很強，某些方面還有點工於心計。❹的人自尊心強，有強烈的自戀傾向。一旦受到強烈刺激，便可能採取大膽行動。

PART 3

心理學家與心理學

用手術刀剖析心理的馮特

科學性質的心理學誕生於十九世紀末。一八七九年，被譽為實驗心理學之父的**威廉・馮特**（Wilhelm Wundt），在德國萊比錫大學開辦「實驗心理學」課程，公認為**近代心理學**的起點。

在此之前，對心理的探求通常屬於哲學思辨的範疇。**亞里斯多德**（▼下段）認為心是「心靈如白紙」，站在經驗主義的立場研究心理。法國哲學家**笛卡兒**（▼下段，P248）則是提出「心靈具備了認識世間事物的能力」，站在理性主義的立場研究心理。

不過到了十八世紀，經歷了英國自然科學家**達爾文**的演化論洗禮，再加上德國物理學家**古斯塔夫・費希納**（Gustav Fechner）創建了心理物理學，心理學開始踏上了實證科學之路。馮特的心理學，就在這種歷史背景下誕生。他開始使用**自然科學**的實驗方法。他的概念是從個體本身的觀點研究自己的意識，以實證的角度研究心理。

此外，人的心靈有各式各樣（**源自心理要素**）的感覺，這些感覺相互結合，形成認知。只要了解這些結合的法則，就能理解心理的

相關知識

◉前科學時代的心理學

第一個理論性地解釋**心靈運作方式**的是，**亞里斯多德**（▼P12）。他認為「精神是最具意義的研究主題」，站在經驗主義的立場鑽研記憶、感情、睡眠及覺醒等主題。被譽為近代哲學之父的十七世紀法國哲學家笛卡兒，他的「我思故我在」是哲學史上最有名的名言之一。在**笛卡兒**的影響下催生了**德國的理性主義**，後來又發展出了德國哲學家**克里斯提安・沃爾夫**（Christian Wolff）的**官能心理學**。

十七世紀英國的**心理學經驗主義**（empiricism in psychology）所承襲，後來又由英國哲學家**休姆**（David Hume）及**洛克**（John Locke）發展出了**經驗主義**。

運作方式。藉由觀察心靈的**內觀療法**（▼P236）觀察、分析意識結構，因此他的學說又被稱為**結構主義**。為了補足自己創建的心理學體系，馮特晚年致力於研究**民族心理學**。

數學、物理學、醫學等自然科學在十八世紀漸趨發達，心理學開始與這些科學融合。到了十九世紀後半，**馮特**的出現終於將心理學確立為一門科學。

馮特的心理學

馮特將心理學從原本的哲學方法導向科學方法，使其進化成科學。

哲學方法

經驗主義心理學

在著作《何謂心》中首度論及心理。認為身心本合一，兩者不可分離。

亞里斯多德

理性主義心理學

認為心靈具備了認識世界萬物的能力，精神與身體之間有著相互作用。

笛卡兒

自然科學方法

結構主義心理學

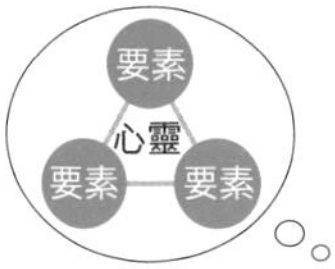

馮特

❶ **結構主義**：主張一切均由各種要素結合而成。
❷ **內觀療法**：向實驗對象投予各種刺激，記錄其感覺並加以研究的方法。
❸ **民族心理學**：主張心理不僅源自個體，也源自個體所屬的社會、民族、及宗教等。

發現人類知覺運作模式的格式塔心理學

格式塔心理學（又稱「完形心理學」）反對**馮特**（▼P92）的結構主義，**主張心理是一個不可分割的整體，無法被還原成要素**。格式塔在德文中為**整體**、**形式**之意。例如音樂和單獨的音符是不同的，將整體拆解成個別的部分，就會失去原有的意義。換句話說，整體超越部分的總和，一加一並不等於二，而是三以上。

由此可見，格式塔心理學主張人的**知覺**（▼P254）並不是由對單一刺激的單一感覺所構成，而是由整體的框架所決定的更大的東西。格式塔有趨於規律、安定、簡潔的傾向，這傾向稱為**布拉哥南斯律**（▼下段），是格式塔心理學的中心原則。

格式塔心理學先是由德國心理學家**馬科斯・韋特墨**（Max Wertheimer）創建體系，後來又在**庫勒**（Wolfgang Kohler）及**考夫卡**（Kurt Koffka）的努力下獲得了進一步的擴展。此外，出身德國的美國心理學家**庫爾特・勒溫**（Kurt Lewin）也套用社會心理學，創立了**拓樸心理學**（▼P274）。

更多詳情

◉格式塔心理學的法則

格式塔心理學的法則，為**布拉哥南斯律及似動現象**。

布拉哥南斯為「簡潔」之意。布拉哥南斯律則是指，人會傾向將視野內接收到的圖形歸納成最規律、安定的形式，包含**接近律**、**相似律**、**閉合律**（▼P254）、**連續律**等等。

接近律指接近的物體看起來是一起的，類似律指類似的物體看起來是一起的，閉合律指彼此閉合的物體看起來是一起的，連續律則指呈曲線連續排列的物體看起來像是一體的。這些也是平面設計等常會套用的法則。

似動現象（▼P254）則是指**實際上靜止的物體，卻看似在移動的現**

由此可見，格式塔心理學先後承襲了**社會心理學**（▼P42）、**知覺心理學**（▼P254）、以及**認知心理學**（▼P46、252）。講求自然科學性與實驗主義、考量整體性，甚至導入力學概念的方法，對現今的心理學產生了重大影響。

象。例如「翻頁漫畫」看起來像一齣會動的動畫，或是平交道上閃爍的警示燈號看起來像燈號在跑。

心靈是無法分割的

相對於馮特將意識（心靈）視為各種要素的集合體，韋特墨等人提出的格式塔心理學則是將心靈視為一個完整、不可分割的整體。

格式塔心理學

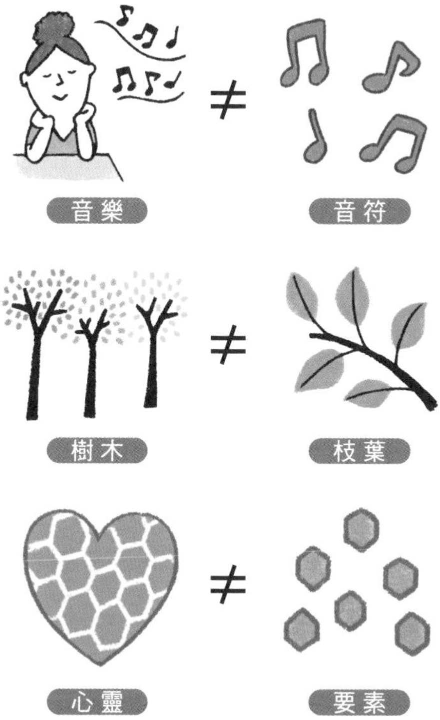

◎人不會將一個音符、一片樹葉視為要素，而是會聯想到整體的音樂、樹木。格式塔心理學所研究的，就是這種意識的運作方式。

3 藉由行為解讀心理的行為主義

行為主義的最大特徵，就是否定了被心理學視為骨幹的意識分析。提出行為主義的美國心理學家**約翰・華生**（John Watson）認為，**人類的行為是對刺激做出反應而產生**的現象，心理學是一門行為的科學，因此只能在假設意識存在的前提下討論其實是沒有必要的（▼下段）。華生認為一切行動必定都源自一個刺激，因此根據**帕夫洛夫的制約反射理論**（▼下段），一切行為都是可以藉學習學會的。

不過，行為主義將心理過度視為機械的主張也招致了不少批判，後來美國心理學家**克拉克・赫爾**（Clark Hull）、**愛德華・托爾曼**（Edward Tolman）、**斯金納**（Burrhus Skinner）等人將行為心理學用更具實驗基礎的方式來解釋，統稱為新行為主義。

新行為主義者認為刺激並不會直接造成反應，中間可能還有某種媒介。斯金納利用一種稱為**斯金納箱**的實驗道具，證實**行為是藉學習學來的**。斯金納箱內有一根推桿，只要關在箱內的老鼠偶然碰到這根推桿，掉出了飼料，下回想吃飼料時就會主動推桿。

相關知識

華生的實驗

美國心理學家**華生**以十一個月大的幼兒進行實驗。先讓幼兒看白老鼠，當他們要伸手摸時，便敲槌子嚇他們。後來幼兒變得一看到白老鼠就怕，最後甚至連看到白兔或毛皮大衣也怕。藉此實驗結果，華生提出**行為主義**，主張一個人的特質多半是由後天環境所決定的。

帕夫洛夫的實驗

俄國生理學家**帕夫洛夫**（Ivan Pavlov）在讓狗吃飼料前先讓牠聽鈴聲，最後變成狗一聽到鈴聲便開始分泌唾液。一想到食物就分泌唾液，是每種動物都有的**生理反射**，但這實驗是將狗訓練成一聽到聲音，便因聯想到食物而分泌唾液。

帕夫洛夫的制約反射理論，是將狗訓練成一聽到鈴聲就分泌唾液的被動式學習行為，屬於**古典制約**。相對的，斯金納箱的學習則屬於自發性行為，屬於**操作制約學習**。

這種現象稱為**制約反射**。

在日常生活裡也能觀察到條件反射的現象。例如只要看到酸梅或檸檬，即使沒吃進口，也會產生彷彿嚐到酸味的感覺。

行為主義及新行為主義

相對於受到刺激才產生行為的古典條件反射，操作條件反射的刺激與行為之間必有某種媒介。

行為主義（華生等人）

古典制約

❶ 先讓狗聽到鈴聲。

❷ 接著再餵狗吃飼料。多次重複這兩個步驟。

❸ 最後狗變成一聽到鈴聲便開始分泌唾液。

新行為主義（托爾曼、斯金納等人）

操作制約學習

❶ 老鼠偶然碰到推桿，有飼料掉下來。

❷ 因此學會推推桿便會有飼料掉下來。

❸ 最後老鼠變成一想吃飼料，就會主動推推桿。

發現潛意識 1

佛洛伊德的精神分析研究內心深處的自我

相對於**馮特**（▼P92）重視的是**意識**，奧地利精神科醫師**佛洛伊德**（▼下段）所創建的**精神分析**，重視的則是**潛意識**。佛洛伊德研究了潛藏於夢、口誤、**精神官能症**（▼P208）中的潛意識，並加以理論化，創立了精神分析。

起初，佛洛伊德將心理分成**意識**、**前意識**、**潛意識**三個層次。但在治療精神官能症患者的過程中，他開始認為將之分為**本我**、**自我**、**超我**或許較為正確。

本我指人類與生俱來、無法以自己的意志控制的原始衝動。這是一種潛藏於潛意識中，無關善惡區別、純粹追求**快樂**及滿足的原動力，其中尤以**性衝動**（▼P102）最為重要。

佛洛伊德將本我比喻為狂暴的馬，而負責駕馭這匹馬的就是自我。自我是知覺及感情的主體，也稱為**自我意識**。自我不僅負責駕馭本我，同時也根據偵測外界的反應及超我的審核做出判斷。

超我類似良知或道德心。父母灌輸的教育、社會的規矩、道德

心理學的偉人

◉佛洛伊德（Sigmund Freud）

奧地利精神科醫師，曾就讀維也納大學醫學院，畢業後以臨床醫師的身分治療歇斯底里症患者時，發現一個人的行為其實與他潛意識裡的願望息息相關。他將之稱為**精神決定論**。除了**潛意識**被譽為二十世紀最偉大發現，佛洛伊德也發現了人與生俱來的**性衝動**等重要概念。

相關知識

◉釋夢

佛洛伊德認為夢是來自潛意識的訊息，是潛藏於內心深處的欲望的象徵性表露。相對的，瑞士心理學家**榮格**（▼P110）則提出**分析心理學**，主張夢是意識（自我）及潛意

觀、倫理觀、自我制約等，在心中匯聚成超自我，負責審核並檢閱本我的行為。例如犯罪後會產生罪惡感，就是超我的運作所造成的。

此外，佛洛伊德也認為如果能藉由**自由聯想法**（▼下段）及**釋夢**（▼下段，P304～309）兩種方法切入人的潛意識，將內心深處的壓抑加以解放，就能治好心理疾病或解除焦慮。

佛洛伊德所主張的潛意識

佛洛伊德認為心理是由本我、自我、超我所構成的。

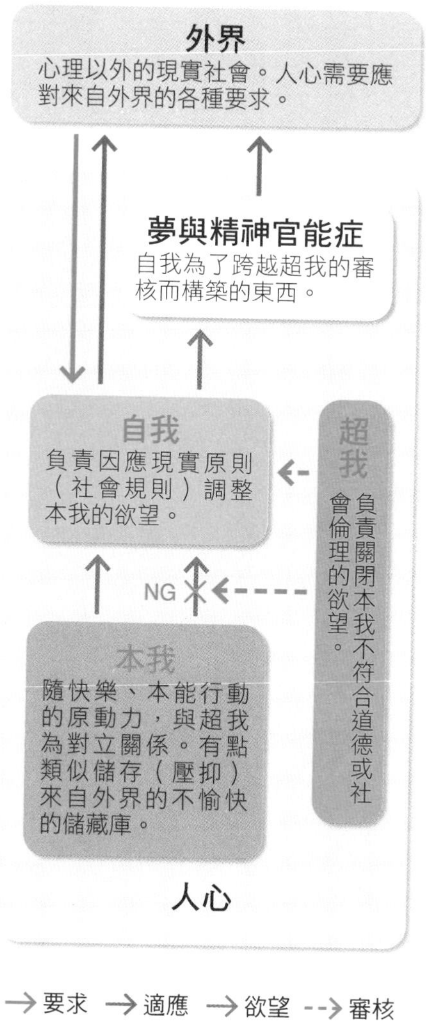
外界
心理以外的現實社會。人心需要應對來自外界的各種要求。
夢與精神官能症
自我為了跨越超我的審核而構築的東西。
自我
負責因應現實原則（社會規則）調整本我的欲望。
超我
負責關閉本我不符合道德或社會倫理的欲望。
NG
本我
隨快樂、本能行動的原動力，與超我為對立關係。有點類似儲存（壓抑）來自外界的不愉快的儲藏庫。
人心
要求
適應
欲望
審核

識融合而成的世界，在夢裡自我被弱化、潛意識的力量則被強化。後來美國榮格派心理學家**阿諾・明德爾**（Arnold Mindell）將榮格對夢的概念套用到身體上，發展出**過程療法**。

2 治療歇斯底里症時發現的自由聯想法

佛洛伊德（▼P98）治療精神病患者時，以自然科學為依據的新式治療技術——**催眠術**正處於全盛時期。他也嘗試過以催眠術進行治療，但有些患者無法被催眠，因此獲得的效果不如預期。有鑑於此，他開發出**自由聯想法**，以取代既有的**催眠療法**（▼P300）。

他讓患者在長椅上躺下，將心頭浮現的一切，即使是無聊的、無意義的事也據實說出來。待患者想起某個原本遺忘的記憶，再詢問他為何會忘了這件事。

這種方法藉由**凸顯內心深處的潛意識**，找出患者的病因。佛洛伊德認為成為病因的某個經歷或內心的苦惱，就藏在**被壓抑而無法浮現的潛意識**中，而心理疾病就是為了取代因某種理由遭到壓抑的記憶而產生的。

在自由聯想法中，患者的自由陳述最為重要。但自由陳述本身是相當困難的。再怎麼要求患者坦白，有些事就是怎麼也說不出口。佛洛伊德認為，這就是封存在內心深處的壓抑。他認為比起要求患者

❗ 相關知識

◉講談療法

一八八〇年前後，維也納的醫師**約瑟夫．布雷爾**（Josef Breuer）嘗試以催眠療法治療歇斯底里症症患者安娜．歐時，觀察到她一想起過去就會出現激烈的情緒反應，而這幫他找到病因。後來安娜稱這治療方式為**講談療法**。**佛洛伊德**也導入這種療法，與布雷爾一同研究歇斯底里症。後來他捨棄催眠療法，創立了不倚賴暗示、任憑患者自由聯想的自由聯想法。

◉催眠

十八世紀後半，奧地利的醫師**弗朗茲．麥斯默**（Franz Anton Mesmer）開始用**催眠**治療心理疾病。他根據**動物磁氣場**發展催眠法

憶起，不如找出妨礙記憶復甦的壓抑，擠出膿汁，可以將病因轉化成正面因素。在這種過程下誕生的，就是**精神分析**（▼P98）。

的多年後，佛洛伊德將**催眠**納入了心理學的領域，到了一九五〇年代，才被心理學界承認。

動物磁場主張，人體內充滿在宇宙中流動的動物磁場，流動的停滯便造成疾病。只要動物磁場大的人分享給患者，便可助其痊癒。

從催眠療法發展而成的自由聯想法

佛洛伊德在既有的催眠療法中加入講談療法及前額法，創立了自由聯想法。

催眠療法

藉暗示使患者進入半睡半醒的催眠狀態，使其發言。

＋

講談療法

讓患者自由發言。

＋

前額法

手按患者前額，助其恢復記憶。

↓

自由聯想法

讓患者躺在長椅上自由發言，助其恢復記憶。

在潛意識中燃燒的性衝動

Libido為拉丁語的「欲望」之意，**佛洛伊德**以此稱呼人與生俱來的本能中與性相關者（即性衝動）。他認為性衝動會隨時間存在於人體的不同部位，並以各階段的名稱來描述人的成長過程。

性衝動的發展分為五個階段。生後至約十八個月的時期稱為**口腔期**，一歲到三歲稱為**肛門期**，三歲到六歲稱為**性器期**，六歲到十二歲稱為**潛伏期**，之後則稱為**性徵期**。例如正值性器期的幼稚園兒童，會對自己的性器官產生強烈的興趣，因此會做出觸摸或向人展示性器的行為。

上小學後進入潛伏期，兒童對性的興趣暫時被壓抑。但一旦進入下一階段的性徵期（青春期後），生殖繁衍成為目的，便會開始尋找性對象。

如果每個階段的性欲都能均衡地獲得滿足，性衝動便能順利發展。但性欲被過度滿足或未滿足，可能會迫使該階段特有的感情延後發展。另外，如果受到衝擊，也可能會退化回較早期的發展階段。前

！相關知識

◉生之本能與死之本能

佛洛伊德主張**欲望二元論**，認為人天生具有生之本能（Eros）與死之本能（Thanatos）。生之本能指求生存的欲望，包括愛、創造、食欲、性欲等等。至於死之本能，則是指求死的欲望、或破壞的本能。自殺等行為就是這種本能被啟動的結果。佛洛伊德認為這兩種矛盾的本能互為表裡，同時存在。

◉轉移及逆轉移

在精神分析治療中，**患者**對輔導員產生的感情。治療過程中，患者會對輔導人員依賴或撒嬌表現出類似對父母抱持的感情，而克服這類轉移能建立彼此間的信任，對治療產生正面幫助。

者稱為**固著**，後者稱為**退化**（▼P104）。要是出現上述兩種情況，最後可能演變為**精神官能症**（▼P208）。

其中，產生戀愛感情者稱為**陽性轉移**，產生憎恨或敵意者則稱為**陰性轉移**。而輔導人員對患者產生戀愛感情者，則稱為**逆向轉移**。

隨年齡演變的性衝動

佛洛伊德以人體各部位為性衝動的各階段命名。通常性衝動能隨成長過程順利演變，但也可能因過程遭遇障礙而產生固著或退行。

口腔期

0歲～18個月
此階段體驗到以嘴吸食母乳的快感，斷奶後便會結束。為新生兒逐漸熟悉周遭環境的時期。

肛門期

1歲～3歲
體驗到排泄的快感，在逐漸學會控制排泄行為後結束。為幼兒積極參與周遭環境的時期。

性器期

3歲～6歲
對自己的性器（男童：陽具，女童：陰部）開始產生性衝動。對父母異性的一方開始產生性方面的憧憬，對同性的一方則產生恨意。

潛伏期

6歲～12歲
性衝動暫時被壓抑。

性徵期

12歲～
生殖成為目的，開始尋覓性對象。

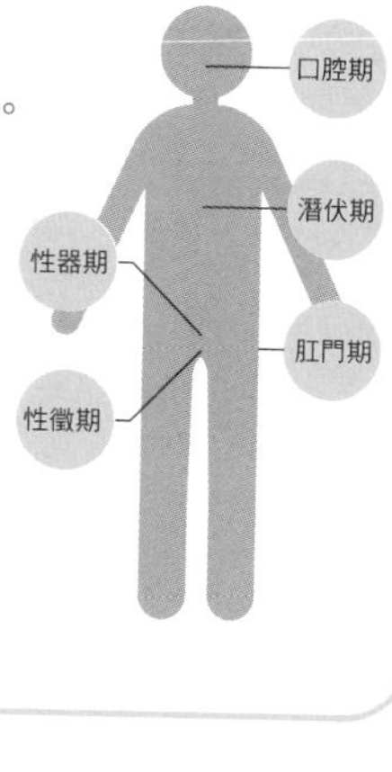

發現潛意識

4

佛洛伊德從「性」尋找心病的源頭

在治療女性患者的過程中，**佛洛伊德**（▼P98）發現一件奇妙的事。在試圖從**潛意識**中追溯被壓抑的記憶源頭時，竟有許多女性患者表示自己「年幼時曾遭父親性侵」。

他開始思考，當時她們還不知道自己發生了什麼事，只感覺自己「經歷了不可告人的事」而將記憶埋藏在內心深處。她們的**歇斯底里**（病態的興奮），乃是源自於避免這些記憶隨某種契機浮現的極力壓抑。

有鑑於此，他提出了**創傷理論**。但在他發現並不是每個歇斯底里症患者都擁有這樣的記憶，反而某些擁有這類記憶的患者並沒有出現歇斯底里的症狀，使得他放棄了創傷理論，改採**幼兒性欲理論**。

雖然這些女性患者所陳述的記憶不全然是幻想，但也可能不是真實體驗，而是潛藏於潛意識中的願望。因此推測**幼兒可能也有性欲**。

佛洛伊德所謂的性欲，有別於成人認知中的性欲。他認為性欲分為他所定義的性欲、及性器性欲兩種，下一節會再詳細說明。在他

更多詳情

◉固著與退化

在**性衝動**（▼P102）的每個發展階段，欲望滿足的過度或不足都可能在日後造成**固著**的現象。

例如如果**口腔期**的嬰兒被過度哺育、或幾乎沒被哺育母乳，長大成人後便可能對女性的乳房產生迷戀。對女性胸部有所執著的男性，大致上屬於這種現象。

相反的，因為受到衝擊而退化至較早的發展階段，則稱為**退化**。例如一個成人仍會像幼兒般對母親撒嬌，便可能是從性徵期退化至口腔期。

在工作上承受巨大壓力的上班族卻像個嬰兒般對情人撒嬌，或進入思春期的青少年為了逃避社會壓力而在孩提時期般的親子關係中尋求

的認知中，包括幼兒期的吸吮動作等，都應納入廣義的性欲範疇。但當時多人斥責他「幼兒也有性欲」的推論，將佛洛伊德的學說貼上了猥褻的標籤。

庇護，都是屬於**幼兒退化**的行為。

心病的成因

在治療女性患者的過程中，佛洛伊德發現許多女性患者表示自己「年幼時曾遭父親性侵」，因此提出了創傷理論，接著又改採兒童性欲理論。

① 創傷理論

孩提時期受到的性侵成為心理疾病的病因。

② 兒童性欲理論

認為兒童也有性欲。兒時潛意識裡對父親所懷的性欲，反過來成為心理疾病的病因。

每個男孩都有弒父的欲望？

在**性衝動**（▼P102）的發展階段中，三至六歲稱為伊底帕斯階段。伊底帕斯是希臘神話中的悲劇人物，他殺了不知是自己生父的國王，娶了不知是自己生母的王后為妻。

三至六歲時，幼兒開始對父母異性的一方產生性方面的憧憬。如此一來，同性的一方就顯得礙眼了。男生為了獨占母親，巴不得父親離開，會萌生父親最好能死去的欲望。但父親畢竟力量強大，讓自己無法招架。這種在**潛意識**中產生的**衝突**，就稱為**伊底帕斯情結**。

佛洛伊德（▼P98）認為這時期的男童會經歷擔心自己這欲望為父親所發現、導致自己的陽具遭切除的去勢焦慮。出於恐懼，男生會被迫放棄母親，轉而注意其他的異性，同時產生對父親的認同，這情結便就此消失。

至於女童，佛洛伊德則認為她們起初愛的是母親，但後來開始因為自己沒有陽具感到自卑，並因此憎恨把自己生成這副身軀的母親，轉而對父親產生性方面的情愫，而這情愫會持續到進入思春

更多詳情

◉伊底帕斯與厄勒克特拉

榮格將**伊底帕斯情結**的概念套用在女性身上，命名為**厄勒克特拉情結**。伊底帕斯與厄勒克特拉，是希臘神話中出現的王子與公主。伊底帕斯殺了自己的生父，厄勒克特拉則是殺了自己的生母。

拉伊俄斯王聽信自己「將為兒子所殺」的神諭而遺棄的伊底帕斯王子，結果被鄰國的科林斯王收養。王子成人後為避免「弒父娶母」的命運而避走國外，旅途中與人起了衝突，失手殺了生父拉伊俄斯王。

返回故鄉後，伊底帕斯打敗令國人苦惱不已的斯芬克斯成為英雄，而被推舉為王，在不知情的情況下娶了自己的生母為妻，還生下孩子。後來發現從前殺的竟是生父，

伊底帕斯情結可能發展成戀母情結

在成長的過程中無法克服伊底帕斯情結，可能使人產生戀母情結。

5 歲前後的男童

對母親產生性方面的憧憬，並對父親產生恨意。
＝伊底帕斯情結的萌生

常態	領悟到弱小的自己不是強大的父親的對手 ↓ 放棄對母親的憧憬
家庭環境失調的情況下	●夫妻交惡 ●父親不顧家等 ↓ 母子關係發展得過於親密 ↓ 進入就學時期依然無法擺脫伊底帕斯情結 ＝演變成戀母情結

期後，開始對其他男性產生興趣為止。佛洛伊德認為每個人都會經歷伊底帕斯情結，如果無法順利排解，便可能造成**精神官能症**（▼P208）。

妻竟是生母，便絕望地刺瞎了自己的雙眼。至於厄勒克特拉則是殺死母親及其情夫，為遭謀殺的生父報仇。

6 承襲佛洛伊德學說的心理學家

佛洛伊德（▼P98）與德國哲學家**馬克思**及**尼采**，同被譽為影響二十世紀文化最巨大的三巨頭。在心理學界，許多學者深受影響，開枝散葉衍生了不少學派。他的么女**安娜・佛洛伊德**（Anna Freud）將自我理論發揚光大，讓後來的奧地利心理學家**海因茲・哈特曼**（Heinz Hartmann）得以確立**自我心理學**。

此一學派後來又有從維也納移居美國的**埃里克森**（▼P146）、及創立**自體心理學**的**海因茲・科胡特**（Heinz Kohut）嶄露頭角。在英國，則有維也納出身的**梅蘭妮・克萊恩**（Melanie Klein）創立**客體關係理論**。同樣來自奧地利的心理學家**阿德勒**（Alfred Adler）以**個體心理學**（▼下段）的立場，主張人的全能感並非與生俱來，其實在出生後就會產生自卑感。

最後還有**榮格**（▼P110）這位重要的學者。他否定了佛洛伊德的**性欲理論**，主張潛藏於**潛意識**中的力量，其實與某些更具普遍、更神話性的要素有關。

？更多詳情

◉自我心理學與個體心理學

佛洛伊德理論主張，**自我**的功用是調節**超我**及**本我**（▼P98），但從他的理論發展而成的**自我心理學**認為自我有更積極的功能，主張自我具有自律性，是一種形塑人格的力量。

而相對於佛洛伊德主張人心可被分為自我、超我、及本我三個要素，**個體心理學**認為人心是不可分割的。此外，佛洛伊德理論認為嬰兒並沒有自卑感，在接觸到現實後自卑感才逐步出現，個體心理學則認為人一出生就具有自卑感，必須在對抗自卑感中奮起，才能長大成人。

此外，關於何種關係對心理影響最大，佛洛伊德理論認為是親子

衍生自佛洛伊德理論的心理學學派

佛洛伊德死後，其理論影響了後世許多心理學家，接二連三地衍生出新的學派。

心理運作的例子

分析心理學	榮格	自佛洛伊德的精神分析分離出來，創立分析心理學（榮格心理學）。
個體心理學	阿德勒	認為心理屬於個人，無法分割。也主張心靈需要藉由克服自卑感成長。
新佛洛伊德學派	弗洛姆、霍妮、賴希	認為人心受社會所影響，對佛洛伊德理論無視社會對心理能產生影響的部分提出批評。
自我心理學	安娜・佛洛伊德、哈特曼、埃里克森	佛洛伊德的女兒安娜・佛洛伊德提出的理論。主張自我具有自律性，發展的目的是確立自我認同。
自體心理學	科胡特	以自體的概念檢視人類心理，認為自體藉由與他人的關係成長。此外，也主張治療者如果能與患者有所共鳴，便能理解患者的心理。
克萊恩學派	克萊恩	以生後1個月的嬰兒與母親的母子關係為線索，自己與某個他人的關係攸關主張自我及超我的成長的客體關係理論。
巴黎佛洛伊德學派	蘭克（Otto Rank）	將佛洛伊德的精神分析做結構主義式的發展而成的廣義佛洛伊德學派。此學派反對新佛洛伊德派及自我心理學派，主張「回歸佛洛伊德的正統」。

關係，個體心理學則認為是兄弟關係。

靈魂的發現者 1

連結潛意識與神話的榮格

榮格（▼下段）一如**佛洛伊德**（▼P98），同樣著眼於**潛意識**的重要性，但兩人對此的看法卻大相逕庭。相對於佛洛伊德將潛意識視為受壓抑的記憶或衝動的藏身處，榮格認為潛意識應有更寬廣的意義。靈魂自**亞里斯多德**（▼P12）的時代以來便不再受眷顧，而榮格的心理學讓它得以再次浮上檯面。

他將潛意識分為**個人潛意識**與**集體潛意識**兩種，認為集體潛意識裡充滿全人類共通的智慧與歷史。而**全世界的神話都可以看到某些共通點**，也是集體潛意識使然。

此外，榮格也認為還有一個與意識相反的自我潛藏在潛意識中。例如討厭讀書的人，碰到喜歡的科目，才突然發現自己原來也可以愛讀書。榮格認為每個人的心裡都有一個自己也不認識的自己，而且這個自己如同他人一樣獨立。他主張這個討厭讀書的自己跟喜歡讀書的自己，藉由兩個完全相反的自己相互補足彼此不足的部分，人心方能完整。

心理學的偉人

◉榮格
（Carl Gustav Jung）

瑞士心理學家。曾於巴塞爾大學、蘇黎世大學學習精神醫學，在研究的過程中，被**佛洛伊德**的精神分析所吸引。雖然一度被視為佛洛伊德的傳人，但榮格逐步發展出自己的理論，最後甚至與佛洛伊德絕交。

榮格與佛洛伊德除了對潛意識的看法相左，對生存本能，也就是**性衝動**（▼P102）的看法也不同。佛洛伊德將性衝動解讀為性方面的動能，**榮格**則是認為除了性的方面以外，性衝動也包含其他種類的動能。

最後，榮格以自己的理論創立了**分析心理學**。

榮格形容自己的心理學是「一門意識的科學、關於潛意識衍生而出的一切的科學」。他之所以對神話及鍊金術的系統化、共通潛意識及**情結**（▼P106、150、300）、**原型**（▼P116）、**釋夢**（▼P98、304～307）等諸多領域進行廣泛的研究，或許也是為了捕捉心靈的多元面貌。

榮格對潛意識的看法

榮格將人心分成下圖幾個部分，並定義了每一部分的特徵。

心理運作的例子

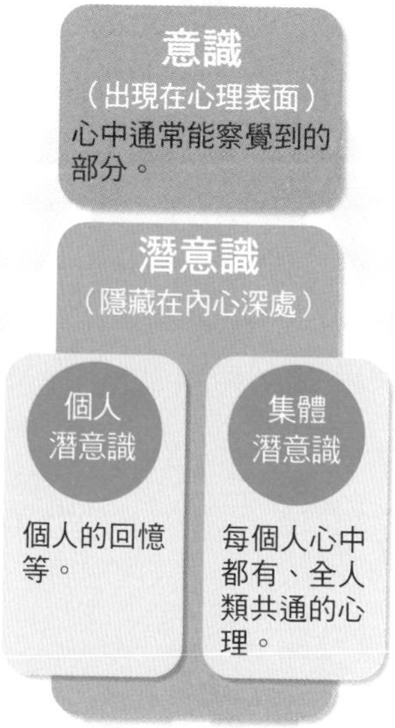
意識
（出現在心理表面）
心中通常能察覺到的部分。
潛意識
（隱藏在內心深處）
個人
潛意識
個人的回憶等。
集體
潛意識
每個人心中都有、全人類共通的心理。

◎榮格認為心理如果遭到過度壓迫，可能導致意識與潛意識的失衡，而潛意識失控可能產生心理疾病。

從意義不明的行為鎖定心理病因的榮格

榮格（▼P110）看診的醫院裡，有一位雙手總是重複做著奇怪動作的老婦人。這位老婦**僵直型精神分裂症**（▼下段）發作時，便會不斷重複做出這種動作。前任醫師說她這動作似乎是在製鞋，但榮格完全不知道她為何頻頻做出這種動作。

老婦過世後，她的家人前來參加喪禮。榮格向他們打聽了老婦住院的原因，這才知道原來她病因的源頭是被一個製鞋的年輕人拋棄。老婦不斷重複製鞋的動作，是出於渴望自己與那年輕人合而為一的**認同作用**（▼下段）。

根據此一經驗，榮格認為患者意義不明或異常的行為，必定有個相對的意義或理由，並推論心理疾病是患者的心理遭到過度壓迫，導致**意識**與**潛意識**失衡所引起的。因此，他透過以面談或製作**沙盤**（▼P39）為首的**造形**、**釋夢**（▼P98）等方法，從潛意識透露出的訊息鎖定患者的病因。

心理治療不是特效藥。最大的難處就是病灶因人而異，而且治

更多詳情

◉僵直型精神分裂症

精神分裂症的一種，症狀是患者對呼喊等刺激無反應、持續做著奇怪的動作、姿勢僵直等。反之，也可能變得極度興奮，或富攻擊性，有時兩種症狀也可能交互出現。

◉認同作用

在潛意識裡將自己投射成其他人（甚至物品、場所、思考等）。例如在卡拉ＯＫ裡儼然化身成自己最喜愛的歌手熱舞高歌，就是一種認同作用。

認同作用是一種常見的現象，不過完全沒有相似之處，卻在在表現得宛如同一人的**同一性**，則可算是認同作用的極端狀態。

療可能對某些患者有效，對其他患者則不然。此外，即使精神科醫師或臨床心理師建議「你患了這種病，應該如此治療」，如果本人不願接受，病情便不可能好轉，因為單方面的強迫只會招致患者的反彈。因此應先鎖定患者的病因，說服他下決心克服自己心病再開始治療，方能收效。

認同作用產生的過程

極力模仿對自己很重要的人的認同作用，依下述過程發生。

① 尋求對象的性衝動受阻

為心儀的年輕鞋匠所拋棄。

② 放棄對對象的追求

被迫打消對年輕鞋匠的愛意。

③ 轉而將對象向內投射到自我

模仿年輕鞋匠製鞋。

④ 自我與對象同化

對年輕鞋匠產生認同作用。

⑤ 試圖與對象達成連結

年輕鞋匠與自己的連結就此確立。

3

從對話中抽出潛意識的字詞聯想測驗

榮格（▼P110）使用的治療法中，最有名的就是**字詞聯想測驗**。做法是先由醫師逐一說出一百個單字，再請患者答。聯想到的單字，藉此探究患者在**潛意識的心智內容**。

在精神醫學的領域裡聯想原本就是個常用的測驗方法，但榮格重視的是回答的速度。傳統的測驗方式只著重患者回答的內容，榮格注重的則是患者回答的速度及時間點。

榮格認為人在聽到一個單字時，有時能快速做出聯想，有時則不然。如果出現難以做出任何回答的情況，可能代表此人對這個單字所代表的意義有某種痛苦、悲傷的**情結**（▼P106、150、300）。如果能克服這個情結，此人便有可能痊癒。將情結的概念導入心理學，便是榮格的創舉。

年輕時的榮格，曾在蘇黎世的波克羅次立醫院積極進行這方面的研究。進行字詞聯想測驗時，他拿出馬表計時，發現受試者對某些字詞會出現遺漏或延遲的反應，並加以分析，藉此找出心理疾病的病

! 相關知識

◉羅蕾萊

榮格曾在治療一位罹患精神疾病的女患者時，發現她支離破碎的言行中，其實有潛意識的訊息潛藏其中。

契機是這位患者的一句「我是羅蕾萊」。在德國名曲《羅蕾萊》的歌詞中，有一句「我不明白這意味著什麼」，而女性患者在接受診療時，曾被醫師這麼問過。

雖然醫師僅是看到這位女患者不斷反覆意義不明的言行而表示「我不明白」，但可能是在她心中把《羅蕾萊》的歌詞和自己做了連結，因此才會說出「我是羅蕾萊」這句話。羅蕾萊是個傳說中的女妖，這位患者認為自己就是個妖精。

因。

如今，這測驗法被視為**測謊機**原理的先驅。

此一個案，讓榮格從原本被視為妄想的精神病患的言行中找到了**意義**。

什麼是字詞聯想測驗？

在此以下列單字示範何謂字詞聯想測驗。聽到每一個單字時，試著說出一個聯想到的字彙，並記下該字彙及反應所需的時間。第二次再把問題重複問一遍，嘗試回答出第一次測驗時聯想到的字彙，如果這字彙異於第一次測驗時的答案，便做記號檢討。

測驗所使用的單字（刺激語）範例

頭部	綠色的	水性的	唱歌
死亡	長的	船	支付
親切的	書桌	詢問	村子
冷的	莖	跳舞	海
生病的	自尊心	做菜	墨水
壞的	針	游泳	旅行
藍色的	檯燈	犯罪	麵包

潛藏於妄想中的人類共通形象：「原型」

在各個民族中，**神話**都扮演著宗教、信仰對象的角色。**榮格**（▼P110）在治療患者的過程中，發現神話形象與患者的妄想之間有著某種共通點。因此，他推論人類的**集體潛意識**（▼P110）中，有著全人類共通的**原型**。

代表性的原型有**大母神**（母親原型）、**智慧老人**（父親原型）、**陰影**、**阿尼瑪**、**阿尼姆斯**、**搗蛋鬼**、**人格面具**（▼左圖）等等。

陰影是一個人的內心裡與自我相反的負面原型。人格面具則是代表自己在組織裡所扮演的角色的原型。常聽人說一個人在公司裡和在家人或情人的眼裡可能是截然不同的面貌，正是因為每個人心裡都有著因應不同環境和角色塑造自我形象的人格面具使然。

榮格心理學對潛意識的探索，正是以這些原型，以及象徵潛意識的符號或形象為基礎。

! 相關知識

◉個體化的過程

不只是**大母神**，各種原型對每個人的**個體化的過程**都有幫助。個性的形成，是透過意識、潛意識的相互作用產生的成長過程。但一般認為人要到人生的後半（人生的午後，▼P32），才會開始認真思考個體化的問題。

例如，一個被母親嚴厲管束的女性，可能習慣與大母神一體化的生活，因此陷入極度不了解自己的狀態。但反之，如果拒絕接受原型，也可能讓自己無法順利培養出母性。

只有兩者相互作用，才可能達成個性化或**自我實現**。由此可見，實現個人內在的可能性，可說是追求更美好人生的條件。

各種原型

榮格將存在於集體潛意識中、人人與生俱來的心理因素稱為原型。各種原型中最有名的為以下幾種。

心理運作的例子

大母神	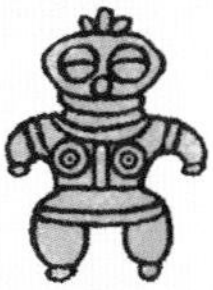	一種既保護自己、也束縛自己的存在。如大地之母一般粗壯體格的日本繩文時代土偶，便是代表此類原型的象徵。
智慧老人		一種公正嚴格的存在。此原型源自傳說故事（集體潛意識）中，為迷途者指引迷津的老賢者。
陰影		潛意識裡與自我相反的負面形象。例如邋遢（對自己而言是陰影）的人看到自己的模樣感到不安，便是內心深處潛藏著一個「邋遢的自我」使然。
阿尼瑪、阿尼姆斯		阿尼瑪為男性心中的女性形象，阿尼姆斯為女性心中的男性形象。例如女性心中的阿尼姆斯具有男子氣概，在現實生活中便可能偏好這類型的男性。
搗蛋鬼		意圖挑戰權威、破壞秩序的心理。原意為神話或傳說中好惡作劇或騙人的惡精靈。
人格面具		原文persona意指古典戲劇中的演員所佩戴的面具，故以此字形容人在社會裡所扮演的角色。例如男性必須有男子氣概，女性必須溫柔婉約。

靈魂的發現者 5

有意義的巧合：共時性

榮格（▼P110）曾發表過許多關於幽浮或靈異等**神祕現象**的論文。從他的博士論文以《所謂神祕現象的心理病理學》（On the Psychology and Pathology of So-Called Occult Phenomena）為題這點，便可看出他對這類議題的關心程度。

此外，他對東洋的**易學**（▼下段）中的宇宙觀也頗有共鳴，並由此推演出**共時性**（▼下段）、或**偶然的一致性**的概念。這概念也被稱為**有意義的巧合**。在日常生活中，原因和結果大多以看得見的形式相互連動，但榮格認為有些巧合其實是有意義的。

例如一個人夢到自己常搭的電車出了意外，不敢再搭乘這班電車，結果這班電車果真發生意外。這雖是巧合，但便屬於有意義的巧合。

榮格曾在自傳中提到，當他在一九〇一年造訪**佛洛伊德**（▼P98）位於維也納的住處時，曾有一段不可思議的經歷。當時榮格就自己感興趣的超心理現象及**預知**向佛洛伊德徵詢意見，佛洛伊德

相關知識

◉易學與預言夢

榮格在研究**預言夢**時，接觸到德國傳教士**魏理賢**（Richard Wilhelm）所翻譯的《易經》。

古時中國需要為國家大事問卦時，會以竹籤進行易經卜卦。由於這種卜卦需要用到八卦圖，因此日文中有「說中了是個八卦，說不中也是個八卦」這句俗諺。

榮格所研究的預言夢，是具有**共時性**的夢。共時性指的是兩件以上的事，因為某種有意義的關聯而發生的現象。雖是巧合，但由於箇中確有意義，因此稱為**有意義的巧合**。無意間預見未來的**第六感**，便屬於預言夢的一種。

閱讀了將這種卜卦系統化的《易經》之後，榮格認為書中的觀念和

斥此為無稽。

這時榮格突然感到身體不大對勁。緊接著由兩人身旁傳出一陣巨大的爆炸聲。榮格表示：「這就是所謂隨媒介產生的**外在化現象**。」佛洛伊德聞言再次表示否定。此時榮格又說：「我可以預言接下來又會傳出一陣巨響，證明老師錯了。」這下果真又傳來一陣巨響。

預言夢及「**原型**」（▼P116）的概念有共通之處。他主張易學可用人為的方式製造出共時性，涵蓋了人類心理的所有基礎。因此，據說**榮格學院**（▼P120）便有設置講授易經的課程。

第六感？還是純屬巧合？

榮格認為偶然的一致有時隱含某種意義，並稱此為共時性。

夢見電車出軌。

現實裡電車真的出軌。

承襲並推廣榮格學說的心理學

不同於容不下任何質疑或反論，接二連三與後繼者決裂的**佛洛伊德**（▼P98），**榮格**（▼P110）一九四六年在蘇黎世成立了**榮格學院**，培養研究者及後繼者。目前全世界有兩千多位分析家擁有**榮格派分析家認證**。據說至少得花上四年，才能獲得這項認證。

榮格派中最活躍的心理學家，有研究聖・修伯里的《小王子》的瑞士心理學家**弗朗茲**（Marie-Louise von Franz）、創立原型心理學的美國心理學家**詹姆斯・希爾曼**（James Hillman）、以及立場與佛洛伊德相近的倫敦學派心理學家**麥可・佛登**（Michael Fordham）等等。

榮格心理學由心理學家**河合隼雄**引進日本。他曾於榮格學院研讀，是第一位取得榮格派分析師認證的日本人。將**沙盤療法**（▼P39）推廣到日本，也是他的功績之一。

除此之外，榮格心理學對一九六〇年代誕生的**超個人心理學**（▼下段）也產生了莫大的影響。

更多詳情

◉超個人心理學

超個人心理學主張人有成長到超越自我的潛力，因此也主動與日本的**禪宗**、西藏的**密宗**或北方民族的**薩滿教**等異文化進行思想融合。

此一學術領域承襲了**佛洛伊德**與**榮格**的體系，又由義大利心理學家**羅貝托・阿沙鳩里**（Roberto Assagioli），以及**人本主義心理學**的主要推手**馬斯洛**（▼P296）等人加以發展。人本主義心理學研究的課題，是承襲反戰運動、大學學運等的**自我實現**。超個人心理學則是不透過言語，而是以**氣功**、**冥想**、**瑜伽**等身體體驗來思考，更注重感性這點，的確帶有幾分東洋味。

榮格的後繼者

榮格創立了榮格學院，將他在心理學領域的研究成果傳承給後繼者。自此，又產生出更進一步的心理學研究。

古典派	弗朗茲等人	在患者的話語或夢境中尋找與神話或童話的共通點，觀察其心理變化。例如患者如果做了個脫鞋的夢，便可推論患者可能希望和灰姑娘一樣找到一個白馬王子。
原型派	希爾曼等人	藉由吟味夢境本身的形象探索心理狀態。例如患者如果夢到了兇殺，便可告知這不過是集體潛意識中常見的形象，並沒有什麼特別。
發展派	佛登等人	主張兒時和父母的關係，是影響一個人成熟後人格的決定性因素。在榮格派中與佛洛伊德理論最接近的支派。
自我心理學	安娜·佛洛伊德、哈特曼、埃里克森	佛洛伊德之女安娜·佛洛伊德等人主張的理論。認為自我具有自律性，人類發展的目的是確立自我認同。
在日本的發展	河合隼雄	試圖在《日本書紀》、《古事記》等日本神話或《源氏物語》等文學作品中尋找日本人的集體潛意識。

有趣又有用的
深層心理
3

哪一種請求方式最為妥當？

急著用影印機，但已經有人占用。如果想請對方讓自己先插個隊，下列請求方式中哪一種最能達到目的？

1 「我很急，請先讓我插個隊。」

2 「我非得趕快影印不可，請先讓我插個隊。」

3 「請先讓我插個隊。」

解答

答案是❶或❷。❸這種直接的要求，只會先讓對方感到不快。❷雖然構不成插隊的理由，但和❶一樣有個「看似合理的理由」，因此得到對方同意的機率較高。 隨便冠上一個理由的話術是個有效的請求方式。只要能做到這點，就比較能讓對方接受自己的要求。即使是沒有明確根據的理由，還是會讓人覺得退一步似乎也無妨。

PART 4

探討人類成長的心理學

嬰兒期

1

人類是生理上的早產兒，由頭部往下發展

瑞士動物學家**阿道夫・波特曼**（Adolf Portmann）認為，哺乳動物分為兩種，一種是如大型動物般一出生便能和母親同樣自由行動（**離巢**）、以及另一種如小型動物般出生時尚未成熟到可以自由行動（**蹲巢**）。人類雖是大型動物，但剛出生的嬰兒運動能力尚未成熟，因此雖然是哺乳類，需要再度留巢的**第二次蹲巢**。原本需要二十一個月才能出世，但由於大腦的發展先於身體的成長，因此十個月就出生。他稱之為**生理上的早產兒**。

人類出生後，是從頭部往下、從中心往末端成長的。幼童的腦神經系統在**嬰兒期**出現顯著成長，到六歲時已經成長到接近成人的重量。幼兒從脖子開始支撐頭部、翻身、坐起到學步的成長過程，就是照著從頭部往下的成長順序。

許多人以為**新生兒**誕生時彷彿就會笑。新生嬰兒不論是哭還是睡，看起來都像在笑，這是一種**本能微笑**或**生理性微笑**。因應周圍的反應而笑的**社會性微笑**，要等到出生後三個月才會出現。

! 相關知識

◉反射動作

末梢神經受到刺激時出現的反應，和知覺或思考等毫無關係。最具代表性的**反射動作**，就是受到驚嚇時瞳孔擴張的**瞳孔反射**。此外，還有下列只發生在嬰兒期、為了因應外界刺激而與生俱來的**原始反射**。

- **抓握反射**（又作**達爾文反射**）：新生兒的掌心接觸到任何物體，手就會緊握。
- **吸吮反射**：將手指伸進嘴裡會自動吸吮。嬰兒在睡眠時也會吸奶，便是這種反射使然。
- **莫洛反射**：脫衣服時或聽到巨響時，就會有雙臂高舉、手掌張開，但背部拱起向前擁抱的反射動作。

這些身體功能緩緩依循既定階段成長，所需的時間因身體的部位而異，也可能因人而異。

總而言之，生理上早產的人類，在動物界是一種非常特殊的存在。

●**巴賓斯基反射**：又叫**足底反射**，腳底一受碰觸，腳趾就會張開。

●**牽引反應**：握住嬰兒兩手將之拉起，頸部和手腳就會做出彎曲向上起身的動作。

●**踏步反射**：扶著嬰兒並讓身軀前傾，兩腳會交互踏步。

嬰兒學步

嬰兒的運動神經一般是依以下順序發展。

新生兒	開始吸吮進入嘴裡的東西 出現碰觸嘴唇便會自動吐舌的反射運動（到4個月大為止）
2個月	俯臥時會抬起頭部和肩膀
3個月	脖子開始可以支撐頭部 開始出現社會性微笑
4個月	站在成人腿上便會用力伸直雙腿
6個月	開始翻身
7個月	開始坐
9個月	開始扶牆站立
10個月	開始爬行
12個月	開始站立
15個月	開始自己走路
1歲半	開始自己玩

嬰兒期

2

建立在依附上的親情

想要讓孩童健康成長，以愛為基礎的信任關係是不可或缺的。其中最重要的，就是從生後到三歲這段期間所建立的親情，也就是**依附**。

依附這個詞，由英國小兒科醫師**約翰・鮑比**（John Bowlby）率先使用。他研究了依附形成的階段（父母與孩子建立強烈親情的階段），將這過程分為四個時期（▼左圖），並發現在每一個時期裡，親子對彼此的依戀方式都會有所變化。尤其是嬰兒一直到三個月，不僅對父母、也會對不特定多數人產生依附。或許因人而異，一開始嬰兒並不在乎和什麼人接觸，但到了約五個月大，就變得很會認人。

嬰兒為了吸引父母的關注，會對父母哭、笑、擁抱或追逐。這些都是因依附的特性而產生的**依附行為**。

美國心理學家**瑪麗・安斯沃**（Mary Ainsworth）將依附分為三個種類。（A）**逃避型**指迴避父母、試圖擺脫父母單獨行動的行為。（B）**安全型**一見到父母便會積極接觸，以父母為活動中心。（C）

Psychology: Q&A

Q 我的孩子已經五個月大，但不太愛哭也不太愛笑，讓我們擔心他是否缺乏表現感情的能力。

A 您的孩子說不定是個**無依附感的嬰兒**。普通的嬰兒喜怒哀樂分明，無依附感的嬰兒在這方面較不成熟，一般認為原因是嬰兒與母親身體接觸不足。缺乏**依附行為**的狀態稱為**母愛剝奪症候群**。多抱抱孩子、增加身體接觸應該會有幫助。

相關知識

銘印作用

奧地利動物學家**康拉德・勞倫茲**（Konrad Lorenz）所發現的現象，指某些鳥類如雞或鴨的幼雛出生

矛盾型則是向父母要求強烈情感的同時，也會展現出敵意，懷有兩種相反的感情。

在兒童的成長時期成形的依附行為會維持一輩子。因此就這層意義而言，培養親情是相當重要的。

後，一接收到某些刺激就會接近或跟隨。不論對象是親生父母或人類，幼鳥都親近，人類嬰兒也是如此。嬰兒在出生後的一定期間內，也會認識自己的父母、在腦海裡留下銘印。

依附的形成過程

鮑比主張依附的形成需要經歷以下四個階段。

第1階段（出生後～約3個月大）

無區別性的依附取向

會向任何人凝視、微笑，尚未表現出任何依附行為。

第2階段（約3個月～6個月大）

有區別性的依附取向

學會認人，只對父母等常照顧自己的人有反應。

第3階段（約6個月～2歲）

清楚的依附期

會追著母親跑，對陌生人則呈現恐懼或警戒。依附明顯成形。

第4階段（3歲以後）

目標修正的合作關係

開始理解父母行為的理由或企圖，可以短時間忍受父母不在身邊，是邁向自立的過程。

由依附理論發展而來的「三歲兒神話」

有育兒經驗的人，或許都聽過「**三歲兒神話**」這個說法，意指母親在孩子三歲前如果不親自承擔起育兒的責任，恐怕會對孩子造成負面影響。這是二戰後日本社會普遍流行的育兒觀念。

三歲兒神話的源頭，其實正是英國小兒科醫師**鮑比**的**依附理論**（▼P126）。鮑比曾提出第二次世界大戰的戰爭孤兒出現精神發育遲緩的報告，並推論主因是與母親分離的家庭環境。此外，他也根據**勞倫茲**發現的**銘印作用**（▼P126）提出了**母愛缺失假說**，主張依附行為是為了更有利於物種生存而做出的選擇。

近年，三歲兒神話再度成為話題，原因可能是需要同時兼顧工作及育兒的女性與日俱增，社會需要提供更多就業及育兒的雙重援助，使人開始擔心這對兒童發育是否會造成什麼負面影響。

不過，並沒有任何心理學、疾病學的調查報告可供證實三歲兒神話的真實性。一九九八年日本《厚生白書》曾經提到：「三歲兒神話並沒有任何可供證實的合理根據。」二〇〇五年日本文部科學省舉

相關知識

◉三歲兒神話與腦科學

腦部發育的研究發現，人類的**神經元**之間的**突觸**（神經元和連結）總數，在出生後十二個月時達到高峰，之後便徐徐減少，成年時總數只剩高峰時期的約三分之二。由此可見，大腦的基本網路，在嬰幼兒時期最為活躍。

由此可見，嬰幼兒時期的育兒環境，對腦部發育可能造成影響。因此美國在一九八〇年代，曾發起過一場鼓勵提早給予幼兒適度刺激的「〇至三歲」運動。

◉三歲定終生

三歲定終生這句俗諺雖然和育兒的重要性不一定有關，但也常被當成三歲兒神話的佐證。另一句俗諺

辨的「情感科學解析與教育應用檢討會」也做出了「幼兒欲得到適切的情感發展，在三歲前應得到以母親為首的家人的關愛，培養安定的情緒，在穩定的情況下成長」的報告。

「江山易改，本性難移」，也有異曲同工之妙。

三歲兒神話的誕生背景

三歲兒神話是指母親在孩子 3 歲前如果不親自承擔起育兒的責任，恐怕會對孩子造成負面影響，是戰後日本社會普遍流行的育兒觀念。這說法的成因，可能是下列三種背景。

① 鮑比的依附理論

親子之間的依附行為，要發展到3歲左右才正式成形（▶P126）

② 三歲定終生

俗諺，意指年幼時養成的個性到老也不會改變。

一起喝茶嗎？

③ 腦科學

人類的腦部發育在出生後12個月達到高峰。因此應該重視幼兒期的育兒環境。

這也是個經驗吧。

兒童期 1

在遊戲中培養兒童的想像力

兒童常會做出超乎大人想像的發想或行為。這些發想及行為，是透過遊戲習得的。一般公認，影響最大的便是**角色扮演**。角色扮演又稱為**象徵性遊戲**或**角色遊戲**，最具代表性的便是**扮家家酒**。

兒童對成人的**依附**在嬰兒期成形，這是渴望能像大人一樣、盡快長大成人的表現，但在現實裡，兒童無法從事大人日常生活中的許多活動，而角色扮演就是彌補這個缺憾的最佳方法。

瑞士心理學家**皮亞傑**，將兒童遊戲行為的成長變化分為以下三個階段：

①**功能遊戲（至二歲大為止）**：漫無目的地揮動手或頭的遊戲、或嬰兒躺在床上時拉繩搖鈴等等。這種遊戲的時期並不僅限於嬰兒期，成人後購車駕車四處奔馳，或在學習愛車的相關知識或技術中獲得樂趣，都屬於這種遊戲的範疇。

②**象徵遊戲（約二至七歲時）**：基本上獨自遊玩，即使有玩伴，大多也是各玩各的。或是在枕邊放個娃娃陪自己睡等等。角色遊戲也

Psychology: Q&A

Q 如何不用強迫性的管教，讓孩子自然地學會懂事？

A 兒童不一定喜歡服從父母的命令。讓孩子模仿周遭旁人（父母、鄰居、親戚、朋友等）的行為，比發號施令式的管教來得有效。這種仿效他人動作或行為的舉動稱為**模仿**。兒童約三歲大時，會明顯出現模仿行為。因此為人父母者最好能時時注意自己的言行，當個孩子的好楷模。

相關知識

◉**心流經驗**

埋首於令人享受的活動時忘我的感覺。美國心理學家**米哈里・契克森米哈賴**（Mihaly Csikszentmihalyi）提出。**心流經驗**的九大構成要素

屬於此類。

③**規則遊戲（約七至十二歲時）**：需兩人以上的玩伴。比象徵遊戲更多規則的遊戲，例如鬼抓人、躲迷藏等。

是：目的明確、精神集中、渾然忘我到失去自我意識、失去時間感、反應直接且即時、行動與思考達到一致、對狀況或活動有明顯的駕馭感、以及體驗活動本身就是進行活動的動機。

皮亞傑的遊戲發展階段

皮亞傑將兒童的遊戲行為歸納成隨著發育過程推移的 3 大階段。

1 功能遊戲（至2歲大為止）

漫無目的地揮動手或頭的遊戲。最後會開始尋找不見的東西。

2 象徵遊戲（約2～7歲時）

基本上獨自遊玩，即使有玩伴，大多也是各玩各的。角色遊戲也屬於此類。

3 規則遊戲（約7～12歲時）

需要2人以上的玩伴，規則比象徵遊戲更多的遊戲，例如鬼抓人、躲迷藏等。

因支配欲而虐待孩子的父母

日本厚生勞働省在二〇〇八年的調查顯示，全日本的兒童相談所（註）所經手的虐童案件諮商竟高達四萬多件。孩子明明是最值得疼愛的骨肉，為何有人忍心虐待？

每個人都有指使他人、支配他人的支配欲。生活中的**精神壓力**或**心理創傷**（▼P222）所造成的痛苦越劇烈，越可能激發**支配欲**，想要迫使弱者服從、或滿足自己的欲望。這就是**虐待行為的成因**。

各種人際關係裡都可能出現**虐待行為**，但最嚴重的還是親子之間的虐待。如果是發生在職場，受害者還可以選擇離開，但要是發生在親子之間，就完全無處可逃。

虐待通常採暴力及言語兩種形式，有時也以**無視的方式**進行。例如父母沒有經濟問題，卻不提供孩子所需的飲食或衣物、或不讓孩子上學，這種行為稱為**育兒疏忽**。可見虐待的形式各有不同。

近年，最受注目的則是監護人以外的成人所進行的**虐童事件**。

兒童受到虐待，除了忍耐別無他法，但對父母關愛的渴望並不

！相關知識

◉兒童虐待防止法

日本於二〇〇〇年五月開始實施的法律，立意為發現、預防、保護各種虐童行為（包括身體暴力、心理暴力、猥褻行為、育兒疏忽、無視虐待等）。

但由於此法無法因應逐年增加的虐童致死意外，自二〇〇八年四月又頒布了改正兒童虐待防止法。

改正法中，追加了各項法條，要求有虐童嫌疑的撫養人到案說明、兒童相談所職員強制介入調查、以及為隔離受虐兒童而禁止監護人進入安置單位探視等。

◉安全基地

鮑比（▼P126）以此形容母親對孩子的角色。對母親的**依附**

會停止。因此受虐的兒童大多只能選擇隱忍。因此克服自己的支配欲，是每個為人父母者對孩子應盡的義務。

註：根據日本兒童福祉法而在全國各地設置的協商場所，為十八歲以下的兒童提供另一個溝通或傾訴的管道。

兒童虐待的各種面相

根據日本虐童防制的相關法律，父母等監護人對自己監護的 18 歲以下兒童如果出現以下行為，便屬於兒童虐待。

身體虐待	對兒童的身體施加暴力，造成外傷，並使兒童產生厭世心態。
心理虐待	造成精神創傷，使兒童萌生自我否定。
性虐待	將兒童當成性對象，使兒童產生身心被玷汙的感覺。
育兒疏忽	刻意不照顧孩子，有時甚至可能導致孩子陷入生命危險。

虐童案件諮商的件數變化

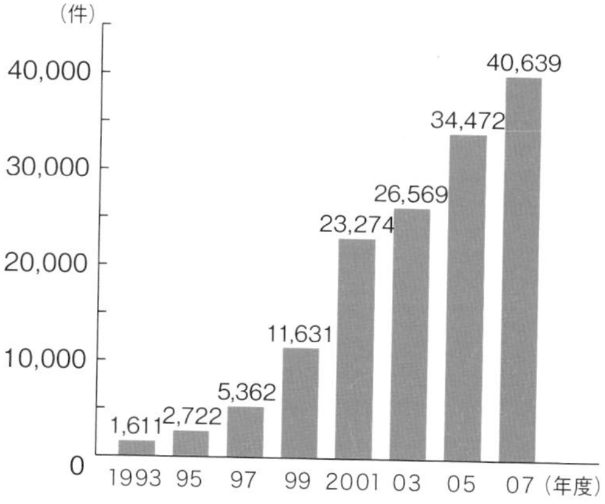

2008年日本厚生勞働省「福祉行政報告例」

（▼P126）健全的孩子由於精神安定，起初總是和母親形影不離，但後來會漸漸將母親當作安全基地，逐步探索周遭，擴展活動範圍。

兒童期

3 孩子說謊是成功社會化的證據

自幼我們就被教育成「不准**說謊**」，但長大後卻發現「說謊可能帶來方便」。例如不太想來往的人提出邀約時，以「事忙不克參加」為由拒絕，是避免人際關係徒生波瀾的必要方式。除此之外，因失敗遭斥責時無意間吐露的辯解、為了滿足虛榮的炫耀、或為了保護自己而說謊，對心理健康而言都是有幫助的。

同樣的，孩子也會說謊，而**說謊就是兒童成功社會化的證據**。美國心理學家**麥可・霍耶**（Michael F. Hoyt）主張：「當孩子第一次對父母說謊時，便擺脫了父母的束縛而獲得自由。」

兒童藉由說謊提出自我主張，可說是跨出了**自立的第一步**。學會如何說謊，並理解對方的謊言，都是成長的必經過程。

「為什麼要說謊？」父母會如此訓斥孩子。教導孩子革除惡習、循規蹈矩，是包括父母在內的每個成人應盡的義務。但不分青紅皂白地斥責孩子「任何謊都不許說」，恐怕會扭曲孩子健全的自我成長。

Psychology: Q&A

Q 我女兒平時不愛幫忙家務，但一到考試前，便寧願幫忙煮飯或打掃而不願讀書。考的分數不好，就拿幫忙家務沒時間念書當藉口。請問她為什麼要這麼做？

A 有一種理論解釋迴避成功的心態，叫做**自我設限**。這理論主張，一個人如果缺乏成功完成某件事的自信，便可能故意設定一些**難以達成的目標或不利的條件**，好在失敗時當作理由為自己辯護。

加諸這類限制後如果還是成功了，他人的讚譽會比沒有限制時還要高。想必令嬡應該很想聽到「幫了這麼多家務，還考得這麼好」之類的讚美才是。

不過，看來她至今還沒成功。或許不妨試著讓令嬡了解，自我設限謊言不一定都是惡意的，必須視當時的情況判斷。而有時明知孩子說謊，卻仍以成熟的態度應對，能讓孩子對父母懷抱感謝之情，心理成長也會更健全。

也等於對自己撒謊。

12種謊言

人在成長的過程中，會學會說形形色色的謊。這些謊言可被歸納為以下 12 種。

1. **備案**：例如在與人相約碰面的時間安排其他約會等。
2. **合理化**：失敗時為找藉口而說謊。
3. **敷衍一時**：礙於形勢被迫說謊。
4. **利害**：為了金錢上的利益而說謊。
5. **撒嬌**：為了爭取他人理解而說謊。
6. **掩飾罪行**：為了掩飾自己的罪行而說謊。
7. **能力、資歷**：為了取得地位優勢，而在介紹自己時說謊。
8. **虛榮**：為滿足虛榮心、自我粉飾而說謊。
9. **為人著想**：為了避免傷害人而說謊。
10. **捉弄**：為揶揄人而欺騙。捉弄人的問題便屬於此類。
11. **誤判**：純粹是因為知識不足而誤答，雖無說謊意圖，仍形同說謊。
12. **不守信用**：言而無信，雖無說謊意圖，仍形同說謊。

澀谷昌三，《一生受用的心理學入門》，究竟出版

兒童期 4

顧及孩子自尊心，以胡蘿蔔加大棒激勵

孩子做了壞事，父母會斥責；而做了好事或考試一百分，父母則會誇獎。不論斥責還是誇獎，都需要顧及孩子的**自尊**（不否定自己的弱點或缺點，對自己有信心的心態，▼P288）。認為自己是個有價值的存在，可以讓孩子產生自信，能以積極的態度面對一切。**自尊感是人格養成的一大基礎**。

幫助孩子培養自尊心，需要的是父母的關愛。斥責時需要滿懷關愛地告訴孩子錯在哪裡，同樣的，誇獎時也要明確地告訴孩子得到誇獎的理由。一味的斥責可能讓孩子變得被動，而一味的誇獎則可能讓孩子變得自滿。

自尊心裡潛藏著**衝勁**（▼P180）。人有了自尊，才會萌生衝勁。斥責或誇獎都屬於**外在動機**，是來自外界的衝勁泉源。這就是**胡蘿蔔加大棒**的道理。但光是靠外在動機，無法真正培養出學習的習慣和衝勁，必須讓孩子理解目前的學習與人際關係的重要性、以及遵守社會規則的意義，才能激發其內在的好奇心和探索精神。這稱為**內在**

相關知識

◉畢馬龍效應

學生的成績隨著父母或老師的期待而進步的心理效應，又稱為**期待效應**。

畢馬龍效應的語源，是希臘神話裡的賽浦洛斯國王畢馬龍，祈求女神阿芙蘿黛緹將迷戀不已的雕像加拉蒂化為真實的女人，最後美夢成真。

因此，心理學上也有個**加拉蒂效應**，指父母或老師如果對孩子持肯定的期待，孩子也會有好的表現。

反之，父母或老師一味地否定孩子，因此使孩子表現不佳則稱為**戈萊姆效應**。戈萊姆是猶太神話中的泥偶。

◉成就動機

動機，是源自內在的衝勁泉源。

教育孩子，需要內在動機與外在動機兩者並用，才能在孩子心中激發出達成目標的衝勁。

達成目標的動機。成就動機較高的人即使遭遇困難，也會當作試煉努力克服。這種人較為獨立，也擅長解決問題。可見成就動機對衝勁相當重要。

如何提升孩子的衝勁

對孩子的成長而言，衝勁是一個重要的要素。

外在動機

藉由斥責、誇獎等外在因素來激發衝勁。

內在動機

藉自發的好奇心及探索精神，自行設定課題並達成目標。

兒童期
5
藉由黨群期的遊戲學習社會化

在經過獨自遊玩或**象徵遊戲**（▼P130）的階段後，兒童從7歲左右開始喜歡和處得來的朋友玩。遊戲也從獨自遊玩變成群體性質。有時群體內也會起內訌，或與其他群體發生衝突。對兒童而言，這些都是非常好的經驗。既能學到待人或協調的道理，也能學到基本的社會規則。對父母而言，還是個促進孩子心理獨立的機會。這個時期稱為**黨群期**。

到了小學時期的後半，兒童的群體意識變強，會開始組織**封閉性的團體**。他們會使用的**暗語**或**暗號**只有成員能懂，也出現領袖、連絡人之類的角色分工。**《湯姆歷險記》**或**《少年偵探團》**等小說，就屬於典型的黨群期故事。

如今，由於網路普及、電玩取得容易，兒童成群結黨遊玩的必要性已經大幅削弱。因此很遺憾的，黨群期正在逐漸消失，習慣獨自遊玩或只與少數玩伴遊玩的兒童與日俱增，有些孩子甚至無法和朋友玩。不難想見，如果孩子在兒童期缺少群體遊戲的訓練，成人後必然

相關知識

◉社會化

一個人為適應社會而學習必要的知識、價值觀、習慣、共通語言、道德等的過程。家庭、職場、學校等周遭的人對一個人產生的影響，都是使其**社會化**的前提。

一般只會在**黨群期**學習社會化。原本只會依賴父母的兒童在群體相處的過程中，學會建立更對等、更相輔相成的人際關係。

◉去中心化

兒童期的一個成長階段，**前運思期**（二至六歲前後）的兒童有**自我中心**的特徵，而這特徵消失便稱為**去中心化**。不過此處的自我中心並不是指利己主義，而是指幼兒尚未發展出區別自己與他人的能力，

也不擅長處理人際關係，甚至可能出現無法遵守社會規則而產生摩擦的情況。可見兒童期的群體遊戲經驗是相當寶貴的。

無法理解他人的情感，因此會出現自我中心的行為。經過去中心化，兒童就會逐漸對他人的存在產生認知。

黨群期是社會化的第一步

黨群期指 6 ～ 12 歲前的兒童組成群體遊戲的時期。兒童在這個時期結成的團體具高度封閉性，不允許成員以外的孩子加入。相反的，成員之間則會發展出高度的團結性。

黨群期

共享祕密基地、暗語、暗號、特定遊戲的團體。有時甚至會出現反抗權威的行為。

現代都會區的兒童

在地社區減少、遊戲場所消失，以及對電玩和網路的依賴，導致習慣獨自遊玩的兒童與日俱增。

兒童期

6

叛逆期實為兒童的成長期

原本乖巧的孩子，突然間變得難以溝通，這就是**叛逆期**。但只要父母對叛逆期有清楚的理解，就不必太緊張。

人的一生中會經歷兩次叛逆期。**第一叛逆期**出現在二至三歲左右的自我覺醒時期。進入這段叛逆期的兒童會以自我為中心地試圖滿足自己的欲望，有時讓父母感到難以招架。有不少例子顯示，在這個時期清楚展現自我及反抗意識的幼兒，進入**兒童期**後會成為比較懂得明確表達意向的孩子。

第二叛逆期出現在約十二至十七歲、對想像活動開始感興趣的**青年期**。在這段時期，成人與孩子之間的關係會產生動搖，青年前期的孩子常會對一切表現出否定的態度或意見，心理學稱為**逆反心理**。這時期的孩子會全盤否定父母或老師的教誨，這是對兒童期的社會性發展的抵抗表現。

第二叛逆期的孩子脫離對父母的依附，為追求獨立而開始出現**心理斷奶**（▼下段）的傾向。獨立分為**精神獨立**、**經濟獨立**、**生活獨**

相關知識

◉心理抗拒

意見或行為受到他人限制或逼迫時，展現出反彈、堅持己見的傾向，在叛逆期的兒童身上尤其明顯。例如父母越是要孩子讀書，孩子越可能故意不讀。

更多詳情

◉心理斷奶

美國心理學家**霍林沃思**（Leta Stetter Hollingworth）提出的概念，指**發展階段**的**青年期**裡一種特有的心理狀態。這並非嬰孩長大斷奶，而是心理上脫離父母的「斷奶」，大多在**第二叛逆期**出現。

在這段時期，出於脫離父母的獨立欲望，孩子開始反抗父母。為了自我獨立，容易煩惱而陷入精神不

立等層面，叛逆期其實是為長大成人所需的精神獨立做好準備的時期。

但近年有不少沒經歷對父母的反抗便進入成人期的個案，讓人擔心孩子的獨立可能會出現遲緩的現象。

安定，但這也是個得以與懷有同樣苦惱的朋友分享的重要時期。

每個人都會經歷的叛逆期

叛逆期是孩子出現否定態度、拒絕行為的時期。每個孩子在發展過程中，都得走過這條攸關自我發展的路。

第一叛逆期（約2～3歲）

對什麼都執拗地回以「不要」。

- 重要的成長過程。
- 看似自我中心的行為，是自主性與表現力的展現。

第二叛逆期（約12～17歲）

期望反抗權力＝把父母及師長當成反抗的對象。

- 與同學、朋友之間的平等感變得很重要。
- 是長大成人必經的發展階段。

兒童期 7

青春期的第二性徵，是孩子對「性」的覺醒

進入**青春期**，孩子開始對異性感興趣。相信每個人都有過對異性的存在變得敏感，心跳莫名其妙加快的經驗。

這時期尤其顯著的是，**生理性徵開始成熟**。男生肩膀變寬，肌肉變結實，會經歷初次射精，開始長出體毛及鬍子，喉結出現，並開始變聲。至於女生則是臀圍變寬，皮下脂肪變得發達，開始出現女性化的曲線，乳房開始發育，經歷月經初潮並開始定期排經。這些身體特徵的發育統稱為**第二性徵**。至於**第一性徵**，則是指孩子一出生便可辨識的器官差異。

第二性徵出現後，精神狀態也會從孩子逐步發展到成人的階段。原本對異性毫不在意，此時卻開始萌生性方面的興趣。也是從這時期開始，會變得為情所困、為愛所苦，想碰觸喜歡的對象，並被對象所愛。尤其男生會被排出精子的欲望驅策，萌生強烈的性衝動。

此外，孩子也會為身體的改變感到困擾。雖然有些生理早熟的孩子可能沉浸在優越感裡，但有些也可能因害羞而變得內向。相反的，

相關知識

◉加速發育

有人認為，現代兒童生理成長的速度變得比昔日的兒童快。

例如月經初潮或初次射精會更早來臨，意即如今孩子在**性方面的成熟**要比父母當年還要早。這就叫**加速發育現象**。

一般認為，出現加速發育現象的理由有，生活方式西化、孩子的營養攝取隨飲食環境提升而改善、都市化的各種刺激增加。

另一個可能的原因，則是日益發達的交通促成了更多的異國通婚、異地通婚，使得生下的孩子也出現了遺傳學上的變化。

不過，加速發育現象在近年似乎被視為常態，可能是加速發育現象的原因已經持續發生。

較晚熟的孩子則可能為自卑感所苦，甚至可能因此出現不良的行為。

青春期在生理、心理上都是長大成人的必經過程。由於和**第二叛逆期**（▼P140）重疊，對異性的關注也可能伴隨各種不同的因素出現。

長大成人的準備

進入青春期，孩子的身體會出現統稱為第二性徵的各種變化。

男生

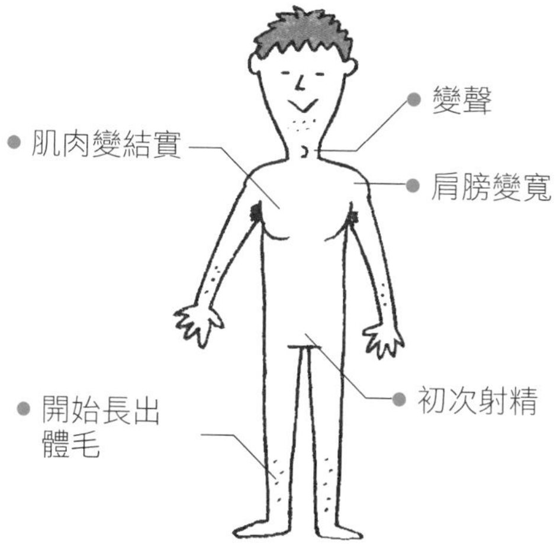
變聲
肌肉變結實
肩膀變寬
初次射精
開始長出體毛

女生

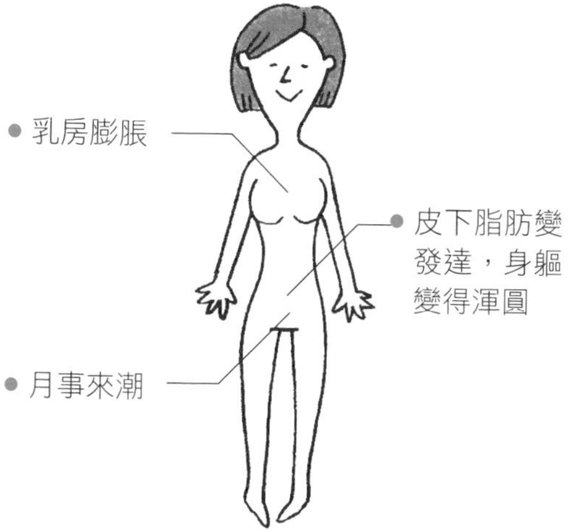
乳房膨脹
皮下脂肪變發達，身軀變得渾圓
月事來潮

兒童期

8

令人擔憂的嬰兒期輕度發展障礙

嬰兒期的幼兒可能因為種種因素，出現發育的遲緩或不正常變化，導致身心的**發展障礙**。

輕度發展障礙（▼左圖）指不會造成智能障礙的發展障礙，例如**亞斯伯格症候群**就屬此類。二〇〇一年日本文部科學省所進行的「全國通常學級特別教育學童相關實態調查」的結果顯示，超過6.3％的學童有輕度發展障礙的傾向。

雖說是「輕度」，但除了智能發展可能有輕度障礙，其實在生理及認知上仍有異常。輕度發展障礙的兒童，乍看之下和健康的兒童沒什麼不同，但常常要獨自面對旁人無法想像的困難，有時甚至會遭到父母或周遭的霸凌或虐待。

這種情況造成的負面情緒不斷累積，可能使他們因為些許細故便做出反社會的行為。要防止這種情況發生，父母及社會的理解或善意都是不可或缺的。

Psychology: Q&A

Q 具犯罪傾向的青少年，是否因為有**發展障礙**而無法矯正？

A 青少年犯罪是否源自精神疾病使然，一直難以判定。酒鬼薔薇（一九九七年神戶的連續兒童殺人事件）等事件中，犯罪的青少年被診斷出患有**行為障礙**。這是**輕度發展障礙**中患有**注意力不足過動症**的兒童常見的、從**對立性反抗疾患**轉移而來的症狀。此外，部分人格障礙甚至可能惡化成**反社會人格**（▼P231）。

行為障礙與犯罪的差異並不明確，是否該將此視為精神障礙也仍有爭議。此外，社會對過動症兒童仍有強烈偏見，因此對此疾病的正確認識還有待推廣

什麼是輕度發展障礙

雖說是「輕度」，但症狀本身其實不輕。因此對這名稱有諸多爭議。

輕度發展障礙的特徵

❶可於幼兒期～青年期間診斷發現。
❷無法判定障礙屬心理性還是生理性，也無法判定障礙會持續多久。
❸可能具有言語能力、獨立生活能力、自我管理能力、學習能力等方面的障礙。

主要輕度發展障礙

廣泛性發展障礙	自閉症、高功能自閉症、亞斯伯格症候群等。無法與人正常溝通。
注意力不足過動症	注意力不足過動症。喜歡到處走動，靜不下來。精神無法集中。
學習障礙	在言語、閱讀、書寫、計算方面部分能力過低，為中樞神經的功能障礙。
輕度智能障礙	也稱智能遲滯。IQ介於50～75之間，缺乏社會適應能力。
發展性發展障礙	具有天生的腦部缺陷，手腳不靈活、不擅長運動。容易導致注意力不足過動症、學習障礙等併發症。

兒童期 9

未定型認同

在成長的過程中，人都會開始思索自己存在的意義，出現諸如自己是個什麼樣的人、將來會成為什麼樣的人、該從事什麼樣的工作等疑問。

藉由嚴肅面對這類疑問並找到答案，我們的心理得以建構出強固的自我。美國心理學家**埃里克森**將此稱為**認同**。

青年期建立認同的過程，在人的發展過程是不可或缺的一部分。不過近年來，到了成年卻尚未建立認同、也無法脫離父母獨立的人與日俱增。日本精神分析學家**小此木啟吾**稱這種人屬於**未定型認同**，他們雖然在智能上、生理上已經成熟，卻試圖逃避成為社會一份子的義務。雖然可能得歸咎社會環境的變化，但每份工作都持續不久的**打工族**或**尼特族**（既不就業也不就學的人，▶P154）的確有急速增加的趨勢。

從前的人到了某個年紀就得就職、結婚、育兒，每個階段都有必須建立自我認同的任務。但如今成年後無法獨立、無法決定該做什

更多詳情

◉迷失型認同

埃里克森提出的概念，指青春期內的心理社會危機。處於這種狀態的人則為**未定型認同**。

埃里克森認為，青春期的青少年具有以下的特徵

- **過度認同**：對自己變得過度執著挑剔，因而失去自信。
- **否定性認同**：對社會肯定的一切持否定態度。
- **時間感迷失**：對時間的感覺變得遲鈍，無法想像未來，出現自殺傾向等。
- **兩性迷失**：因缺乏性方面的認同而苦惱，出現異性恐懼等等現象。
- **理想迷失**：對人生懷抱過多理想，反而導致價值觀產生混亂。

麼的人卻越來越多。埃里克森將這種人的心理狀況稱為**認同迷失**。

- **權威迷失**：有時對組織、權威表現服從，有時則不然，無法找到正確的立場。
- **勞動麻痹**：埋首於嗜好等活動，對讀書等義務失去興趣

未定型認同的特徵

昔日的年輕人與未定型認同的人之間有哪些差異？

昔日的年輕人	未定型認同的人	
謙卑心態	全能心態	不認為自己還不足，毫無根據地堅信自己什麼事都辦得成。
禁欲	放縱	不願意過禁欲的生活，沉溺於消費或性愛。
肯磨練	好玩樂	不愛讀書愛休閒。認為玩樂有價值。
有認同	有隔閡	拒絕成為社會的一份子，對社會的一切冷眼旁觀。
面對自我	自我分裂	理想過高，卻完全無視自己的內在。
渴望獨立	毫無衝勁	不願獨立，對社會動向無感。

↓

認同迷失

青年期

1

以心理學判斷「喜歡」和「愛」的差異

有時人會以為自己和某個異性是男女朋友，其實對方只把自己當普通朋友。在這種情況下，當事人雖然值得同情，但也可以看出**喜歡和愛**的差異是多麼難以判斷。

美國心理學家**基克・魯賓**（Zick Rubin）分析了兩者令人疑惑的差異。他發現「喜歡」是一種代表尊敬、單純的好感或親近感的感情。意即「喜歡」是對對方心懷敬意、感覺和自己意氣相投、或單純地認為對方是個好人的感覺。

相反的，「愛」則是一種包含了獨占、依附、自我犧牲等元素的感覺。「愛」的重點，是少了對方就活不下去、不希望對方被任何人搶走、或為了對方赴湯蹈火也在所不辭的熱情。

魯賓以真正的情侶為對象，檢測這衡量的尺度是否正確，結果發現「喜歡」和「愛」截然不同。此外，他也發現男性可能把異性朋友轉為戀人，女性對戀愛和友情的界線則是壁壘分明。

相信不少男女都期望能由友情轉為愛情。**頓悟經驗**（▼下段）對

更多詳情

◉頓悟經驗

要解決心理的問題，可能會經過以下四個步驟。

①準備期
②熱身（孵化）期
③開竅期
④驗證期

例如無法完成企劃，只能先動手在紙上打些草稿的狀態，可能屬於①或②。到了③的階段，心中會突然靈機一動地浮現一個合理的方向。**頓悟經驗**源自英文感歎詞「啊哈」。據說遇到頓悟經驗的時刻，腦內所有神經細胞會在0.1秒裡一同活性化。

頓悟經驗是一種可能在體育、音樂、愛情、發明等，需要以創意解決問題的時候出現的感動體驗。

這種情況或許有幫助。工作和遊玩時都會有感覺「好棒！」的時候，男女之間也有雙方心意急速接近的時刻，這就是頓悟經驗。只要能體察對方微妙的變化並適時適度地回應，再加上**好意的回報性**（▼P18）的推波助瀾，便可能提升由友情轉為愛情的機率。

要增加這種體驗，最重要的是平日就對該課題進行持續思考（體育或音樂的話就是持續練習），加強相當於①準備期或②熱身期的準備。

魯賓的「喜歡」與「愛」程度測驗

這是魯賓設計的心理測驗。❶～❻為「喜歡」的相關問題，❼～⓫則為「愛」的相關問題。從❼開始的問題打越多「○」，代表你對對方的愛意越強烈。

「喜歡」與「愛」程度測驗

一開始，先把心儀異性的名字填入問題的（ ）內，如果符合問題內容便打「○」，不符合便打「×」。

❶ 我認為（　　）的適應力※很強。

※適應力……配合周遭環境的變化改變行動的能力。

❷ 我認為（　　）有能力成為備受讚賞的人。

❸ 我很信任（　　）的判斷能力。

❹ 我想推薦（　　）擔任團體的代表。

❺ 我認為（　　）和我非常相像。

❻ 當我和（　　）在一起時，感覺彼此意氣相投。

❼ 如果無法和（　　）在一起，我可能會難過。

❽ 沒有（　　）的生活應該會很痛苦。

❾ 當（　　）心情不好時，我有義務為他／她打氣。

❿ 為了（　　），要我赴湯蹈火也在所不辭。

⓫ 我願意對（　　）吐露任何心事。

⓬ 和（　　）在一起時，我曾專注地凝視他／她很長一段時間。

◎「喜歡」是代表「尊敬」、「信任」、「意氣相投」等的感情。由於人會對自己持有「愛」意的對象產生投射，眼見對象失敗，便會猶如自己失敗般感到難受或挫折。

青年期 2

伴隨挫折而來的心理情結令青年成長

進入**青年期**，逐步獨立的年輕人會產生形形色色的**苦惱**。如果再加上**自卑感**和**挫折感**，沮喪的程度可能就越大。尤其對自己而言這項目標是獨一無二，卻又失敗的時候，更可能造成久久無法平復的打擊。

沒考上自己一直想上的大學時的失落就是一例。雖然只要立刻轉換心情，打起精神再度挑戰這個目標才是正途，但許多人就是辦不到。

遭遇挫折感時，人會有認為自己一事無成、微不足道的傾向。為這種想法所困就稱為**自卑情結**。

挫折感和自卑情結對當事人而言的確是個折磨，但也會使人萌生**不服輸**的鬥志，成為促使人成長的契機。此外，雖有**防衛機制**（▼下段），但也會克服**情結**（▼P300）而努力投入其他活動，並因此獲得豐碩的成果。

反之，從未經歷挫折的年輕人由於**挫折容忍力**較低，面對困難

更多詳情

◉防衛機制

抑制或削弱憂慮、罪惡感、恥辱感等負面的情感、情緒、或經驗，以安定心理狀態的心理作用。**防衛機制**是任何人都會產生的正常心理作用，通常在無意識的情況下出現。防衛機制有以下幾種類型。

- **反作用形成**：指採取和自己的性情相反的行為。例如生性怯弱的人卻佯裝堅強等。
- **轉移**：將被壓抑的恨意、愛意等情感轉換成自認為正確的目標或行動。例如在家裡被兄姊欺負的孩子，轉而在學校裡欺負同學等。
- **合理化**：找藉口合理化失敗。例如失戀的人試圖把一切責任歸咎到對方身上等。
- **情感退化**：退化至先前的發展

時可能無法承受而顯得非常脆弱。由此可見，挫折也算是讓年輕人成長的養分。藉由妥善克服眼前的挫折來強化自己，可以讓年輕人培養出各種適應社會生活的能力。

段。例如長期無法滿足需求，變得習用幼兒口吻說話，藉此逃避現實。

●**逃避**：以幻想或裝病逃避現實。

●**昇華**：藉運動或藝術活動等克服心理情結。例如將性衝動或攻擊衝動轉化為投身有益於社會的活動。

自卑感的來源

自卑情結是在許多不同因素複合作用下產生。

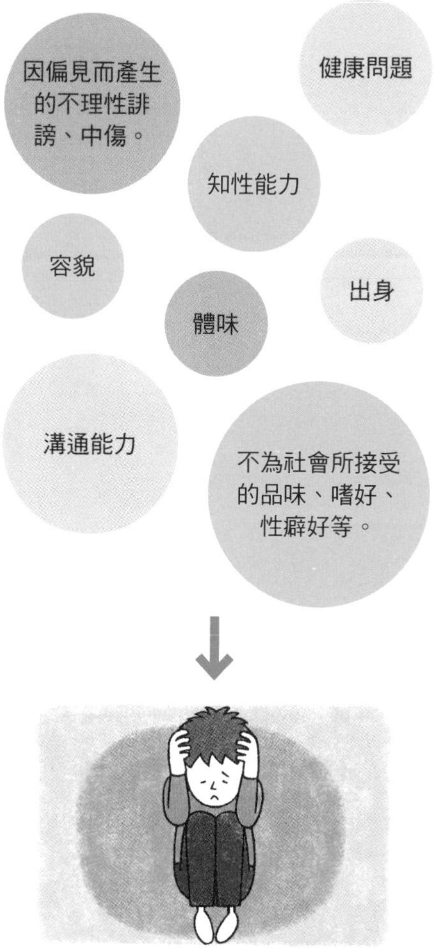
因偏見而產生的不理性誹謗、中傷。
健康問題
知性能力
容貌
出身
體味
溝通能力
不為社會所接受的品味、嗜好、性癖好等。

青年期 3

拒學可能源自學校、家庭或是個人因素

並非因為疾病或經濟因素而拒絕上學，或想上學卻提不起勁的狀態稱為**拒學**。根據日本《文部科學白書》，二〇〇六年日本全國公私立小學、中學、高中有超過十八萬四千四百三十八名學童以拒學為由曠課。而早在一九九〇年，日本文部省就曾表示「任何兒童都可能拒學」。

典型的案例，就是明明禮拜天還好端端的學童，一到禮拜一早上便宣稱頭痛或肚子痛而拒絕上學。拒學的種類，可分為有**心身症狀的**、**抗拒行為的**及**心理症狀的**。

拒學的原因因人而異，但大致上可歸納為三類。第一類起因於**學校生活**。第二類起因於**家庭生活**，例如父母遭裁員或家人關係不睦。第三類則是起因於**本人的問題**，例如因病長期請假或極度的憂慮、冷漠等等。小學生拒學多出於本人的問題，到了中學時期，因為交友關係等問題而拒學的情況增加。至於不安定的情緒混亂或冷漠，則是跨越不同學齡的要素。

Psychology: Q&A

Q 我希望學校成績能跟得上同學。請問什麼方法比較有效？

A 美國心理學家**克隆巴赫**（Lee J. Cronbach）提出了**性向處理交互作用理論**，主張「最具學習效果的教育方式，因學習者而異」。因此必須找出最適合的教育方式。

他將學生分成**努力型**、**順從型**、**離反型**，並將老師分成**自發型**、**秩序型**、**恐怖型**，還將每種教法分為好壞兩個等級。這些類型有助於依據學童的性格找出適合的教師。

更多詳情

◉**拒學**

- 避免和學校有關的、會引起負面情緒的對象或情境。特徵為想上學卻去不了，對學校有強烈恐拒學的因應之道，是設置校內輔導員或更具自主性自由學校等政策。至於採取了這些政策後仍不見改善的學童，則大多肇因於家庭生活或本人的生活，必須由學校、家庭、其他設施，以及醫療機構相互討論、擬定對策才能加以幫助。

懼，不想和朋友見面，情緒變化劇烈等。

- 為了獲得學校以外的實質增強或尋求注意。特徵為極度不想上學，看不出對學校心懷恐懼、或對請假心懷愧疚、不至於不想和朋友見面等。

拒學個案有增無減

1997 年在日本 53 人只有 1 人拒學，但如今 35 名中學生裡便有 1 名拒學。

拒學學童人數推移

	小學生	中學生	高中生
1997年	2萬765人	8萬4701人	—
1998年	2萬6017人	10萬1675人	—
1999年	2萬6047人	10萬4180人	—
2000年	2萬6373人	10萬7913人	—
2001年	2萬6511人	11萬2211人	—
2002年	2萬5869人	10萬5383人	—
2003年	2萬4177人	10萬2149人	—
2004年	2萬3318人	10萬40人	6萬7500人
2005年	2萬2709人	9萬9578人	5萬9680人
2006年	2萬3825人	10萬3069人	5萬7544人

2006年度日本文部科學省調查

拒學的原因

學校生活
朋友關係或師生關係不睦、成績不好、遭霸凌等

家庭生活
父母遭裁員、家人關係不睦等

本人的問題
因病長期請假、極度的憂慮、冷漠等

青年期

4 拒絕工作的年輕人：尼特族

尼特族（NEET）一詞是「not in education, employment or training」的縮寫，原本是英國政府在勞工政策上用來定義某些十六至十八歲人口的分類項目之一，意為「不受教育、不工作、也不接受職訓者」。在日本則專指高中或大學畢業後既無意願工作，也無意願繼續接受教育的年輕人。

在日本，尼特族這個字眼多被認為帶有「缺乏某些欲望」的意涵。二〇〇五年後日本《勞動經濟白皮書》（勞動經濟的分析）將尼特族定義為「**勞動人口中年齡在十五至三十四歲之間，不上學也不幫忙家務者**」。而根據日本內閣府的調查，二〇〇二年時日本的尼特族人口已增加至八十五萬人。一般認為尼特族是在一九九〇年至二〇〇〇年左右的泡沫經濟崩潰時期開始增加。

日本內閣府將尼特族分為**非求職型**與**非希望型**兩種類型。前者指想就職但實際上並不求職的人，後者則指連就業都不想的人。

許多人會將尼特族與**繭居族**混淆，其實有些心理學家將尼特族

相關知識

◉認同狀態

心理學家**詹姆斯・瑪西亞**（James Marcia）提出的概念，指人在失去來自社會角色或家人、情人、企業等歸屬感時，會產生**危機感**，為再度建構認同而採取某些行動。這時當事人可能產生以下四種心態。

①**定向型認同**：摸索並克服自己過去的潛力或選擇，依自己的信念行動的狀態。

②**未定型認同**：仍在摸索自我認同的狀態。

③**早閉型認同**：不探究過去的認同，依父母、師長等旁人灌輸的價值觀度日的狀態。

④**迷失型認同**：過去摸索自我的經驗，無法與明確的信念及行動做連結的狀態。

視為日本特有的**兒童成人**的形態。此外，將尼特族一視同仁地視為懶惰青年，其實也是一種草率的偏見。畢竟每個人成為尼特族的背景可能各不相同。

近年動輒暴怒或繭居族等演變成社會問題，癥結可能就出在③的早閉型認同。

尼特族的數據剖析

成為尼特族的年輕人，都有某些共通的特徵。

曾經歷什麼樣的生活

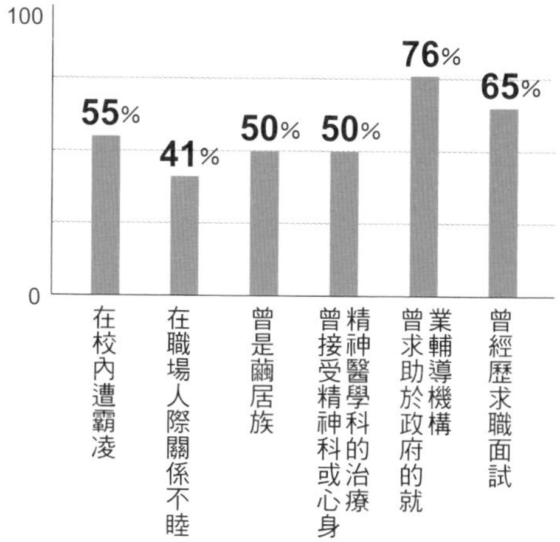
100
0
55%
41%
50%
50%
76%
65%
在校內遭霸凌
在職場人際關係不睦
曾是繭居族
曾接受精神科或心身醫學科的治療
曾求助於政府的就業輔導機構
曾經歷求職面試

◎雖曾求職，但有不少個案曾在精神科等接受治療。

有難以就業的能力障礙

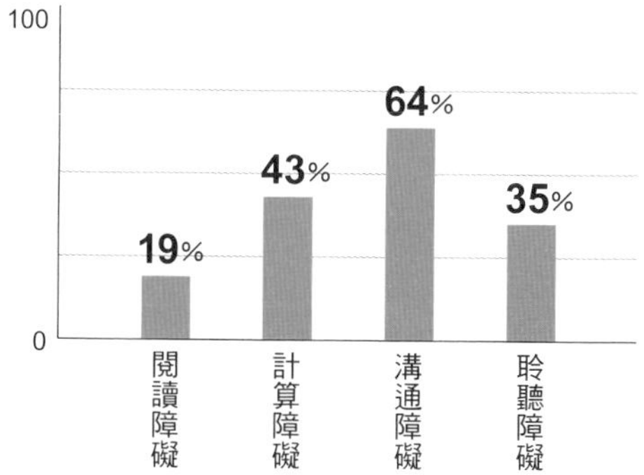
100
0
19%
43%
64%
35%
閱讀障礙
計算障礙
溝通障礙
聆聽障礙

◎自認為對溝通技能有障礙。

根據日本(財)社會經濟生產性本部2007年的調查結果製表

成人期 1

社會變遷及男女心態改變，不婚族與日俱增

從前曾有所謂婚姻適齡期，每個人都把到了某個年紀就該結婚生子視為常識。婚姻制度的社會功能，原本就是繁衍後代。

不過婚姻的目的並不是生孩子就好。最大的重點是男女雙方都必須離開原本的家庭，和人格與自己不同的配偶共築新的家庭。家庭是構成社會的基本單位，組織家庭並加以維持發展不僅具有深遠的意義，同時也是青年期的發展課題。

但如今時代不同了。首先，越來越多女性進入職場，認為不急著結婚的人隨之增加，也有許多人捨不得放棄獨居生活或與父母同住的舒適。這些都導致前述的社會共識日趨薄弱，開始有人認為結婚的目的不過是單純想有個人陪，或想在社會生活中找到一個休息之處。因此**晚婚**或**不婚**已經變得越來越普遍。

日本家庭社會學家**山田昌弘**主張，如今不願踏入婚姻的原因是，**自我實踐意識的高漲**。在從前的社會裡不論是什麼樣的人，職業選擇或生活方式都還算相近，但如今**生活方式的多元化**已經打破了原

Psychology: Q&A

Q 結婚真能幸福嗎？

A 美國心理學家**推孟**（Lewis Madison Terman）曾針對婚姻生活的幸福程度進行實驗調查，測定出**婚姻幸福量表**。

日本也有學者利用推孟的實驗項目測試婚後幸福程度與結婚年數的關係。在日本，剛結婚時妻子的幸福程度高過丈夫，但接下來就逐漸降得比丈夫還低。

而想在婚後繼續維持高度幸福，需要符合交往時就認為未來很有保障、以及雙方父母對婚事的贊成等條件。

相關知識

◉機會成本

原為經濟學用語，指在面臨多方

有的生活相似性。近年的生活方式除了可以享受堅持自我的樂趣，婚姻雙方的生活方式也需要相互牽制，進行細緻的磨合。

此外，也有人認為社會經濟低迷與貧富差距擴大，都是步入婚姻的阻礙。

案擇一決策時，被捨棄的選項中價值最高者。套用在不生孩子的女性與日俱增的情況上來說，就是生孩子後可能失去的利益，也就是原本可能獲得的工作報酬。機會成本所反映的，其實是我們的心理狀態。

晚婚、不婚的相關數據

未婚率隨生活方式改變年年攀升，不難預測今後年滿 50 歲卻從未結婚的人的比例（終生未婚率）也將逐年增加。

未婚率

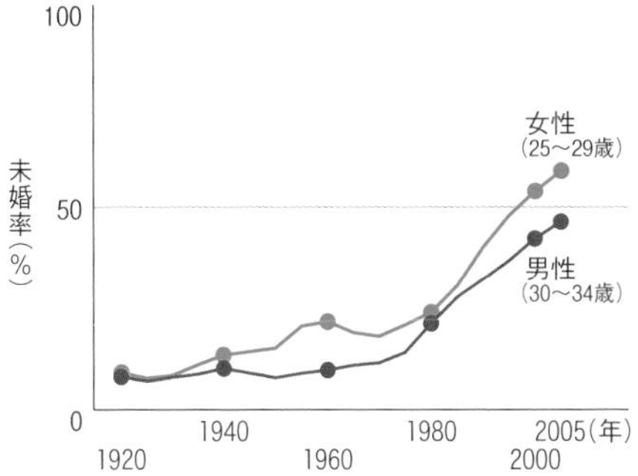
100
50
0
未婚率（%）
女性
（25～29歲）
男性
（30～34歲）
1920
1940
1960
1980
2000
2005（年）

終生未婚率

1955年	男 2.2%	女 1.8%
2005年	男 12.4% ↑	女 5.8% ↑

根據日本總務省統計局於2005年的調查製表

中高年期 1

在人生變化中降臨的中年危機

進入**中年期**，人會經歷形形色色的**苦悶**。美國心理學家**丹尼爾・李文森**（Daniel J. Levinson）認為到了中年，人的心中會產生依戀與別離、破壞與創造、男性氣概與女性氣質、年輕與衰老等對立。而中年期的課題，就是接受這種內心的兩極性並加以整合。此外，**榮格**（▼P110）也將這個時期稱為**人生的午後**。

換言之，中年期是心智朝成熟或倒退發展的轉捩點，因此是個決定往後的老年期充實與否的重要時期。

人在這個時期會面臨形形色色的危機。最顯著的例子就是**拒絕上班**或**工作倦怠**（▼P218）。拒絕上班症在職場裡的各種壓力超過負荷時發生。精神上的症狀為**憂鬱症**（▼P204）或**心身症**（▼P214），生理上則可能出現頭痛、腹痛、或下痢等症狀。對工作越熱心越認真的人，越可能出現工作倦怠，理想過高所導致的強烈無力感及疲勞，會把人折騰得什麼事也做不了。結果有些人可能會罹患憂鬱症，或藉杯中物尋求慰藉導致酒精中毒。此外，還可能由於家人

! 相關知識

◉性別壓力

女性特有的，且揮之不去的壓力。由於**兩性平權**的觀念在日本尚未普及，職業婦女如果已婚，依然得承擔大多數的家務及育兒工作。至於專業主婦，則是因為家務及育兒纏身，難以參與社會生活而倍顯孤立。

性別壓力是任何年齡的女性都得承擔的負荷，有些女性甚至因此罹患經前症候群等女性特有的疾患。進入**更年期**的女性所經歷的各種苦惱，也屬於性別壓力的範疇。

◉繁衍傳承

美國心理學家**埃里克森**（▼P146）創造的術語，意指「積極參與創造新一代價值觀的行為」。埃里克森

之間的信任崩盤導致**拒絕回家**，或由於子女長大離去後失去生活目標的**空巢症候群**。

選擇放棄對原有價值觀的執著，追求新的生活方式或方向，或許有助於迴避此類危機。

將人類的精神發展分為八個階段，中年期開始的第七階段就是**繁衍傳承**，可說是最熱心於培育下一世代的時期。而「培育下一世代的心理危機」，就叫做**繁衍傳承危機**。

好發於中年期的心理苦惱

中年期需要稱職扮演職業角色，但也因此常為壓力所苦，身心都容易產生形形色色的苦惱。

工作倦怠	彷彿燃燒殆盡一般失去幹勁，陷入憂鬱狀態。
早報症候群	無精打采，早上連讀報紙都嫌麻煩。
拒絕上班 拒絕回家	因職場上的煩惱而陷入憂鬱狀態，導致不想上班或回家。
三明治症候群	好發於中間管理階層。因處在上司及下屬的包夾之間而陷入憂鬱狀態。
升遷憂鬱症	因升遷而為肩負重任所苦。
停止升遷症候群	眼見競爭對手或下屬比自己早升遷而陷入憂鬱狀態。
空巢症候群	好發於育兒生涯結束的女性的憂鬱症狀，因孩子獨立而感覺空虛。

如何戰勝人人都得經歷的更年期

在心理學上，**發展**指的是人從出生到死亡之間的身心、以及周遭種種關係的變化。美國心理學家埃里克森（▼P146）主張發展由**成長**、**成熟**、**學習**三個要素所構成。成熟指具備藉由性交繁衍後代的能力，女性的成熟期在**停經**（▼下段）時宣告結束。而在成熟階段結束後，不分男女都會進入**更年期**。

進入更年期（約四十五歲至五十歲）後，身心都會出現**更年期障礙**的症狀，生理方面會出現諸如暈眩、身體發熱或發麻等，精神方面則會出現諸如情緒不安導致的失眠、焦躁等。一般推測原因是卵巢活動減少導致荷爾蒙失調，造成自律神經系統及情感的不安定。

近年也有越來越多男性開始出現更年期的症狀。由於男性不似女性會停經般有生殖功能明顯低下的徵兆，因此變化較小，但也會如女性般出現頭痛或想嘔吐等症狀。此外，許多初老的男性會出現自律神經失調的症狀，最具代表性的例子就是憂鬱症、心身症、以及血管障礙等。

Psychology: Q&A

Q 我有個非常積極正向的美國朋友，日前事業失敗，也看不出有多消沉。年屆中年理應對人生感到倦怠，為何他還能如此快樂？

A 他的**正向錯覺**（▼P290）可能超乎常人。正向錯覺是指即使自己不如他人也不願承認事實，總是把自己想像得比現實中的更好。

但在遭遇挫折需要找回自信時，不妨適度持有這種幻想。這或許是正向戰勝**更年期**的訣竅之一。

相關知識

◉**停經**

月經完全停止，是從中年期邁入老年期的具體徵候。

到了更年期，可能會經歷孩子的獨立或成婚、以及照護父母等巨大變化，在家庭及職場上都會承受更大的壓力。為了應對這個在社會上、經濟上都負擔沉重的時期，最好能先準備好一個能與家人或旁人彼此扶持的環境。

停經常被視為老化的象徵，常被認為身為女性的價值降低。但有些調查報告也顯示，中年期的女性認為這不過是個過度期。

中年期特有的更年期症狀

更年期是卵巢的懷孕或生育功能逐漸停止（停經）的時期。由於容易導致荷爾蒙失調，因此可能出現各種更年期症狀。

男性的更年期症狀

女性的更年期症狀

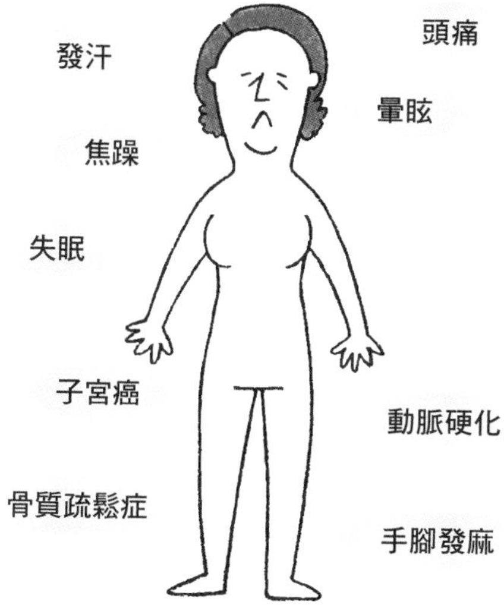

中高年期

3

成功老化與老有所為

日本厚生勞動省在二〇〇九年七月發表的調查，二〇〇八年日本人的平均壽命是女性86.05歲，男性79.29歲，男女均創下過去最高記錄。由此可見，如今人在退休後還能享有另一段人生。那麼，剩餘的人生該如何度過呢？**成功老化**或許是一個選擇，這是指接受衰老過程，以正常心態度過幸福的老後生活。

成功老化分成**活動理論**、**脫離理論**、**持續理論**三種思考方向。活動理論指的是退休後藉由繼續從事同樣的活動來謀求幸福，這種思考的背景是，人生的意義源自投入多年努力的職業。反之，脫離理論則是指藉由脫離社會享受個人生活來謀求幸福。持續理論則是指人的變化是發生於各發展階段中的變化的連續性過程，幸福的定義其實因個人的性格而異。此外，近年也有人開始提倡**老有所為**的概念，指的是留在社會中持續生產，度過有生產力的老後生活。

如何追求幸福的高齡生活，與每個人本身的**性格**（▼P274）也息息相關。高齡期的人通常可被歸納成**成熟型**、**搖椅安樂型**、**憤怒**

Psychology: Q&A

Q 隔壁公寓住著一位獨居長輩，總是窩在屋裡不大外出，教人頗為擔心。請問該找誰提供協助？

A 這位長輩**深居簡出**，有可能是老年常見的**足不出戶**狀態。足不出戶的理由因人而異，可能是身體衰老導致外出困難、或在精神方面失去活力等。

無論如何，沒有家人相伴的獨居老人很需要周遭的鼓勵與支持。不妨詢問公家的安養單位是否可以提供協助。

此外，足不出戶的年輕人也有與日俱增的趨勢，這種年輕人被稱為繭居族。如今足不出戶已經成為一個跨越老少世代、也不分身心是否有障礙的問題。

型、**裝甲型**、**自我憎恨型**（▼左圖）五種人格，老後生活的形態也因性格而異。

老後幸福的必要條件

追求老後幸福稱為「成功老化」，分為活動理論、脫離理論、持續理論三種思考方向。

成功老化

三種思考方向	**活動理論**	退休後繼續工作，以充滿活力的態度度日。
	脫離理論	退休後充分享受個人生活。
	持續理論	將退休後的幸福視為人生的延長線。

◎也有人提倡留在社會中持續生產，度過有生產力的老後生活的，也就是「老有所為」。

高齡期的五種人格

成熟型
對未來有所展
望地過生活
搖椅安樂型
被動、消極地
過生活
自我
憎恨型
活在對過去
的悔恨中
憤怒型
為維持年輕
活力而掙扎
裝甲型
拒絕接受老化的事實，
以攻擊性的態度待人

中高年期 4

永不止息的紛爭？如何不為婆媳問題所惱

「嫁」字代表「女」性進入「家」中。但嫁進去的家裡自古就有個掌控一切的婆婆。簡言之，**婆媳問題**就是婆婆與媳婦為了爭奪「家」的權力鬥爭。

媳婦進入的不只是家。近年媳婦的丈夫、孩子的父親的存在感與權力在家中變得日漸稀薄，導致現代家庭常處於父親幾乎不存在、**母子一體化**的狀態。意即家庭關係已經變得比較等同於母子關係，而不再是夫妻關係。

就這點而論，如今的家庭狀態其實是**婆、媳與兒子（丈夫）的三角關係**。對婆婆而言，媳婦不只是侵犯了自己身為主婦的掌控權，還搶走了最鍾愛的兒子，關係當然容易變得很緊繃。

要解決這個難題，唯一的辦法就是以對話清楚劃分婆媳兩個主婦的權限，彼此敵視將永遠無法擺脫對立。至於母子一體化的問題，則需要公公和丈夫的幫助，兩者必須有所行動，避免婆婆與兒子過度接近。

! 相關知識

◉家庭意識

我們下意識地認為「家庭應該是什麼模樣」的認知，也就是重視祖先、家風、家長、以及長男繼承家業的觀念，通常會將親子、夫婦、孫子都在同一個屋簷下生活的**直系家庭制度**視為家庭的理想形態。

相對的，在**核心家庭制度**日漸普及的現代，公婆、子媳兩代夫妻各自成家生活的**夫妻家庭制度**逐漸成為主流，新舊兩種家庭形態也不免產生摩擦。

傳統上，家庭意識容易成為**婆媳問題**的溫床。媳婦從自小長大的家庭進入另一個家庭生活，尤其容易產生心理負擔。但在直系家庭制度下，「奶奶的智慧」得以傳承，因此也可有效避免核心家庭常見的教最重要的是**夫妻關係必須力求成熟**。只要婆婆和公公關係和睦，就不至於過度干涉兒子的生活，有助於讓婆媳保持適當的距離。這能讓婆媳各自確立自己的勢力範圍，對建立婆媳之間的信任應能有所助益。

養焦慮症候群等優點。

因此，對家庭意識或許無須全盤否定，而是在維持自己的獨立性的同時，也兼顧與上個世代維持良性交流，或許最為理想。

母子一體化導致婆媳問題惡化

父親在家中存在感稀薄導致母子一體化，日後兒子成婚後便較可能發生婆媳問題。

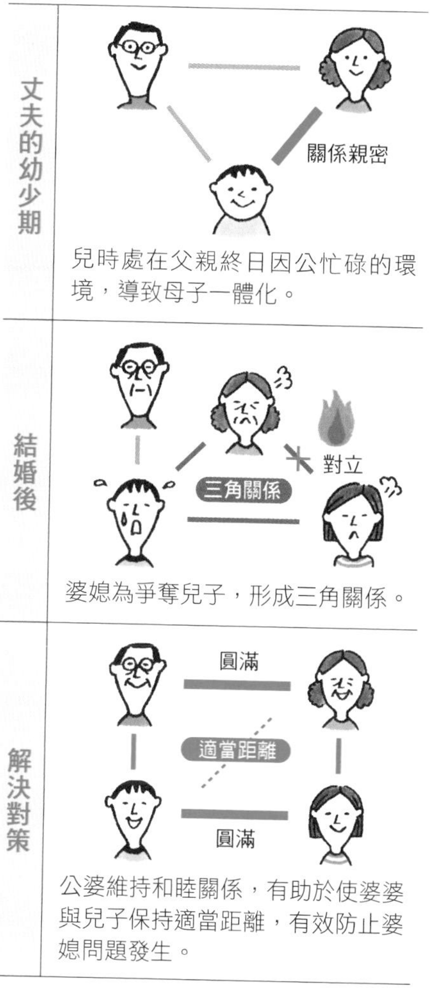
丈夫的幼少期
關係親密
兒時處在父親終日因公忙碌的環境，導致母子一體化。
結婚後
對立
三角關係
婆媳為爭奪兒子，形成三角關係。
解決對策
圓滿
適當距離
圓滿
公婆維持和睦關係，有助於使婆婆與兒子保持適當距離，有效防止婆媳問題發生。

老年期 1

坦然接受自己終將死去的現實

人終將一死。即使現在醫學進步、壽命大幅延長，還是沒能出現不必面對死的亡科技。此外，每個人的一生中也會面臨許多人的死亡：父母、兄弟、配偶，有時甚至是黑髮人送白髮人，要面對子女的死亡。由此可見，我們必須在面對死亡陰影的情況下生活。

進入**老年期**，要平心靜氣地生活，坦然接受自己終將死去的現實是相當重要的。瑞士精神科醫師**庫伯勒—羅絲**（▼下段）將人**接受死亡的過程**分成以下五個階段：

①**否認**：不相信自己將死。

②**憤怒**：對為什麼將死的是自己感到忿恨難平。

③**討價還價**：竭盡各種方式試圖延長自己壽命。

④**沮喪**：各種想法使自己倍感心碎。

⑤**接受**：終於下定決心接受死亡。

當然，要順利到達最後一個階段，不只需要努力，家人的支持也不可或缺。畢生懷抱野心支配旁人者，尤其難以接受終將死亡的現

心理學的偉人

◉伊麗莎白・庫伯勒—羅絲
（Elisabeth Kübler-Ross）

瑞士精神科醫師，後來與在蘇黎世大學結識的美國留學生曼尼・羅絲遷居美國。在美國時，她被醫院面對臨終病患的態度震驚，並發表了以死亡為主題的著作，並赴世界各地巡迴演講。而在《**論死亡與臨終**》（On Death and Dying）一書中，她提出了**庫伯勒—羅絲模型**的主張。

她投入個人財產建立照護臨終病患的設施，被視為**安寧照顧運動**的先驅。

Psychology: Q&A

Q 照顧癌末的父親，需要注意哪些事項？

實，反而是對自己的工作或育兒表現感到心滿意足的人，較容易平靜地接受死亡的到臨。

近年**臨終醫護**開始備受矚目。對高齡化國家而言，如何面對死亡絕對是一個無可迴避的問題。

A 最必要的，是充分信任負責醫護您父親的**主治醫師**。

高齡病患中不少已呈現植物人狀態，只能靠點滴維持生命。有些人則在健康的時候便選擇簽下放棄急救同意書。這是聲明自己如果陷入意識不明的情況時將拒絕任何急救措施的文件，也稱為**生前遺囑**。

接受死亡的五個階段

羅絲將人接受死亡的過程，分成以下五個階段。

①否認　聽聞衝擊的宣告，因無法接受打擊而採取否認態度。

只剩三個月可活？這是騙人的吧！

②憤怒　因忿恨難平而詛咒一切。

上帝為什麼這麼不公平？

③討價還價　竭盡各種方式試圖延長自己壽命。

這種療法可能有效。

④沮喪　知道一切無望後，因過度悲傷而陷入憂鬱狀態。

不要……

⑤接受　終於能平心靜氣接受自己終將死去的現實。

好好珍惜所剩無多的日子吧。

有趣又有用的
深層心理
4

要化敵為友，該選擇在什麼地方商談？

屬於 A 族群的你，想將 B 族群的有力人士拉攏到自己這一邊，選擇在什麼地方商談最能收效？

❶

到雙方都沒去過的地方談。

❷

到你常光顧的店裡談。

❸

到對方選擇的地點談。

解答

答案是❷。考慮到主場優勢，如果能邀請對方到自己熟悉的場所（主場）商談，有助於讓自己放輕鬆，談起事來可能較為有利，還可以避免陷入對方主導形勢的局面。在與對方難以融洽相處的情況下，更應該如此選擇。

反之，❸可能讓對方掌握主導權。

可以讓雙方在條件對等的情況下對話的❶，則是僅次於❷的次佳選擇。

PART 5

組織裡的人類行為

無法說出反對意見的團體迷思

以前曾經流行過一句話：「大家一起闖紅燈就不用怕」，呈現的就是眾人形成團體後可能陷入的**團體迷思**。

以研究團體迷思（也作團體盲思、集體錯覺）聞名的美國心理學家**詹尼斯**（▼下段）主張，產生團體迷思的最大因素就是**無懈可擊錯覺**，也就是認為自己所屬的團體最強大，每個成員也為了團體盡心盡力，所以一定能克服所有難關的錯覺。

無懈可擊錯覺一旦支配了整個團體，大家就無法提出任何有破壞團結疑慮的反對意見。總是將團結一致視為最高原則，一旦出現新的問題就顯得難以應對，即使出現好的提案，也可能會因為不是多數意見而遭到否定，導致團體無法有效解決困難。

最糟的是，群聚的團體可能會出現暴力或霸凌等行為。這類行動起因為平日的**不滿**。為了宣洩累積的不滿，團體中的群眾會一同做出可怕的行為。

尤其是素昧平生的人所組成的群體，責任感最為稀薄。看到每

心理學的偉人

◉歐文・詹尼斯
（Irving Lester Janis）

詹尼斯曾針對過度低估日本**偷襲珍珠港**的可能性的美國陸海軍首腦、**韓戰**時期的杜魯門政權、**越戰**時期的詹森政權、**水門事件**的尼克森政權等做出錯誤決策的團體做過心理調查。

Psychology: Q&A

Q 開會總是得不到滿意的結論。是因為每次都用多數決來解決嗎？

A 缺乏意見、或意見不一致時依賴多數決，的確可能無法獲得最佳決策。

一個團體的**凝聚力**（集團對其中每個成員的吸引力）越高，可能

個人都這麼做，會認為這不是什麼壞事。這種心態稱為**普遍感**，每個人多少都會模仿多數人價值觀。一起闖紅燈就是個很好的例子。

了解團體迷思可能會產生許多問題，應該就能理解營造適合自由表達意見的氣氛的重要性。

以全員一致優先，很難提出任何反對意見。此外，多數決也有引發群體的意見朝危險方向發展的**風險轉移**，或是群體態勢使任何事都難以決定的**謹慎轉移**的風險。為了預防這兩種情況，會議主持者要有接受反對意見的雅量。

群體的可怕

從日本昔日的軍國主義可以看出，群體的一意孤行可能使少數派的意見被忽視，最後造成悲慘的結果。

無懈可擊錯覺

就這麼辦！
這樣真的好嗎？還是配合大家好了。
好！
好！

集體主義容易使人出現無懈可擊錯覺。

團體迷思導致的最壞狀況

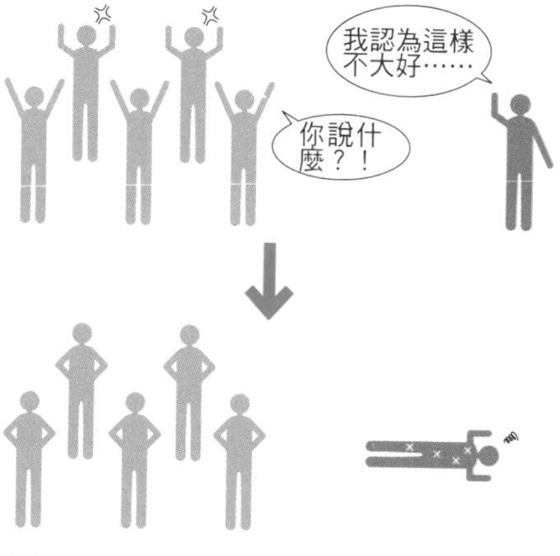
我認為這樣不大好……
你說什麼？！

在最極端的情況下，反對者不僅無法表示意見，甚至可能淪為代罪羔羊（▶P72）。

一個人的意見，有時也能改變多數

團體的意向有時的確具備很大的影響力，但少數人的意見也可能對團體造成影響。法國心理學家**塞奇．莫斯科維奇**（Serge Moscovici）曾以實驗證實所謂的**少數人影響**。

少數人影響可透過兩種方法產生。一種是**霍蘭德策略**（▼左圖），也就是曾經對團體有重大貢獻者，用實績獲得團體的理解與承認的方法，屬於由上至下的變革方式。例如眾人推舉的領導者不論遇到多困難的案子，都能賦予大家同心協力、一定會成功的積極態度，就屬於這種方法。

反之，**莫斯科維奇策略**（▼左圖）則是能促成由下而上的變革。這策略是指毫無實績者藉由強硬且反覆的主張打斷多數派的意見。例如雖然一再遭到否定，卻堅持「這一定能受消費者青睞」的態度持續提出相同的提案，最後讓多數派接受。這種時候，多數派會產生「說不定我們錯了」的質疑，使提案獲得再次被考量的機會。

多數派接受**少數派**的行動或意見時，最能使少數人影響發揮效

心理學的偉人

◉霍蘭德

社會心理學家**霍蘭德**（Edwin Paul Hollander）提出的**信賴累積理論**主張，具有領導潛力的人首先必須先服從團體的規範（**服從**），並提升成績（**能力**），累積足夠的信賴（**信用**），使得整個團體期待由他來領導革新。

Psychology: Q&A

Q 有位前同事老是以公司為傲，讓我覺得他很膚淺。

A 這種行為稱為**團體認同**，就是為屬於某個團體感到自豪，連帶認為身為公司一員的自己也很了不起。就心理學的角度來看，這類人處於依附該團體（公司）的狀態。

果，即使是少數派，最後也會獲得強力支持。不過研究發現，當意見與現實的落差過大時，少數人影響無法產生太大的作用。

如果公司發生了什麼醜聞，因為這種人堅信公司＝自己，可能會基於為自己辯護的心態而掩飾公司的過錯。此外，也有難以融入、或容易遭公司以外的團體歧視的特徵。

如何發揮少數人影響力

要以少數人的意見改變團體的意向，可以採用以下兩種方法。

① 霍蘭德策略

藉過去的實績獲取團體的理解及信賴，藉此說服旁人。

跟我來！

② 莫斯科維奇策略

即使沒有多大影響力，也可藉由一再提出自己的主張來改變周遭的意向。

我認為這絕對可行！
既然你這麼有自信……
好像很有趣！

團體中的權力關係模式固定

事前疏通是商務活動的基礎。要讓組織裡的其他成員認同自己的意見，事前尋求大家的支持，可能讓事情進行得比較順利。而事前疏通的基礎，就是充分掌握團體內的權力關係。

奧地利精神分析醫師**傑克伯・莫雷諾**（Jacob Levy Moreno）曾以**社會測量分析法**進行心理學分析，並證實了這種權力關係的模式。

社會測量分析法是要求一個團體內的所有成員選出自己喜歡的或想選擇的人，以及自己不認同的人。接下來再以此為基礎分析團體的結構，並找出改善哪些地方可以讓組織更完善。最後再以**社會關係圖**整理出測量結果。

從左頁的社會關係圖，一眼就可以看出誰和誰很要好、誰和誰處不來、誰最受歡迎、以及誰最受孤立。了解這些後就能掌握這團體內的權力關係，也就會知道該如何掌控這個團體。

相關知識

◉溝通網路

心理學家**哈洛德・李維特**（Harold Leavitt）主張，團體有以下幾種溝通模式。

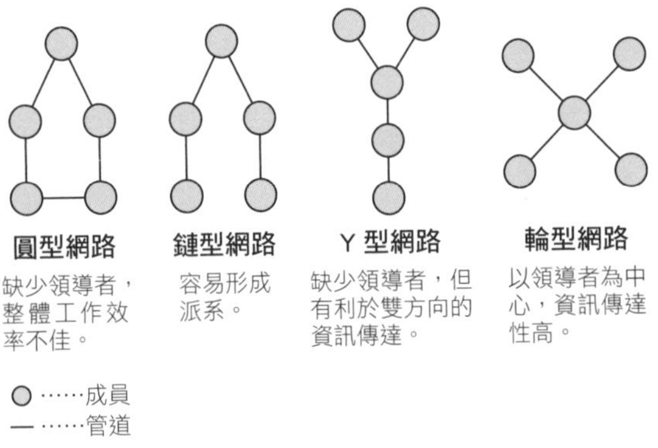
圓型網路
缺少領導者，整體工作效率不佳。
鏈型網路
容易形成派系。
Y 型網路
缺少領導者，但有利於雙方向的資訊傳達。
輪型網路
以領導者為中心，資訊傳達性高。
……成員
……管道

以社會關係圖掌握人際關係

社會關係圖能將團體內的人際關係圖像化，以掌握成員之間的關係。如此便能一眼看出團體內有哪些團體（關係特別好的團體）、哪些不屬於任何團體的被孤立者或被排擠者以及誰是最受歡迎的成員（明星）等等。

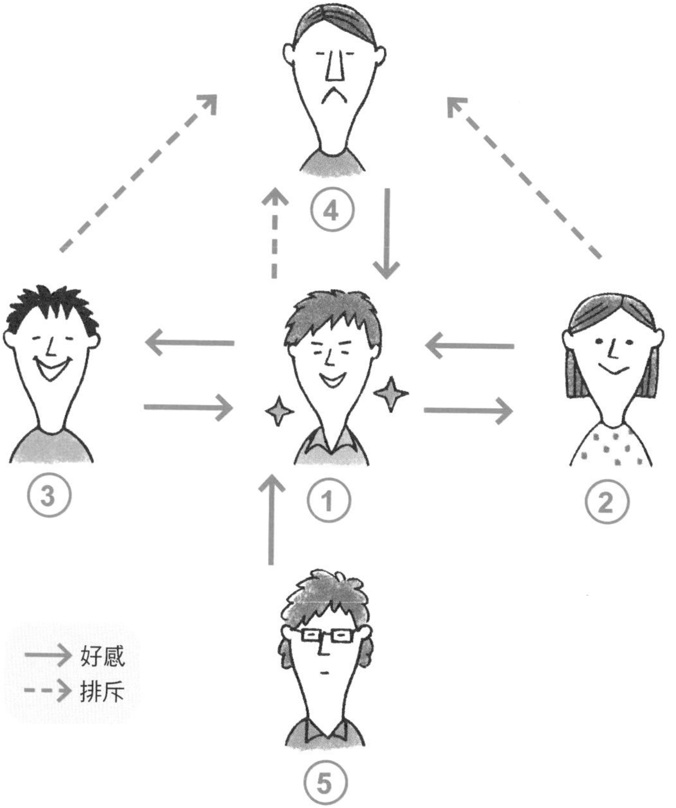

- ①是每個人都喜歡的明星。
- ④是遭①、②、③排擠的人。
- ⑤是和任何成員都不親近的被孤立者，但反之也可能是個獨立者　。

4 引發暴動的群體心理：集體恐慌

人有時會因不安或恐懼而陷入混亂，因此產生**恐慌**，也就是**群體逃避**的現象。尤其是**遇到異常狀態，又無法立即獲得正確情報時**，危險性就會更大。在一九三八年，美國曾發生過因一部廣播劇《世界大戰》（War of the Worlds）而爆發的恐慌。當天播送的內容是火星人來襲，劇中穿插了新聞特報，逼真的臨場感使一千兩百萬名聽眾信以為真，而陷入了恐慌狀態。

這種恐慌多在群眾陷入走投無路的局面，而且感覺自己的生命或財產等恐將遭到剝奪的情況下產生。不過如今電視、廣播、網路發達，發生重大災害時都能正確且迅速地傳達訊息，因此造成恐慌的可能性已經大幅降低。

此外，只要有個引爆點，恐慌擴大也可能迅速發展成**暴動**。**暴動的起因是不滿的累積**。原本只在個人層次的不平、不滿感染到旁人，一路蔓延擴大。同時群眾的抑制力降低，攻擊性卻反而增強，最後終於演變成反社會行動。點燃引爆點的人稱為**煽動者**。一般

相關知識

◉集體歇斯底里

或稱**集體發瘋**。指一個團體的某些成員出現歇斯底里症狀，並感染到整個團體的群體心理現象。

例如在一班學生或宗教團體的信徒中，有時只要一個人陷入興奮狀態，其他成員也可能開始出現失神症狀。

容易被催眠的狀態稱為**暗示性**。在暗示性極高的狀態下，就會發生**集體歇斯底里**。

◉暴民

群眾因恐慌而變得激動的現象。**暴民**可被分成為大拍賣瘋狂的**逃避型暴民**、愛湊熱鬧的**表現型暴民**、以及會做出破壞行動或集體霸凌的**攻擊型暴民**幾種。

認為成為煽動者的人，以性格具攻擊性、對社會強烈不滿的人居多。

常見的恐慌現象

恐慌指群眾在遭遇非常時期或社會動盪時所做出的脫序行為。恐慌的群眾若是缺乏領導者，形勢會更加混亂。

金融恐慌

大國發生通貨膨脹，可能引起蔓延全球的金融恐慌，使得經濟陷入停滯。許多人會趕往銀行提領存款，爆發擠兌。

食品恐慌

國內外的仿冒食品或汙染食品的新聞大幅報導，引起消費者對食物的恐慌，也可能導致食品價格暴漲。

少年犯罪恐慌

近年輿論屢屢報導少年犯罪頻發，促成政府修訂出更為嚴峻的少年法。但根據統計，少年犯罪的個案其實呈減少趨勢。

禁菸恐慌

現代人大多認為吸菸對健康有害，導致吸菸者面臨日益強烈的歧視，菸草產業也面臨日益嚴峻的法規限制。

以PM理論檢驗理想的領導者形象

大多數被稱為組織的團體都有指揮其他成員的**領導者**，領導能力的優劣與組織的利益息息相關。在日本戰國時代，優秀的領導者都被譽為名將。

那麼，現代的名將需要具備哪些特質？日本心理學家**三隅二不二**從團體機能的觀點出發，以**PM理論**將領導者的行為特質歸納成幾種類型。

團體機能由為了達成目標而指揮眾人、運籌帷幄的**P功能**（**創造工作績效能力**），以及營造和諧氣氛以助團體行動順利進行的**M功能**（**帶領部屬能力**）所構成。

為了達成目標，領導者不僅要發揮指揮下屬的P功能，也需要發揮理解第一線的立場下達指示、仲裁糾紛、不偏袒任何人公正裁決的M功能。而**領導力**也可以兩種功能的強弱分為四種類型（▼左圖）。

根據他的研究，下屬滿意度及生產性俱佳的團體，是擁有兼具

相關知識

◉管理方格理論

關於領導能力的類型論，由美國心理學家**布萊克**（Robert Blake）和**莫頓**（Jane Mouton）提出。

由左圖可以看出，縱軸表示**對人的關心度**，橫軸表示**對業績的關心度**，兩者均從1排到9，只要找到自己的位置，就能看出擔任領導者的資質。

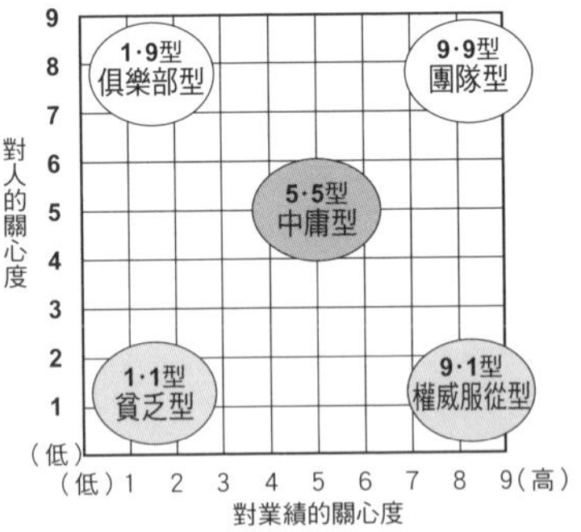

P功能與M功能的**PM型領導者的團體**。只要這種領導者能成功扮演M功能及P功能觸媒的角色，便能使團體的生產力達到高峰。

相信熟悉這個法則，對深為領導者的立場所苦，或立志晉身領導者的人都能有不小助益。

例如1.1就是個對人和業績都毫不關心的領導者。5.5是均衡的領導者，9.9則是團隊型的領導者。

一如PM**理論**，管理方格理論也是個廣為人所熟知的領導理論。

PM理論的四種領導者類型

PM 理論將領導者分為以下四種類型。以代表M功能（帶領部屬能力）的縱軸、及代表P功能（創造工作績效能力）的橫軸將四種類型作圖像化排列。

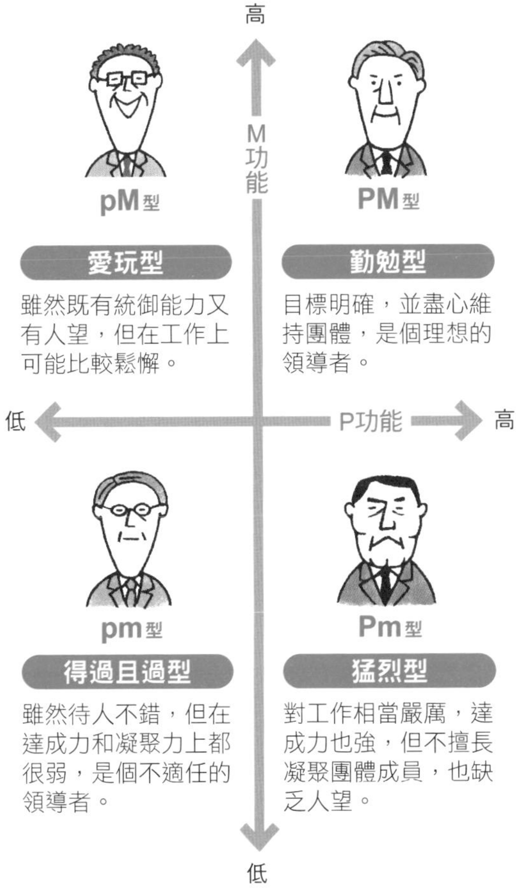
高
M功能
pM型
愛玩型
雖然既有統御能力又有人望，但在工作上可能比較鬆懈。
PM型
勤勉型
目標明確，並盡心維持團體，是個理想的領導者。
低
P功能
高
pm型
得過且過型
雖然待人不錯，但在達成力和凝聚力上都很弱，是個不適任的領導者。
Pm型
猛烈型
對工作相當嚴厲，達成力也強，但不擅長凝聚團體成員，也缺乏人望。
低

P功能 重視達成目標
M功能 重視團體和諧

以「宣告」鼓勵缺乏衝勁的下屬

任何地方都有缺乏**衝勁**（▼P136）的人。如果只是在個人責任的領域大可放任不管，但在職場或學校等需要團結的地方，這種人就可能造成阻礙。

要激發這種成員奮起，最有效的方法就是讓他們在公開場合為自己的衝勁（目標）大力宣告。人在採取任何行動前都需要先訂立目標，總是單獨行動便可能變得怠惰。但在許多人面前大聲**宣告**，便可能提高一個人為目標努力的機率。因為如此能使人產生責任感，增加為目標努力的行動力。這種心理作用稱為**公開承諾**。

這是一種職場常用的方法。除了**上司要求下屬設定目標並宣告**之外，有時也可能要求各部門發表營業目標，並公開訂出期限並承諾執行。

不過，在職場**要求員工宣告提升業績**，或許沒人敢不從，但在同好聚會或家長會等團體裡就無法強制成員遵守，實行起來也嫌小題大作，而且很可能有某些成員會拒絕宣告。

相關知識

◉迴力鏢效應

越勸人，對方越會心生反彈的心理現象。尤其是和自己關係越深（承擔對方的**義務越強**），**迴力鏢效應**的反效果就會越強。

例如學生正準備用功時，突然聽到父母一句「快去念書」，反而會失去讀書的興致，這就屬於迴力鏢效應的一種。心理學家**傑克．布瑞姆**（Jack Brehm）主張，這種對勸說的抵抗，是源自保護自己的態度及行為自由的**心理抗拒**（▼P140）。

反之，像是「這件事只讓你一個人知道」這種以特殊待遇滿足對方自尊心的溝通方式，則可令下屬心懷感激。這稱為**好意的回報性**。

面對有實力但缺乏衝勁的下屬，

在這種情況下，就不該只由一個人來宣告。讓團體內的每個成員針對自己扮演的角色所應實踐的目標來宣告，或許比較妥當。

有時可以**對比效應**加以指導。具體做法是先開出心理負擔較高的條件，接著再開出較低的條件，利用對方在兩者的對比下選擇後者的心理效果。

一旦宣告，就非成功不可

利用公開承諾，可以激勵缺乏衝勁的人積極行動。

宣言

政治家所發表的宣言，就是制度化的公開承諾。

這目標一定要實現！

啟動會議

宣告企劃開始的會議。在年初舉行，可使全公司對目標有更鮮明的認識。

今年要好好加油！
好──

家長會活動

家長會的成員都肩負不同職務。只要每位成員都宣告自己的目標，就能解決成員怠責的問題。

我會盡會長的責任！
我會謹守清掃委員的本分！

3 平等分配與公平分配，哪個比較公正？

說來現實，一份工作即使能提供再多的名譽、地位、或社會貢獻，只要是酬勞太低或分配不公正，就會大幅削減工作的意願。

酬勞的分配方式有兩種。第一種是**平等分配**，也就是不考慮每個人的業績或營業額，一律採平等分配。另一種是**公平分配**，也就是依每個人的業績或營業額的比例分配酬勞，講求的是**實力主義**。

屬於**個人主義文化圈**的美國、英國、澳洲等國家多半認為公平分配較為公正。至於日本或韓國等集體主義文化圈的國家則有偏好平等分配的傾向，因為這些國家比較重視和諧與人際關係的均衡。不過，近年公平分配在日本也有逐漸成為主流的趨勢，因為越努力就能賺取越多酬勞，比平等分配能賦予工作者更大的滿足感，也更有助於提升產能。

根據英國經濟學家**史塔西・亞當斯**（J. stacy Adams）的**公平理論**，人如果認為以自己的勞動量而言得到的酬勞過低，往後便會用符合酬勞的勞動量，也就是偷懶來應付工作。此外，如果認為他人勞動

相關知識

◉林格曼效應

德國心理學家**馬克西米利安・林格曼**（Maximilien Ringelmann）以**拔河實驗**證明的現象。他比較一個人拔河、兩個人拔河，甚至更多人參加拔河時，人數越多對每個人發揮的力量會產生什麼影響，結果發現參加拔河的人數越多，個人所施的力就越小。

也就是說，團體行動時，個人所付出的努力比單獨行動少。原因是個人在團體中渾水摸魚較難被察覺，而且也比較難獲得與付出相應的酬勞。**林格曼效應**也稱為**社會懈怠**或**搭便車效應**，正是出於這個道理。

那麼，在組織內要如何消除林格曼效應？首先應該把「少了我一個

「公平」比「平等」更能激發衝勁

薪資與獎金宜採因應業績決定金額的獎勵制度。做多少工就領多少酬，才是真正的公平分配。

	A先生	B先生	C先生
業績	◎	○	△

平等分配

A先生工作賣力，卻和其他同事領取同樣的酬勞而心生不滿。C先生業績不佳，卻也領同樣的酬勞而暗自竊喜。只有對B先生這種表現平平的員工來說，領取的酬勞既不太多也不太少，才堪稱公平、平等。

公平分配

A先生能力強業績高，因此賺得最多的酬勞。C先生業績不佳，因此賺得較少。B先生業績平平，賺得不多也不少。這種分配方式，每個人都能接受。

量明顯比自己低，領取的酬勞更多，勞動意願便會迅速降低，甚至完全失去幹勁。大眾對退休後的公務員仍能呼風喚雨、收取不當酬勞之所以感到憤怒，或許就是因為公平理論。

又如何」的心態轉變成「少了我一個還得了」，最重要的就是對個人扮演的角色要有充分的自信。

組織心理學

1

有助於找出更佳管理法的X理論與Y理論

人類的本性有**性善論**及**性惡論**（▼下段）兩種說法。至於管理學的領域中，則有美國管理學家**道格拉斯．麥格雷戈**（Douglas McGregor）提出的兩個對立理論——**X理論**與**Y理論**。X理論指人天生討厭工作，若無上司的命令及統御便不會工作。反之，Y理論則指只要條件齊備，人就會自發地工作。意即，**X理論認為人對工作是消極的**，**Y理論則認為人對工作是積極的**。

人原本就不是僅受食欲及性欲等本能需求驅策而活，同時也具有追求肯定、實現理想的需求。即使不是為人所命令，也能本著這種欲望完成工作、承擔責任。可見要激發員工的潛力，僅靠強制方式是不行的。確實地激發這種需求以提升員工的**企圖心**，是比任何方式都有效的衝勁引爆劑。

傳統企業循X理論管理員工，卻引發了形形色色的問題。因此近年的管理者都以Y理論為基礎，以重視員工自主性的管理法來整頓組織，提供員工一個可將企業的發展與自己的幸福及目標劃上等號的

相關知識

◉性善論與性惡論

孟子的**性善論**，認為基本上人性本善。後來朱熹將這學說整理得更為完整。

至於**性惡論**，則是較孟子晚數十年的荀子為質疑性善論而提出的學說。他認為人需要藉後天的努力修為學習向善，端正禮儀。

Psychology: Q&A

Q 總覺得指導下屬工作，還不如自己做得來快些。

A 美國心理學家**李皮特**（Ron Lippitt）與**懷特**（Robert White）將**領導風格**分為**民主型**、**專制型**、**放任型**三種類型。民主型領導者帶領下的團體成員抱怨較少，對工作的企圖心也較高。專制型領

工作環境。

Y理論奠基於美國心理學家**馬斯洛**的**需求層次理論**（▼P296）。此外，美國心理學家**威廉·大內**（William Ouchi Ⅱ）也提出了以彼此尊重、平等主義、互助主義為基礎的**Z理論**。

導者帶領的團體雖然工作效率較高，但也有成員創造力較低的傾向。至於放任型領導者帶領的團體則是成員缺乏凝聚力，企圖心也偏低。

看來您應該是屬於放任型的主管。不妨嘗試與下屬多多溝通。

X、Y、Z理論

麥格雷戈、馬斯洛、大內針對工作態度分別提出了X、Y、Z三套理論。

X理論（性惡論）

認為人天生怠惰，不強加管理便懶得工作。因此上司必須以強制手段統御下屬。

胡蘿蔔加大棒的管理方法

快去做！
……是。

Y理論（性善論）

認為人天生便熱愛工作。大都有藉由工作獲得肯定的需求，應該會自動自發地工作。

尊重員工自主性的管理方法

Z理論

介於X理論與Y理論之間，參考對象為比較忽略個人個性、重視集體主義及穩定性的日式管理方法。

重視責任及共識的管理方法

交給你了。
好，我會加油！

組織心理學 2

「我辦得到！」藉由自我效能邁向成功

要人一下背好三百個英文單字，想必任何人都會覺得比登天還難。但如果每天背三個背個一百天，想必就不至於覺得太困難了。

加拿大心理學家**亞伯特・班杜拉**（Albert Bandura）將這種認為自己也辦得到的預感（確信）稱為**自我效能**。意即，人可以藉由「這種程度我應該沒問題」的自信，喚起下一個行動。自我效能高的人會抱著「好，試試看吧」的積極態度生活。反之，自我效能低的人只會抱著「反正我做不來」的負面思考，什麼都不付諸行動。

那麼，要如何提升自我效能？班杜拉舉出了四大泉源。其中最重要的是**過去的成功經驗**，也就是自己採取行動後達成目標的經驗。第二是**替代經驗**，也就是觀察他人的達成經驗後，認為自己也辦得到的信心。第三是**口頭說服**，旁人對自己的信心與勉勵也是不可或缺的。最後一個則是**情緒反應**。克服難關後，自我效能便能獲得強化。

不過，自我效能的強化，與**自尊**（▼P136、288）的強化息息相關。提升自尊心能使人產生自信，願意採取下一個可獲得成功的行

相關知識

◉思考中斷法

無法忘卻失敗經驗的人，由於憂慮或恐懼過於強烈，而難以積極行動，失敗的機率也因此增加，而且也有把機會視為風險的傾向。

失敗的價值，在於提供反省及改進的機會。過度在意失敗者，可以參考美國心理學家**史托茲**（▼P16）提出的**思考中斷法**，在心情開始低落時大喊「Stop」，藉此驅散負面情緒。

◉演算法與啟發法

兩者都是解決問題的方法，但在路線上有所不同。**演算法**採先發現解決問題的方法，再花時間解決。

至於**啟發法**則是雖然無法保證成功，但根據經驗法則以直覺解決問

動。

到頭來，以逐步累積**成功經驗**養成積極進取的個性，並因此學會如何掌握更大機會的人，往往能比其他人早一步成功。

題。或許巧妙兼用兩種方法，最有助於順利完成工作。

自我效能的四大泉源

有助於積極行動的自我效能（認為自己也辦得到的預感），可藉由以下四種方式激發。

1 過去成功的經驗

以親身行動達成目標，獲得成就感。

契約成立

2 替代經驗

觀察他人的成功經驗，認為自己也辦得到的信心。

恭喜你。
我也可以……

3 口頭說服

旁人一再鼓勵「你一定能成功」對自己產生的說服效果。但如果只靠這點，自我效能可能會消退。

有把握了！
別擔心！

4 情緒與生理的影響

克服自己不擅長的障礙。例如認為自己無法面對大場面，還是毫不怯場地冷靜下來演講。

順利結束
拍手
鼓掌

溝通心理學 1

說服他人的技巧

說服他人的方法及技巧，稱為**說服性溝通**。說服性溝通有**一面提示**及**兩面提示**兩種方法。一面提示是只把想讓人接受的事物的優點告知對象的方法。兩面提示則是將優點及缺點都告知對象。

例如要推銷一套新上市的遊戲軟體時，一面提示只會強調這軟體的優點。相對的，兩面提示則會坦承雖然這是一套好產品，但目前售價高昂，如果能再等一段時日，本公司會以較低廉的價格推出其他版本。

由於一面提示只陳述優點，日後或許會遭顧客抱怨，對象的意見也可能以想像不到的形式改變，產生**迴力鏢效應**（▼P180）。當然，針對不計較價格的重度遊戲玩家，一面提示或許就足夠。但如果針對不同類型的潛在顧客，或許將優缺點開誠布公兩面提示，表示賣方的誠意，對日後的往來比較有幫助。

結論該在開頭還是結尾提出也是個重點。如果是**對自己抱持肯定態度容易說服的對象**，最後提出結論比較妥當。反之，如果是**對自**

! 相關知識

◉上坡式論點

心理學中的**說服**方式之一，指先做出無傷大雅的陳述，接下來再倒吃甘蔗地切入重點的話術。反之，開門見山提出重點，接下來再做無傷大雅的陳述的話術則稱為**下坡式論點**。聽眾比較關注講者時適合採用**上坡式論點**，反之則適合採用下坡式論點。

◉得寸進尺策略

希望得到對方的承諾時，可先提出容易獲得承諾的小要求，接下來再提出比較大的要求，以提高被接受的機率。因為對方已經接受了小要求，心理上就比較難拒絕第二個較大的要求。

反之，一開始就提出並非真正

己持否定態度、難以說服的對象，先提出結論再解釋理由反而比較能使人接受。總而言之，切記務必站在對象的立場設想。

目的的較大要求，遭拒後再提出較小的真正要求，則稱為**以退為進策略**。因為對象已經拒絕了較大的要求，心理上就比較容易讓步而接受較小的要求。

兩種說服話術

學會人如何被說服的心理，在許多場合都能派上用場。

說服性溝通

一面提示

只說好的一面，讓對象不由自主地接受。

兩面提示

同時陳述優缺點，使對象對自己產生信任感。

迴力鏢效應

即使有把握說服對象，對象也可能突然改變態度。

2 以賽局理論分析勝負機率

賽局理論是匈牙利數學家**馮．諾伊曼**（John von Neumann）以賽局為模型，分析出的人類在現實中從事經濟活動時採取的行為模式。

後來美國數學家**約翰．納許**（John Nash）又加入了**非合作賽局**的概念，進一步建立了稱為**納許均衡**的經濟理論。

最具代表性的賽局理論包括**零和**及**非零和**。**零和賽局**是指賽局中如果有一方成為贏家，另一方就恆為輸家，且**兩者得失分的總和恆為零**。將自輸家集得的資金分予贏家的賽馬等博弈就屬於此類。雙方恆為對立關係，絕非協力關係。

反之，**非零和賽局**（也稱為**正和賽局**）則指一方的利益，並不一定代表另一方的損失，甚至也有雙方都成為輸家的可能。**囚徒困境**便可以用來說明這種情境。為了讓兩名囚犯認罪，負責偵訊的警官提出「認罪便可縮短刑期」等條件，迫使兩人陷入在「與共犯同調保持沉默，還是出賣共犯認罪」之間擇一的兩難困境。

政治、經濟的分析也常遭遇這類困境。例如價格競爭導致參與

相關知識

◉膽小鬼比賽

兩台車一起衝向懸崖的試膽比賽，先掉頭的就是輸家，但墜落懸崖則必死無疑。因為誰也不願被對方諷為膽小鬼，雙方心理同樣處於無法停止衝刺的狀態。

如果將這種情境套用在賽局理論中，雙方都掉頭便是平手，只有一方掉頭便淪為輸家，另一方則成為贏家。如果沒有一方願意掉頭，雙方就會同歸於盡。

如今美國背負龐大債務，貸款給美國的各國都在猶豫該於何時抽走留在美國的資金。抽得太遲怕會被倒債，抽得太早又擔心錯失經濟成長的良機。此外，如果有一國先掉頭，也可能引起其他各國接連掉頭的連鎖反應。或許可以說，世界經

有些賽局既沒有贏家，也沒有輸家

有一方贏必有一方輸的是零和賽局，得分總和恆為零。至於不一定非得有一方輸一方贏的，則是非零和賽局。

零和賽局

A＼B			
	0	1	-1
	-1	0	1
	1	-1	0

非零和賽局（囚徒困境）

A＼B	認罪（出賣同夥）	守密（串通好）
認罪（出賣同夥）	4年 / 4年	5年 / 無罪
守密（串通好）	無罪 / 5年	3年 / 3年

該串通好保持沉默，還是出賣同夥？以為是最好的選擇，有時也可能帶來最糟的結果。

競爭的企業一起倒閉，或是各國間為製造或限制核武的盤算等。賽局理論已經突破了原本的框架，廣泛應用於各種領域。

濟正處於膽小鬼比賽的局面。

溝通心理學

3

席位安排別有意義的會議心理學

不管從事任何職業都少不了**會議**。業務會議、部課長會議、策略會議、小組會議……地位越高，必須出席的會議也就越多。會議上的每個席位，其實代表不同的角色。

坐在可將整個會議桌盡覽眼底的席位的是**領導者**（▼左圖長方形會議桌的A與E）。這席位可供領導者掌控整場會議，俐落地做出決策。領導者也可能坐在C或G，但這兩個位置比較適合以和為貴的主管坐。因此領導者坐A或E，最信賴的下屬或副手坐C或G，比較能讓會議順暢進行。至於坐在剩餘的B、D、F、H幾個席位的，大抵是對會議本身並不積極的人。

美國心理學家**斯坦佐**（Bernard Steinzor）在研究小集團的生態後，發現了以下三種效應。第一，從前有過爭執者，在會議上也想坐在爭執對象的對面。第二，一則發言後的下一則發言，大多會是反對意見。第三，領導者比較弱勢時，參與者會與坐在對面的同事私語，領導者較強勢時則是與隔壁同事私語。這三點統稱為**斯坦佐效應**，據

相關知識

◉午餐技巧

據信人腦能將舒適的經驗記得很清楚。心理學家**格雷戈里．拉茲蘭**（Gregory Razran）因此主張邊用餐邊溝通，能讓人將美味歡愉的感覺與溝通內容結合。利用這種舒適感進行溝通的方式，就稱為**午餐技巧**。

例如邊吃午飯邊開會，能使與會者將「美味」及「會議」兩種記憶做連結，留下「舒適的會議」的記憶。這種「**聯想**」的作用，能使人留下良好的印象。政治界從很早就開始使用這種方法。

當然並不是午宴才有這種效果，但如果是比較昂貴的晚宴，營造的便將是另一種印象。就這方面而言，午宴提供的是一個對輕鬆溝通

說也被應用在日本國會的會議上。

會議桌的形狀也代表不同的意義。圓桌比較適合全體提出意見討論，因為不像方桌有四個角，不會因所坐的位置產生權力的高下關係，每個與會者都能暢所欲言。

較為有利的環境。

這種技巧的適用範圍不限於職場。例如想與剛認識的對象拉近距離時，這種技巧也相當有效。

會議如何進行取決於席位安排

開會時，可以從一個人選擇坐哪個位置看出他的資質。而要使會議順暢進行，如何安排座位是相當重要的。

方桌

A和E既容易吸引眾人目光，也容易盡覽全場，因此比較適合領導者。領導者的副手則適合坐在C和G。

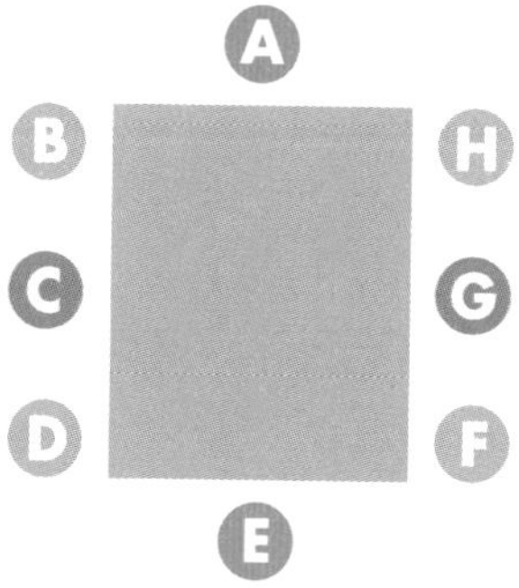

圓桌

圓桌不會使大家焦點聚集在特定的某一點，因此比較能讓每個與會者暢所欲言。

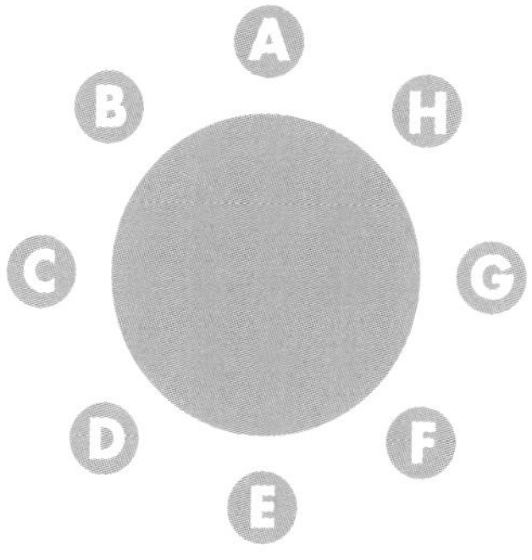

有趣又有用的
深層心理
5

兩面討好往往落得裡外不是人？

有一頭又餓又渴的驢子，距離牠 3 公尺的兩端各有一個裝滿水的桶子和裝滿飼料的桶子，兩個桶子相距 3 公尺。請問驢子會選擇哪一桶？

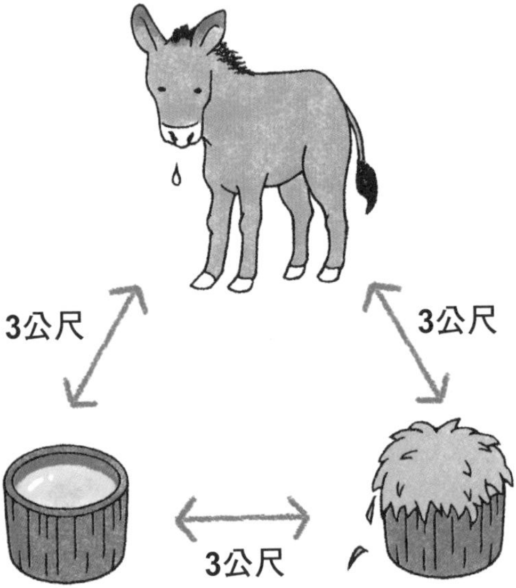

解答

驢子會為不知該選擇水還是飼料而不知所措，最後飢渴而死。

這是一則叫做「布里丹之驢」的悖論。驢子兩者都想要，但無法判斷該先選哪一個，最後沒做出任何選擇就死了。

這悖論可說是人類「迷惘」的原型。有時一個人試著對A和B兩位異性對象一樣好，到頭來卻落得一個也追不到，就這麼喪失了談戀愛的機會。人生充滿了二選一的抉擇，站在人生的十字路口時，切記不論做什麼選擇，事後都可能後悔。

PART 6

憂鬱沮喪的心理學

壓力

1 壓力累積導致心理疾病

每個人都會感覺到的**壓力**，指的是**身心承受負荷的狀態**。加拿大生理學家**漢斯・薛利**（Hans Selye）將造成壓力的要因稱為**壓力源**，因此而造成的生理、心理變化則稱為**壓力反應**。

壓力也是一種**對刺激的反應**。因此任何人只要活在世上一天，就一天無法逃避壓力的侵襲。壓力又分為**良性壓力**與**惡性壓力**兩種。前者指能使人奮起、賦予人勇氣的刺激或狀態。後者則指不佳的人際關係或憂慮、過勞等對人的身心造成負面影響的刺激或狀態。

長期承受惡性壓力或強大的壓力源，會使人心理疲勞，罹患心理疾病。職場累積的壓力會使上班族罹患失去工作熱忱的**憂鬱症**（▼P204），年輕女性過度心浮氣躁也可能產生厭食症或暴食症等**飲食疾患**（▼P214）。此外，一般認為突然發冷、冒汗、或呼吸困難的**恐慌症**（▼P212）的主因之一也是壓力。

壓力源大致上可分為四類。①**物理性壓力源**（寒冷、噪音、輻射等）、②**化學性壓力源**（缺氧、藥物、營養不良等）、③**生物性壓**

心理學的偉人

◉漢斯・薛利

被譽為天才型生理學家，他發表壓力學說時只有二十八歲。他本著「生物應有受到任何刺激時都會出現的共同反應」的假說進行研究，最後創立了壓力學說。

相關知識

◉一般適應症候群

由**薛利**提出，指人為了適應**壓力源**而出現的**生理反應**。生物接觸到寒冷、濕度、光、疼痛、疲勞、恐怖、憂慮等形形色色的壓力源時，會經歷以下三階段的生理反應。

①**警戒期**：接觸壓力時，生理上的反應從不適應到提升的階段。

②**抵抗期**：為了對抗壓力，生理反應進入穩定階段。

壓力如何產生

長期壓力可能使身心陷入疲勞狀態，導致各種疾病。

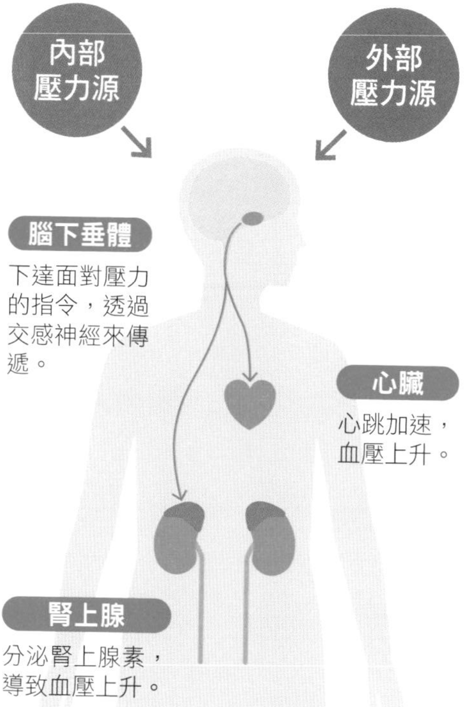
內部
壓力源
外部
壓力源
腦下垂體
下達面對壓力的指令，透過交感神經來傳遞。
心臟
心跳加速，血壓上升。
腎上腺
分泌腎上腺素，導致血壓上升。

壓力源	外部壓力源	毒素、噪音、臭味、顏色、寒冷等物理及生物性的刺激。
	內部壓力源	熬夜、飲食不規律、生產、人際關係等所造成的心理疲勞。

力源（病菌、發炎等）、④**精神性壓力源**（人際關係不佳、憤怒、憂慮、憎恨、緊張等），這類病患占最多數，病況通常也最複雜難解。

③**疲憊期：**防禦反應超過極限，抵抗壓力的生理反應再度弱化的階段。

掌握因應行為紓解壓力

為壓力所苦的人、與時時以微笑因應的人有哪裡不同？

美國心理學家**理查・拉扎勒斯**（Richard Lazarus）曾在早稻田大學進行以下的實驗。他將被實驗者分為四組，讓他們觀看記錄澳洲原住民割禮儀式的影片，並對受試者的心理狀態進行分析（▼左圖）。

實驗分成事前被告知「這對少年而言是個歡愉的儀式」以及「請以研究態度冷靜地觀察原始文化」，和觀看影片前沒接受任何提示的幾個對照組，他發現前者出現的壓力反應較小。

這證明，**適當的因應行為可以有效減輕壓力**。拉扎勒斯因此主張可以找出紓解具體壓力的**因應行為**。例如工作上的壓力，可藉努力和培養實力來克服，而且克服時還能獲得無可言喻的爽快感。壓力過大的確是個問題，但適度的壓力反而可以成為衝勁的原動力。

相關知識

◉壓力管理

杜絕或紓解壓力的各種方法。

例如**薛利**（▼P196）提出的**壓力反應說**，便主張以預防壓力來杜絕壓力反應。

心理學家**賀姆斯**（Thomas Holmes）則主張只要調整成為刺激源的環境就能杜絕壓力。

他主張對成為壓力源的環境進行認知、調節，找出因應壓力的方法，以長期或短期的方法降低壓力反應。

這衍生出了**因應行為**的概念。

壓力反應因接觸方式而異

拉扎勒斯將被實驗者分成四組，事前給予不同程度的提示後，再讓被實驗者觀看記錄澳洲原住民割禮的影片，並觀察四組人的壓力反應有何差異。

實驗結果

	A組	B組	C組	D組
事前提示	「割禮會使少年感覺疼痛。」	「這是一段觀察原始文化的影片。」	「割禮對少年而言是個歡愉的儀式。」	不做任何提示便直接放映影片。
壓力反應	高	低	低	高

↓

壓力反應的強弱，會因事前提示的方式而有所變化。

◎割禮

澳洲等地區的原住民基於宗教上的理由，切除成年男子生殖器的一部分的成年儀式。有些文化也有切除部分女性生殖器的儀式。

拉扎勒斯的八種因應行為 ～有助於個人對抗壓力的因應行為～

❶正面迎戰壓力，以積極行動改變環境。
❷與造成壓力的環境保持距離，將壓力控制在最小範圍內。
❸控制情緒及行為以因應造成壓力的環境。
❹藉蒐集資訊或求助於心理諮商等方式消除壓力。
❺認識自己在造成壓力的環境中有哪些責任，並對周遭事物進行調整。
❻試圖逃避造成壓力的環境。
❼努力思考應如何解除壓力。
❽改變造成壓力的環境，使自己成長。

壓力

3

容易感受壓力的人與不容易感受壓力的人

有些人容易感受**壓力**，有些則不然。

美國醫學家**梅爾・費德曼**（Meyer Friedman）與**雷・羅斯曼**（Ray Rosenham）發現心臟病患者有幾種共通的行為模式，並將患者的性格分為**A型**與**B型**。A型性格具有野心、攻擊性，容易罹患高血壓或心臟疾病。B型性格則為不具攻擊性、不易患病。此外，美國心理學家**莉迪亞・提摩蕭**（Lydia Temoshok）則將容易罹患癌症的人共通的性格稱為**C型**，特徵是願意自我犧牲、關心他人感受、習慣忍耐。

A型屬於自願選擇壓力多的生活、對壓力不大有自覺。B型則是比較與世無爭的性格。根據研究，A型人罹患心臟病的機率是B型人的兩倍。而C型人則是極容易因人際關係而感受到壓力。

由此可見，不同性格的人在同樣的壓力環境下，感受到壓力或因應壓力的行為都有所不同。

Psychology: Q&A

Q 外子常加班到深夜才回家。他雖說為了工作沒辦法，是否真的不會出問題？

A 您的先生可能是個典型的**工作狂**，而且可能也有點**身心俱疲症候群**（▼P218）的症狀。這種症狀的特徵，就是毫不休息地持續處理過量的工作。

人之所以會成為**工作狂**，是因為過度深信「以工作為重」的價值觀，導致從事工作以外的活動會使精神上感到不安。這現象在上述的**A型**人身上尤為常見。

這種人不顧自己和家庭的健康，情況嚴重者甚至有**過勞死**之虞。因此您應該儘速向公司反映現狀，以尋求改善。

你屬於A型、B型，還是C型

容易感受壓力的是 A 型，反之不易感受壓力的是 B 型，而容易罹患癌症、也容易因人際關係受挫而沮喪的性格則是 C 型。三種類型的特徵如下。

A 型

- □行事俐落，工作狂。
- □好勝心強，對達成目標有強烈欲望，野心勃勃。
- □講話快，走路快，吃飯快。
- □很在意他人的評價。

B 型

- □不會攬下超過自己負荷的工作。
- □重視家庭或自己的嗜好等私人空間。
- □個性平穩。
- □不太在意他人的評價。

C 型

- □容易累積負面情緒。
- □在人際關係上容易受傷害。
- □對旁人順從，沒有太多自我主張。
- □願意為他人犧牲。

我明明比誰都努力！
壓力反應 高
別那麼急嘛……
壓力反應 低
不行了～
壓力反應 高

環境變化所造成的壓力導致適應障礙

人在一生中的每一個階段都會經歷不同的變化。出社會後到公司就職，也同樣會經歷人事異動或部門調動。**適應障礙**就是指在這類環境變化中出現的**壓力**造成身心出現障礙、對社會生活造成影響的狀態。症狀是情緒上憂鬱不安，生理上出現飲食疾患、痙攣、頭痛等，行為上則有無故缺席或詭辯等極端的變化。

最具代表性的例子就是常見於新人或新生的**五月病**（註）。進入與先前截然不同的環境並在什麼也不懂的情況下讀書、工作，對身心都會造成很大的負擔。而開始就職的第一年正值摸索「我會做什麼」和「我該做什麼」的差異的時期，雖然**防衛機制**（▼P150）會幫助人適應新環境，但一旦壓力超過所能承受的極限，便可能導致防衛機制失效，而出現五月病的症狀。

雖然適應障礙屬於輕度精神疾病，還是不宜輕忽，否則恐怕會成為讓**憂鬱症**等精神疾病侵入的缺口。

相關知識

◉退休老公症候群

發現者為日本心理內科醫師**黑川順夫**，指丈夫退休後成天在家，使妻子感受到強烈壓力，導致身體不適的狀態。丈夫辭去工作在家中經營自己的事業，也可能使妻子罹患同樣的症狀。

這種症狀的共通點，是丈夫在家中不停看電視、三餐都要準備的麻煩、事事都要干涉等改變，使妻子感覺到從未有過的強烈束縛感。

罹患這種疾病的，大多是原本就對丈夫言聽計從的女性，由於無法向丈夫表達自己的心境而陷入憂鬱，連帶地使生理上開始出現胃潰瘍、高血壓、大腸激躁症、四肢無力等症狀。

由此可見，退休老公症候群也屬

於一種適應障礙。

容易產生適應障礙的時期

無法因應入學、就業、結婚等不同階段的環境變化所產生的壓力，便可能出現適應障礙。

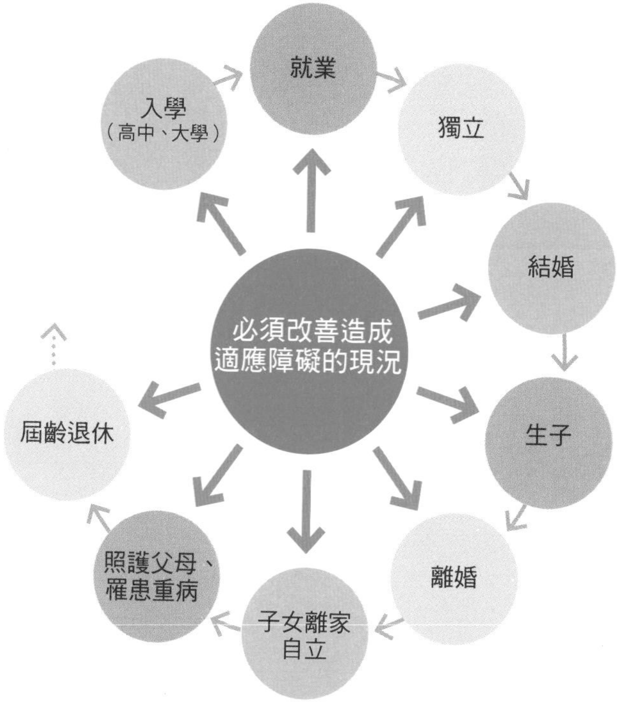
必須改善造成
適應障礙的現況
入學
（高中、大學）
就業
獨立
結婚
生子
離婚
子女離家
自立
照護父母、
罹患重病
屆齡退休

一旦壓力超過能承受的極限，
便可能導致防衛機制失效。

註：日本新學年或就業的開始多在四月，進入新的環境入學或就職可能使某些人難以適應，逐漸累積的壓力會使這些人產生倦怠感，並在五月份爆發。

2 任何人都可能罹患的憂鬱症

憂鬱症是一種持續性的憂鬱、沮喪、心神不寧等**情感障礙**使人主觀感覺到痛苦的疾病。精神上的症狀為情緒沮喪、對一切失去興趣、注意力渙散、喪失自信、出現自殺傾向等。生理上的症狀則為失眠、食欲衰退、體重減輕等等。

日本憂鬱症患者的人數約占總人口的1至5%，相當於每百人就有一至五人是患者。如果加上未就醫的人數，比例會更高。由此可見這是任何人都可能罹患的疾病。此外，**自殺也與憂鬱症息息相關**。有鑑於此，日本厚生勞動省特地針對各行政單位制定了因應對策。

造成憂鬱症的原因至今不明，但一般認為**壓力是主要的外在因素**。例如伴侶去世、離婚、辭職等人生重大變故，或升遷、搬家、生子等日常生活中的事件都可能造成壓力。最有力的說法，是病因**與神經傳導物質（血清素、正腎上腺素）的調節障礙**有關。

至於性格上有①一絲不苟、勤勉、太有良心、在意旁人感受，②悲觀且拘泥於細節，③有自戀傾向、精神不成熟的人，比較有可能

相關知識

◉雙極性情感障礙

情緒沮喪、活動力降低的憂鬱狀態、與情緒高亢、活動力大增的暴躁狀態交互出現的精神障礙，俗稱**躁鬱症**，屬於**情感障礙**的一種。

雙極性情感障礙可分為**I型**和**II型**，I型是典型憂心伴隨著躁動，II型則是憂心伴隨著較輕度的躁動。相對於有食欲衰退、失眠等傾向，但痊癒機率高的憂鬱症，I型與II型雙極性情感障礙則有暴食、嗜睡等特徵。憂鬱及暴躁狀態的交替週期因人而異，有些是數月到數年，有些則是以日為單位交替出現，需要旁人細心照護。

◉妄想型人格異常

看法過於極端的狀態，例如堅信

罹患憂鬱症。

憂鬱症屬於**週期性發作的疾病**，雖然只要數月到數年便能改善症狀，但常常未能及早發現，或被醫師誤診為胃炎或**更年期障礙**。因此就醫時充分陳述內心的痛苦，才是改善症狀的捷徑。

一切**非黑即白**的黑白兩極化思考、或只因一兩次的失敗便堅信下一次也會失敗的**過度類化**等，是憂鬱症患者常見的症狀。

什麼是情感障礙

長期間無法控制情緒變化、或因強烈痛苦而難以從事社會活動的狀態。美國精神醫學會編製的精神疾病診斷與統計手冊將情感障礙做了以下分類。

情感障礙

憂鬱症	重度憂鬱症	出現憂鬱症症狀
	低落性情感疾患（或憂心型精神官能症，▶P206）	症狀不及重度憂鬱症嚴重的慢性憂鬱狀態。非典型憂鬱症（▶P206）也屬於此類。
	無法歸類的憂鬱症	經前憂鬱症也屬於此類。
雙極性情感障礙	俗稱躁鬱症。暴躁狀態與憂鬱狀態交替出現，大多數患者在康復後仍可能復發。	

◎憂鬱症可分為重度、中度、輕度三種。

常被誤認為自我中心的非典型憂鬱症

近年，**非典型憂鬱症**的病例與日俱增。雖然這只是尚未有明確定義的臨時代稱，但二〇〇〇年美國精神醫學會編製的**精神疾病診斷與統計手冊**已經將非典型憂鬱症視為和憂鬱症同等的**情感障礙**。

非典型憂鬱症的症狀為意志消沉、憂慮不安、心浮氣躁、頭痛想吐等，與傳統的憂鬱症頗為相似，不同的特徵則是**做自己喜歡的或想做的事時，心情就會變好**。例如上學或上班前原本出現憂鬱症狀，但一下課或下班就突然復元，假日也能開開心心出門玩樂。此外，**暴食**及**嗜睡**也是非典型憂鬱症的特徵，對他人的拒絕也相當敏感，有**社交恐懼症**的傾向。

由於症狀獨特，非典型憂鬱症可能常被誤認為是自我中心、或性格不成熟的人才會罹患的疾病。但患者其實承受非常大的痛苦，完全不知該如何應對。

企業主管、或負責管理員工心理健康的人員，除了典型的**憂鬱症**以外，最好也要能理解還有這種類型的憂鬱症。對這種患者不應以

相關知識

◉憂心型精神官能症和抑鬱型憂鬱症

憂心型精神官能症是非典型憂鬱症的一種，從前稱為**抑鬱型神經症**。

與**自戀性人格疾患**（▼P234）相似，憂心型精神官能症也有責他性及逃避的性格，患者以四十歲前的年輕人居多。由於在成長過程中受到過多保護，無法形成自己的人格，可能因不擅長與人溝通而發作。

至於**抑鬱型憂鬱症**則是由德國精神科醫師**特連巴哈**（Hubertus Tellenbach）命名，認為這是中年後生性較勤勉且一絲不苟的人容易罹患的疾病。

刻板印象斥其「怠惰」，而是該耐心聆聽患者的心聲或安排求診，視為心理疾病加以治療。

◉述情障礙（情感表達不能）

特徵是無法與人溝通、待人處世不夠圓滑、缺乏想像力、不擅長建立人際關係、習慣詳細且機械性地描述一切等。一般認為**述情障礙**患者較容易罹患憂鬱症。

常被誤認為怠惰的非典型憂鬱症

非典型憂鬱症有部分症狀與傳統憂鬱症相異，因此常被誤判為非心理疾病。

	傳統憂鬱症	非典型憂鬱症
飲食	 厭食	 暴食
睡眠	 失眠	 嗜睡
情緒狀態	 持續沮喪	 做喜歡的事心情就會好轉

4 心理失調恐導致精神官能症

過度的壓力或疲勞使身心產生的各種症狀稱為**精神官能症**，雖常跟精神疾病混淆，其實只是一種健康的人平日在身心受到過度刺激時也可能出現的反應。例如不時時洗手就覺得不乾淨的**不潔恐懼症**。

主要的精神官能症除了極力迴避社交行為，因此導致社交生活出現障礙的**社交恐懼症**（▼P210）之外，還有不知何時發作的**恐慌症**（▼P212）、**強迫症**（▼下段）、**抑鬱型憂鬱症**（▼P206）、**解離症**、**慮病症**（▼P220）、**失自我感障礙症**（▼下段）、**情感障礙**（▼P204）等等。

一般認為通常比較內向，而且個性理性、執著、感受性強、上進心強的人較容易出現精神官能症的症狀。因為這類人只要現實與認知中的方向稍有偏離，便會出現心理失調的現象。

相關知識

強迫症

特徵是某種思緒或影像浮現腦海便揮之不去的強迫思考、或不重複某種行為便無法安心的**強迫行為**。為了消除強迫思考所造成的不安，即使自己認為這麼想很愚蠢，卻還是情不自禁地一再重複同樣的思考或動作。

強迫症的症狀形形色色，例如反覆確認門窗是否關緊的**確認強迫症**，或一再清理環境的**清掃強迫症**等。

失自我感障礙症

症狀是對自己所處的現實缺乏現實感，彷彿是個從外界、在夢中、或隔層紗觀看的旁觀者。特徵是，即使置身人群中也感到孤獨。

哪種人容易罹患精神官能症？

精神官能症是因壓力或疲勞造成的各種精神障礙。哪種人容易出現此類症狀？

懂得自省、理性、意識性強的人

優點：認真、責任感強。懂得自我反省。

缺點：連小缺點也會過於在意，容易產生自卑感。

個性執著的人

優點：講究、堅韌、凡事全力以赴。

缺點：對凡事過度拘泥，待人處世不夠圓滑。

感受性強的人

優點：喜歡照顧他人。謹慎細心，觀察力敏銳。

缺點：容易擔憂，常為小事憂慮不已。

上進心強的人

優點：不顧一切朝目標邁進。

缺點：凡事講求完美，稍有不順便沮喪不已。

社交恐懼症

社交恐懼症是一種一接觸到他人便會緊張、顫抖、無法接電話等，連日常生活也無法正常過的疾病。一般認為女性罹患社交恐懼症的比例較高，約為男性的兩倍。尤其是二十到三十幾歲，正值剛出社會就業時難以適應新環境、或結婚生子後為與其他媽媽們的人際關係煩惱不已的時期，因此容易感受到前所未有的痛苦。

一般認為社交恐懼症受到童年經驗的影響。例如原本就比較神經質的人，在學校受老師斥責後看到朋友也不敢見人，或發表會失敗受到嘲笑，之後就不敢在大家面前說話等，患者似乎都曾有過痛苦的經驗。

從前，此類症狀都以「改變心境就會好轉」而遭到忽視，但如今已經被視為需要求助治療的**社交恐懼症**。話雖如此，大多數患者其實還是不懂得求醫。或許這正是**繭居族**（▼P216）出現的原因。因此，大家應該正確認識這種疾病，鼓勵深受痛苦的患者接受治療，以重返積極進取的人生。

相關知識

◉社交焦慮量表

通稱李氏社交焦慮量表。用來測量**社交恐懼症**的程度。

李氏社交焦慮量表將二十四項問題的答案依「恐怖感、不安感」、「迴避」程度以〇至三分作答，測量受試者屬於健康、邊緣、輕度、中度還是重度。

李氏社交焦慮量表的問題大致如下：

①在別人面前講電話。
②參加人數不多的團體活動。
③在公共場所用餐。
④與其他人一起在公共場所飲酒（或飲料）。
⑤和權威人士交談。
⑥在一群觀眾眼前進行某種行為或演講。

社交恐懼症的治療方法有**藥物治療**及**認知行為治療**（▼P240）兩種，但許多時候需要兩者併用。由於患者併發其他精神疾病的比例不低，因此出現症狀時最好能及早求醫。

⑦參加派對。
⑧在他人的注視下工作（或讀書）。
⑨在他人的注視下寫字。
⑩打電話給不熟的人。

社交恐懼症的種類

社交恐懼症起因於過度在意他人的存在，一般認為越嚴肅認真、要求完美的人越容易罹患這種疾病。社交恐懼症有以下幾個種類。

臉紅恐懼症

站在他人面前就會臉紅。

公開演講恐懼症

在會議或婚禮演講或致詞，會感覺到龐大壓力。

視線恐懼症

發現他人在觀察自己時，會對他人的視線心生畏懼。

公開用餐恐懼症

害怕被他人看見自己吃東西。

電話恐懼症

聽到電話響起，會因劇烈心悸而不敢接電話。

寫字手顫抖

在他人面前寫字手會顫抖。

心理疾病

6

強烈恐懼倏然來襲的恐慌症

恐慌症是一種無預期**恐慌發作**的疾病。雖然劇烈心悸、呼吸困難、出汗、想嘔吐等程度的恐慌發作只要約半小時（最長不超過一小時）便可治好，但發作時懷疑自己是否要瘋了或要死了的強烈恐懼，讓患者痛苦難耐。

這類恐慌會反覆發作，頻率則因人而異。有些人可能一天發作好幾次，有些人則是一個禮拜只發作一次。

經歷數次發作後，又要為擔心痛苦何時會再來襲、在他人面前發作該如何是好的**預期性恐慌**所苦。無法自行控制症狀，便是這種疾病的最大特徵。

此外，恐慌也常伴隨**廣場恐懼症**（無處可逃的恐懼），會在電梯、電車、計程車內等難以逃離的場所發作。這可能會導致患者害怕出門，因為行動範圍或生活環境受到壓縮而陷入**憂鬱狀態**。

近年，恐慌症病例有與日俱增的趨勢，其中尤以女性占多數。可能原因包括患者屬於容易罹患恐慌症的體質（恐慌症患者的子女發

相關知識

◉暴露療法

創傷後壓力症候群（▼P222）的療法之一。刻意讓患者接觸使其痛苦的對象，以讓心理回復正常。治療創傷後壓力症候群著重於重現**外傷經驗**（肉體或精神上的衝擊，對心理造成長期創傷），治療恐慌症則著重於使患者逐漸適應引起**恐慌發作**的刺激或狀態。例如容易在他人面前恐慌發作的患者，就可以逐步帶著這類患者走進人群。

Psychology: Q&A

Q 我姊姊在數年前罹患恐慌症。請問在家中可以用什麼方法改善她的症狀？

A 有一種幫助身心放輕鬆的訓練法，叫做**自我暗示訓練**。

病機率最高），壓力或過勞、或孩提時期與父母生離死別等環境要因等。

先讓患者坐在或仰躺在椅子上，逐步暗示自己手腳越來越沉重、感覺越來越溫暖、心跳越來越規律、呼吸越來越順暢。藉由這一連串暗示，使自律神經逐步恢復正常。

令人擔心自己是否會死的恐慌症

恐慌症的初次發作，在毫無前兆的情況下來襲，嚴重者可能需要叫救護車送醫。

恐慌發作

症狀通常在30分至1小時內結束，但可能反覆發作，也會使人擔心何時會再發作，而長期處於預期性恐慌中。

廣場恐懼症

在電車或電梯等擁擠到可能難以脫逃的場所中而陷入恐慌，可能使患者因此不敢外出。

心理疾病

7

畏懼肥胖導致極端節食的飲食疾患

青春期或青年期的女性常罹患**飲食疾患**，望文思義，就是一種影響進食的心理疾病。有**暴食症**與**厭食症**兩大類型。

暴食症的症狀是一吃就無法停止，不斷吞嚥大量的食物。但這種行為也使患者**產生自責心態**，因畏懼肥胖而絕食、嘔吐、服用瀉藥或浣腸劑等。這些行為有造成食道炎、牙齒損傷、低血鉀等疾病的危險。

厭食症則是強烈覺得自己過度肥胖而減少食量，即使瘦下來了依舊如此。因此可能導致停經、體溫過低等癥候，最糟糕的情況會有餓死的危險。

這類疾病的發病契機大多與節食有關，尤其好發於個性有過度認真或完美主義傾向的女性，也不乏因人際關係的糾葛造成**心理壓力**的環境因素，例如情感便被視為一大要因。

有些病例是從小習慣當個聽母親話的乖孩子，長大成人後無法再承受壓力，因此在節食時出現飲食疾患。有些則是成長過程中缺乏

相關知識

◉家庭療法

飲食疾患有時不單是患者本人，家人可能也有同樣的問題。這種情況可以採用**家庭療法**。一般認為，家庭療法的治療對象，通常都有被**家庭迷思**支配的傾向。

例如名門出身的孩子，遭遇失敗後為挫折感所苦而罹患**厭食症**，便有可能是被「我們家最優秀」之類的家庭迷思所束縛。家庭療法採用的，就是暗示全家人注意家庭迷思對孩子造成的負面影響，藉此解除家庭背景所引起的苦悶。

◉心身症

如飲食疾患般因**壓力**而起的各種生理疾患，統稱**心身症**。心身症包括**過敏性結腸炎**、**偏頭痛**、**支氣管**

關愛，才以極度控制自己的身體為方式進行反彈。

飲食疾患的治療方式包括**行為療法**、**認知療法**、**精神分析式心理療法**、**家庭療法**（▼下段）等，可依治療目標及對飲食疾患的觀點選擇最適當的療法。

氣喘、**高血壓**、**糖尿病**、**圓形禿**、**梅尼爾氏症**（Ménière's disease）等，出現症狀的部位可能遍及全身。

飲食疾患的演變過程

厭食症與暴食症都是因為節食而起，一般認為是形形色色的壓力導致的飲食疾患。

暴食症

因暴飲暴食而產生的罪惡感，使患者頻頻嘔吐。

強烈的進食衝動。

↓

在短時間內吞嚥大量食物。

↓

以絕食、嘔吐、服用瀉藥等進行淨化行為 。

強烈的進食衝動

在短時間內吞嚥大量食物 。

壓力導致食欲低下，或自願節食。

↓

刻意不進食。

↓

再想進食也無法下嚥。

心理疾病

8

拒絕社會及家庭的社會性繭居族

罹患**憂鬱症**（▼P204）或**精神官能症**（▼P208）的患者，有部分因強烈的不安或恐懼而避居家中。大半時間都避居家中、甚至房間內，迴避任何社交活動者稱為**繭居族**。即使不被認定為精神疾病，近年這類人仍有與日俱增的趨勢（**社會性繭居族**）。如今繭居族這名稱已經泛指社會性繭居族，根據二〇〇五年的日本ＮＨＫ福祉Network年度調查，人數已超過一百六十萬人，其中有六至八成是男性。

日本精神科醫師**齋藤環**對社會性繭居族做出如下定義：「二十五歲之後開始出現問題，避居自己家中超過六個月，持續拒絕參加任何社交活動，且並非精神障礙者。」此外，也有不少在長期**拒學**後，直接進入繭居生活的案例。

繭居的時間越長，迴避與父母對話的傾向也會越強，並逐漸在電玩或電腦的陪伴下過起**日夜顛倒**的生活，也可能產生**退化**（▼P104）現象，例如出現撞牆、高聲喧譁、打破窗戶等暴力行為。

相關知識

◉迴避型人格疾患

人格疾患的C群（▼P230）。這類患者的特徵是非常在意他人的眼光，而且容易受傷。

這種人格疾患容易演變成**拒學**、**繭居**、**拒絕上班**、**憂鬱症**等。在幼兒期或兒童期與母親**過度親密**且受到**過度保護**，常患有這型障礙。

◉家庭暴力

家庭暴力常是壓力、繭居等的重要因素。**家暴**常指夫妻、情侶或家人之間的暴力行為。父母對子女的暴力行為，有時也稱為**兒童虐待**。

家庭暴力最劇烈的加害者大多是高中生，通常在情況惡化前，會依序經歷「乖孩子期」、「冷戰期」、「叛逆期」、「言語恐通常繭居的時間越長，獨力或只靠家人的努力回歸社會就越困難。雖然求助於精神科也很重要，但在就醫之前，不妨先向**心理衛生中心**等公家機關尋求協助。

嚇期」、「暴力破壞期」等幾個階段。

繭居族的家庭狀況

社會性繭居族看來缺乏衝勁、怠惰，其實自尊心強烈受傷，內心承受著強烈的自卑感及焦慮感。繭居族面對的是什麼樣的家庭狀況？

心理運作的例子

當事人	● 曾遭霸凌。 ● 曾經拒學。 ● 開始繭居前是個品學兼優的「好孩子」。
父母	● 經濟能力、文化涵養高於一般水平。 ● 多為父母俱在的家庭。 ● 父親的存在感稀薄，不少是常不在家的外派人員等。 ● 母親的個性嚴肅且一絲不苟。雖然對育兒相當熱心，但很在意一家的顏面 。
家庭環境	● 有自己的房間，有漫畫、光碟、電玩、電腦、冷暖氣、冰箱等供繭居者生活、排遣的物品。

心理疾病

9

讓人突然失去衝勁的身心俱疲症候群

原本勤奮工作的人突然間失去衝勁，看來宛如精神被燃燒殆盡，這種現象叫做**身心俱疲症候群**。這名稱先是由美國精神心理學家**赫伯特．費登伯格**（Herbert J. Freudenberger）所創，後來美國社會心理學家**克里斯汀娜．瑪斯拉赫**（Christina Maslach）又為此編訂了測量症狀輕重的**職業倦怠量表手冊**。

根據職業倦怠量表手冊的定義，身心俱疲症候群的三大症狀為**情感疲憊**、**去人格化**與**成就感降低**。情感疲憊所指的，是情感為工作消耗殆盡，繁重的工作使人喘不過氣、身心俱疲的狀態。

為消除這種疲憊感，心理的**防衛機制**（▼P150）會使人儘可能避免與對象進行**情感溝通**，最終導致**去人格化**。由於這種人原本就傾向細心待人，可能因此認為對他人的關心只是平添麻煩，對工作的結果也變得漫不經心。

如此一來，將導致工作表現退步，原本藉工作獲得的成就感也明顯降低，嚴重時可能導致停職或離職。

相關知識

◉情緒勞動

美國社會學家亞莉．霍奇斯柴德（Arlie Hochschild）提出，指為工作控制自己的情緒，面帶微笑提供親切服務的勞動。除了**服務業從業人員**，也常見於**護理人員**、**教師**等需要親切待人的職業。

情緒勞動要求員工即使身體不適也要笑臉迎人。笑容本該是真情流露，這下卻得為工作強顏歡笑。有些人因此失去原本的情緒，出現**身心俱疲症候群**的症狀。

其他勞動形態還有**體力勞動**、使用頭腦的**腦力勞動**等。有不少案例因被情緒勞動折磨得疲憊不堪，而轉行從事體力勞動。

◉三明治症候群

不過，近年來日本多用身心俱疲症候群來形容運動選手在大型體育活動結束後，失去人生最大目標，心中萌生**虛脫感**的精神狀態。

好發於中間管理階層的症狀，因夾在上司及下屬之間而導致**憂鬱症**（▼P204）或**心身症**（▼P214）。

工作勤奮者最容易罹患身心俱疲症候群

根據瑪斯拉赫的定義，身心俱疲症候群有以下三大特徵。

① 情感疲憊

身心俱疲，即使看到美麗的事物也完全無感。

② 去人格化

有些人對人際關係感到不耐煩，因此表現出一副毫不在乎的態度。

③ 成就感降低

認為反正無法達成目標，對工作的衝勁盡失。

10 永遠無法滿足的外貌堅持

不分男女，在進入**青春期**後，對外貌都會變得非常在意。尤其女性很早就會對服飾或化妝品產生興趣，近年男性化妝品也逐漸為市場所接受。

注重外表或許是重要的禮儀，但要是過度在意可就值得商榷了。如果一味認為自己「長得醜」，可能會害怕被人瞧見，導致人際關係或工作出現障礙。這種症狀叫做**身體異形症**，被視為一種**慮病症**或**強迫症**（▼P208）。

這種疾病常在青春期發作，有些個案甚至長達十多年持續不癒。這種疾病的一大特徵，是認為自己醜的強迫思考導致患者不敢照鏡子，或不斷照鏡子確認自己的容貌沒問題。有些患者則是因為**強迫思考**而不斷接受**整形手術**、害怕為人窺見而淪為**繭居族**（▼P216）、或因為對身材的認知偏差而罹患**飲食疾患**（▼P214）。而在人際關係出現問題時，也可能出現「因為我長得醜，無法與人好好往來」的偏差解讀。

! 相關知識

◉心身症

因壓力導致身體或行為出現異變的症狀總稱。上述的**身體異形症**也屬於這類疾病。

還有以下幾種主要的心身症：

- **身體型疾患**：雖然身體各部位都出現頭痛、腹痛、下痢等症狀，但內科卻診斷不出任何問題。
- **轉化症**：精神壓力轉換成突然無法走動等生理症狀。
- **慮病症**：只有些微身體不適，卻不停擔心自己是否罹患重症。
- **疼痛疾患**：身體感覺強烈疼痛，內科及外科卻都診斷不出任何問題。

◉角色扮演

心理療法的一種，患者因為**身體**

另外一個特徵就是，患者對自己的容貌最缺乏自信的部分，多有不斷徵詢家人看法的強迫**家庭參與**傾向。因此可能陷入與家人的關係破裂、爆發**家庭暴力**（▼P216）的局面。這類患者多不認為自己罹患精神疾病。與其陪他們接受美容整形，不如向精神科等專業醫師求助。

異形症等而畏懼與他人對話，藉由在團體內設定實際的對話場面進行對話等，使患者體驗與現實極為接近的情境。

對自己的外貌過度在意的身體畸形恐懼症

一味認為自己的臉、鼻、骨骼、打扮等過於醜陋，使人避免和他人接觸的心理變化。有些患者在意的部位不只一處，而是遍及全身。

心理運作的例子

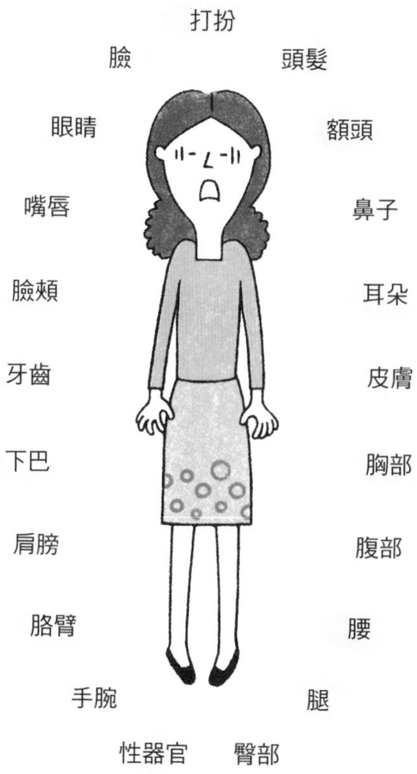
打扮
臉
頭髮
眼睛
額頭
嘴唇
鼻子
臉頰
耳朵
牙齒
皮膚
下巴
胸部
肩膀
腹部
胳臂
腰
手腕
腿
性器官
臀部

◎即使進行美容外科手術也永遠不會滿意，需要接受精神科的治療。

心理疾病

11

因心理創傷而發作的創傷後壓力症候群

一九九五年日本發生阪神大地震之後，**創傷後壓力症候群**開始受到矚目。美國則是在一九八〇年代因為參與越戰的退伍官兵出現這類症狀而開始注意。創傷後壓力症候群是一種**精神官能症**，患者常因犯罪、戰爭、災害、意外、暴力、虐待等生死攸關的體驗或衝擊性的事件造成**心理創傷**而發病。大多數患者在受到衝擊後立刻發病，但也不乏數年後因某種刺激而突然發作的案例。

創傷後壓力症候群一旦發作，患者不是儘可能迴避與心理創傷有關的一切，就是對該事件的關鍵部分失憶。此外，也會出現激動易怒、無法專注、戒心過高或睡眠障礙等症狀。

創傷經驗再現是創傷後壓力症候群最具特徵的症狀。例如極不想憶起的創傷突然在眼前**情境再現**，或一再做與該事件有關的噩夢。症狀造成的痛苦可能導致離婚、失業、社交恐懼症、酒精中毒、藥物成癮等，嚴重時甚至可能導致患者自殺。

由於創傷後壓力症候群的病因是極端經驗所造成的壓力，因此

相關知識

◉**解離症**

一種以**解離**應對**心理創傷**的自我防衛方式。也就是將構成自我的記憶、意識、運動、視覺、觸覺等感官加以分離（解離），使這些感官失去正常功能。

解離症依症狀分為以下幾種：

- **解離性失憶症**失去數小時到數日間的記憶，會產生宛如空間移動的感覺。
- **解離性神遊**：突然從家庭或職場失蹤，在這段時間裡會忘記自己的名字、職業、家人等。
- **解離性身分障礙**：原名為多重人格疾患，同時存在複數的人格。
- **解離性木僵**：長時間坐著或躺著不動，對聲光等刺激失去反應。
- **解離性附身症**：堅信自己為靈魂

極需要耐心配合患者的步調進行治療。治療方式有聚集擁有同樣創傷的患者進行對話的**團體治療**、**行為療法**（▶P236）、**催眠療法**、藉引領大腦進入**快速動眼睡眠**狀態治療創傷等。

或鬼神附身。

- **解離性動作障礙**：手腳失去運動能力，要人協助才能起身站立。
- **解離性感覺麻木及感覺喪失**：皮膚失去感覺，同時視覺、聽覺、嗅覺也出現障礙。

創傷後壓力症候群的發作原因

創傷後壓力症候群是患者憶起自己曾遭遇過的衝擊性經驗而出現的各種障礙。富責任感、毅力的人尤其容易罹患這種疾病。

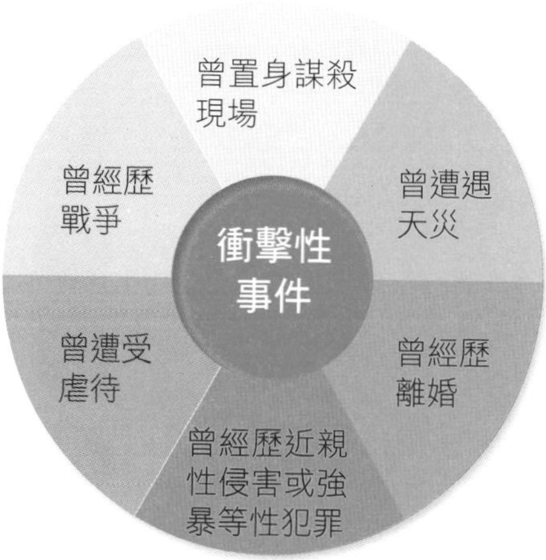
衝擊性事件
曾置身謀殺現場
曾遭遇天災
曾經歷離婚
曾經歷近親性侵害或強暴等性犯罪
曾遭受虐待
曾經歷戰爭

↓

衝擊性事件

◎過去悲慘的記憶以閃光燈記憶（▶P264）、噩夢、情境再現等形式重現腦海，導致創傷後壓力症候群發作。

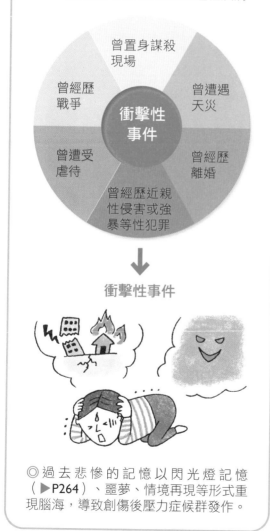

心理疾病 12

對現實的心理逃避：成癮

強烈追求某種刺激或快感的行為稱為**成癮**。簡單的說，就是一種「沉溺」、「上癮」的狀態。成癮可粗略分為**物質依賴**、**行為成癮**、**關係成癮**三大類，無法獨力控制症狀所併發的精神疾患，就稱為**成癮**。

酒精中毒為物質依賴（對能改變情緒的物質成癮）中最具代表性的例子，藥物成癮或暴食症也屬於這個類型。一旦成癮，癮頭發作時會出現顫抖等**戒斷症狀**。

賭博成癮則是行為成癮（對能產生愉悅感的行為成癮）的一種。症狀嚴重者甚至可能因此散盡家財、靠借貸度日。工作、購物、借貸、割腕、上網、跟蹤、強迫性節食等也屬於行為成癮的範疇。

在人際關係上過度投入的關係成癮，則有過度依賴對象的**病態性依附關係**（▼P226）等例子。

一般認為成癮的形成背景，是人意圖逃避心中的痛苦而試圖以自力療傷。但這種**自我治療**終將逐漸失控，使人從一種成癮轉移到下

❗相關知識

◉瞻妄震顫

瞻妄指意識渾沌、出現幻覺或錯覺的狀態，因此瞻妄震顫便是指在治療酒精中毒的過程中出現的**戒斷症狀**。戒酒導致中樞神經系統興奮，會造成嚴重的**戒斷症候群**（出汗、手震、嘔吐、身體功能失去控制）。**震顫**則是指顫抖。

大多只要四、五天便可痊癒，但患者可能也出現肝臟衰竭或消化道出血等酗酒相關症狀，延誤治療怕會發生意外或昏睡而死。

◉功能失調家庭

美國社會心理學家**克勞蒂婭．布雷克**（Claudia Black）提出的概念，也就是意指家庭功能不健全的家庭，也就是有**虐待**或**育兒疏忽**等狀況、處於

一種成癮，甚至同時陷入多種成癮。既然成因是失去自制能力，便需要求助專業醫師或旁人。

瓦解狀態的家庭。**兒童成人**則是指在功能失調家庭中成長，成人後仍無法擺脫心理創傷的人。

讓人無法戒除特定事物的成癮

成癮可粗略分為以下三類。

① 物質依賴

對攝取特定物質成癮。

- 尼古丁成癮
- 酒精中毒
- 暴食症（對食物的過度依賴，▶P214）
- 古柯鹼等毒品成癮

② 行為成癮

對工作或賭博等特定行為成癮。

- 賭博成癮
- 消費成癮
- 工作狂
- 自殘行為（割腕）
- 偷竊狂
- 網路成癮

③ 關係成癮

親子、夫妻、情侶之間對特定對象成癮。

- 病態性依附關係（對人際關係過度依賴，▶P226）
- 戀愛成癮
- 性愛成癮

心理疾病
13

無法對暴力相向說不的病態性依附關係

病態性依附關係屬於**關係成癮**（▼P224）的一種。這種成癮的依賴對象不是事物或行為，而是特定的人際關係，會過度在意身旁的人（例如配偶、親戚、情人、朋友等），並一味地為他們解決問題。

典型的例子就是愛上有暴力傾向的男人。這種女性即使遭到**家暴**（▼P216）或財產被奪走也不願分手，並會以「他還是有優點」為對方辯護，甚至會以「我走了他會活不下去」來說服自己繼續忠於對象。這種行為是來自當事人將維持這段關係視為人生的唯一目標。

由此可見，病態性依附關係的患者對旁人的情緒或行為有過度強烈的責任感，並因為不擅長表達自己的要求而感到強烈不安。患者極度渴望他人的評價，以藉此建立「我很優秀」、「我值得被愛」的自我認知。

有時伴侶之間的確需要互相依賴，相互扶持也是幸福人生的必要條件。但對建立健全的人際關係來說，過度依賴反而有害無益。

治療所有成癮最重要的第一步，便是**打斷成癮的週期**。也就是

！相關知識

◉家暴循環

美國心理學家**蕾娜．渥克**（Lenore Walker）主張，家暴藉由一再重複左圖的三步驟循環逐步擴大傷害。三階段的出現週期因人而異，一旦進入循環，暴力層級就會逐步升

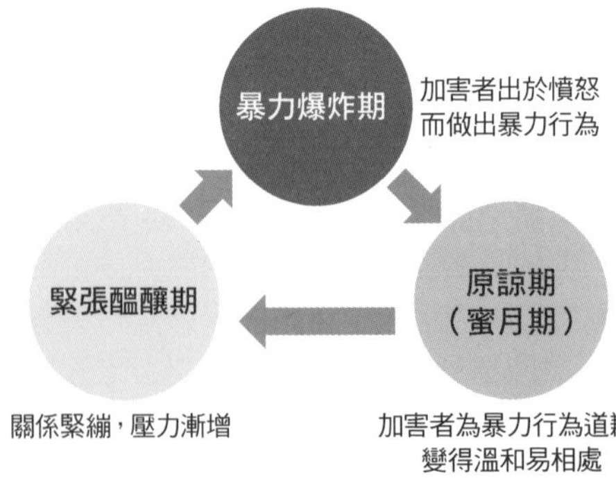
暴力爆炸期
加害者出於憤怒而做出暴力行為
原諒期（蜜月期）
加害者為暴力行為道歉，變得溫和易相處
緊張醞釀期
關係緊繃，壓力漸增

阻止患者繼續接受刺激，破壞成癮的循環。要斷絕有害無益的人際關係，首要之務就是讓患者察覺到自己的病態性依附關係狀。

高，每個週期也會越變來越短。

被害者通常傾向誤認為蜜月期的溫柔個性才是加害者的真性情，而選擇一再容忍。

藉忠於對象確認自我的病態性依附關係

對家人或情人等特定人際關係過度依賴的症狀，稱為病態性依附關係。

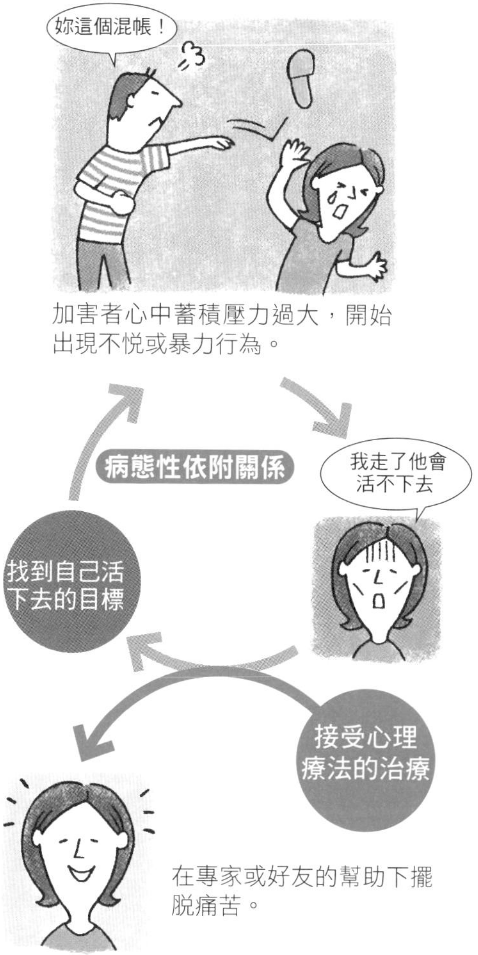
妳這個混帳！
加害者心中蓄積壓力過大，開始出現不悅或暴力行為。
病態性依附關係
我走了他會活不下去
找到自己活下去的目標
接受心理療法的治療
在專家或好友的幫助下擺脫痛苦。

◎要擺脫病態性依附關係，最重要的是接受治療，學會客觀審視自己和對象的人際關係。

心理疾病

14 無法理解他人感受的跟蹤狂

每個人都會喜歡上他人。但有些人絲毫不懂得顧慮對方的感受，只會執拗地向對方表示「我愛你」強逼對方「和我交往」。這種人稱為**跟蹤狂**，其行為則稱為**跟蹤騷擾**。

一九九四年前後日本社會開始熟悉跟蹤狂這個詞。近年由於跟蹤狂所造成的傷害或殺人事件頻傳，因此日本在二〇〇〇年開始實施跟蹤狂規制法，跟蹤狂才被視為犯罪行為，得以依法制裁。

跟蹤狂的行為模式，有**被拒絕型**（與被害人曾有某種程度的親密關係，因關係結束而成為跟蹤狂。至於與被害人的親密程度，以加害人的單戀居多）、**無能追求者型**（單方面要求對方和自己交往）、**尋求親密關係型**（強迫對方與自己建立親密關係）、**憤怒型**（期望在被害人心中製造恐怖與混亂，藉此證明自己存在的意義）、**色情及病態迷戀型**（以跟蹤實現自己的幻想，藉此獲得滿足）等等。

為何有人會成為跟蹤狂？日本精神醫學家**福島章**（▼下段）認為「跟蹤狂的典型為已經長大成人，但心理尚未成熟者。」心理的不

! 相關知識

◉跟蹤狂的五種類型

福島章將跟蹤狂的心理歸納為以下五個種類：

① **精神病患型**：因罹患被愛妄想症等，而執拗糾纏與自己無關的明星等對象。

② **妄想型**：多數時候甚為正常，僅偶爾因妄想而出現跟蹤行為，糾纏與自己無關的對象。

③ **邊緣型**：性格外向但人格不成熟，有支配對象的欲望。

④ **自戀型**：自負心強，糾纏的是拒絕自己的對象。

⑤ **變態型**：藉支配強迫對象滿足自己的欲望。

何謂糾纏行為？

跟蹤行為意指反覆進行糾纏行為。跟蹤狂為了滿足自己的感情需求，可能做出如下的行為。

糾纏、埋伏、擅闖	● 持續性的尾隨及糾纏。 ● 埋伏在通學、通勤途中等對象可能前往的地點。 ● 闖入對象住家、職場或學校。
明白表示自己正在監視對象	● 監視對象住家，一見其返家便致電騷擾。 ● 以電子郵件告知對象自己知道他不為人所知的作息。
提出見面、交往的要求	● 雖遭到拒絕，仍強迫對象與自己交往或復合。 ● 強迫對象與自己見面。 ● 強迫對象收下自己送的禮物。
粗暴的言語或舉動	● 高聲怒斥「混帳」、「去死吧」等惡言。 ● 猛按汽車喇叭等騷擾對象。
電話騷擾等	● 頻繁致電對象的手機或住家電話。 ● 用不出聲電話騷擾對象。 ● 傳送大量傳真。
寄送汙物等	● 寄送動物屍體。 ● 將沾有精液的衛生紙投入對象的信箱中。
妨害名譽	● 在網路留言板張貼妨害對象名譽的誹謗、中傷性留言。 ● 在對象住家附近派發誹謗對象的傳單。
性騷擾	● 致電以猥褻言語進行騷擾。 ● 寄送猥褻照片等。 ● 將對象的裸照等上傳至網站。

成熟會使人產生**妄想型人格異常**（▼P204），因此出現跟蹤行為。

心理疾病

15

造成偏差思考及行為的人格疾患

價值觀或行為過於古怪，導致難以適應社會生活的症狀稱為**人格疾患**。例如有責任感的人會受人信賴，但如果責任感太強、或毫無責任感，反而會造成他人的困擾。

德國精神病理學家**寇特．施奈德**（Kurt Schneider）將人格疾患定義為「性格偏離常態導致自己與旁人皆痛苦」，這種偏離常態便是人格疾患的一大特徵。

人格疾患大致上可分為三種類型：①易於相信怪異思想的**A群人格疾患**，②情緒表現過剩或過少的**B群人格疾患**，③對人際關係懷有明顯不安的**C群人格疾患**。

一般認為父母的影響是人格疾患的主要原因。在嬰兒期沒能形成穩定依附的兒童，會在心中烙下對周遭的世界或人的恐懼感，對心理造成重大影響。此外，遺傳也被認為是一大要因。

相關知識

◉行為障礙

常見於殘酷的青少年犯罪加害者的行為障礙，特徵是會出現傷害人或動物等觸法行為。有的**注意力不足過動症**兒童缺乏自尊心，因自卑感持續累積而發病。

患有注意力不足過動症的兒童，大多也會併發情緒上有過度反抗、否定傾向的**對立違反性疾患**，並逐步惡化成品行障礙。這種症狀逐漸惡化的發展，稱為**破壞性行為障礙**。

人格疾患的類型

根據美國精神醫學會所制定的精神疾病診斷與統計手冊的定義，人格疾患可分為以下幾種類型。

A群 人格疾患 個性古怪且偏離常態，容易產生妄想	妄想型人格疾患	懷疑他人言語或行為皆出於惡意，無法相信他人。
	類分裂人格疾患	有繭居傾向，無法與人建立親密關係。
	精神分裂型人格疾患	對預言、迷信、第六感等深信不疑，與旁人難以協調。
B群 人格疾患 情緒起伏劇烈，性格戲劇化，抗壓性低	反社會型人格疾患	容易做出觸法的反社會行為。
	邊緣型人格疾患	性格衝動，情緒起伏劇烈。
	歇斯底里型人格疾患	習慣以情緒化行為吸引他人眼光。
	自戀型人格疾患	渴望獲得他人讚賞，也缺乏同理心。
C群 人格疾患 不擅長處理人際關係，容易累積壓力	逃避型人格疾患	因害怕遭人拒絕而無法建立人際關係。
	依賴型人格疾患	有強烈依附特定對象的欲望，害怕與特定對象分離。
	強迫型人格疾患	堅信完美主義，性格欠圓滑。

心理疾病 16

令人性格丕變的邊緣性人格疾患

邊緣性人格疾患的症狀，是情緒、態度、行為隨時可能產生驚人的劇烈變化。特徵是好發於青春期或成人期，而且患者以女性占壓倒性多數。情緒變化可能以小時或日為單位的頻率發生。

患者通常極擔心遭人拋棄，看到對象神情稍顯不耐或說話口吻嚴厲，就會為自己是否不受歡迎產生強烈焦慮。即使對象沒有任何負面動機，他們也會認為對方心懷惡意。為了使對象回心轉意，他們可能試著討好，反之也可能因憤怒或衝動而做出**自我毀滅行為**。

由於患者常以極端的「是黑是白」、「是敵是友」的對錯極端二分法判斷一切，因此內心難以平靜，即使在追求愛情的過程中，也會越發感覺孤獨。

這種行為可能源自幼兒期的親子關係不健全、遺傳因素、或**創傷**（**心理創傷**，▼P222）經驗等，也不乏同時併發**憂鬱症**（▼P204）或**飲食疾患**（▼P214）的案例。

Psychology: Q&A

Q **邊緣性人格疾患**可憑哪些基準判斷？

A 根據**精神疾病診斷與統計手冊**的定義，一個人只要符合下述條件中的五項以上，便可能患有邊緣性人格疾患。

①常感覺自己被拋棄，並試圖確認他人對自己的感覺。
②習慣將對象理想化，卻又不時責備對象，人際關係不穩定。
③**自我認同**（▼P146）混亂。
④有自我傷害的衝動，如花錢、暴食、自殘等。
⑤重複出現自殺或威脅自殺的行為。
⑥情緒極度不穩定。
⑦長期感到空虛。
⑧不合時宜且強烈的憤怒。
⑨因為壓力而出現解離性障礙（▼P222）。

邊緣性人格疾患病例與日俱增的原因

近年邊緣性人格疾患的病例與日俱增。遺傳因素是邊緣性人格疾患的病因之一，但最重要的其實是家庭環境。

與家庭環境相關的種種原因

父母貪圖享樂	→ 視孩子為負擔
以物質而非親情育兒	→ 育兒傳統流失
父母將自己的理想與期望強加到孩子身上	→ 父母的過度期待
父母本身有精神疾患	→ 兒童虐待
離婚率提升	→ 親情日益稀薄
核心家族增加，傳統鄉里社會瓦解	→ 孩子失去逃避空間
以電腦或電玩獨自遊玩成為趨勢	→ 建立人際關係的機會減少

心理疾病 17

認為自己與眾不同的自戀性人格疾患

擁有**自尊心**是幸福的一大條件。但自尊心過強就會成為問題。**自戀性人格疾患**指一個人無法欣賞現實的自己，因此對自己產生誇大的認知，認為自己有特別的才能，旁人理所當然該認同、讚美自己。

因此，患者對他人的評價極為敏感，稍遇批判便會展現強烈的怒氣。自尊心過強也使患者難以接受挫折或失敗，一受到傷害，有些患者甚至可能淪為繭居族。

因此，患者絲毫不願理解他人的立場或感受，可能認為他人只是供自己利用的工具，當然也缺乏同理心或利他的關懷。

自戀性人格疾患的源頭是**自戀心理**受到傷害。不少患者曾有被母親的**過度保護**（**溺愛**）或**缺乏關愛**等失衡經驗，或是曾經歷年幼時擁有的疼愛因養育者過世而中斷的**精神失依**。

不過，這種傲慢、尊大、不容妥協的態度，在創作藝術等創造性活動中也可能是不可或缺的要件。

相關知識

◉自體心理學

由科胡特（▼P108）所創立的**自體心理學**，被視為一種有助於治療**自戀性人格疾患**的理論。

科胡特認為現代社會充滿自己不夠充實又易於受傷害的「**悲劇性人**」，這種人的心中有著**野心的一端**、**理想的一端**、以及**才華與技能的中間領域**。當這些領域受到傷害、失去功能，會使人罹患精神官能症或自戀性人格疾患，相反的，當這三個領域功能正常，生活便能安定。野心的一端是由他人的認同所形成的部分，理想的一端是由理想的對象賦予的力量所形成的部分，才華與技能的中間領域則是連結野心與理想兩端的中間部分。

認為自己與眾不同的自戀性人格疾患

罹患自戀性人格疾患者以年輕男性居多。根據美國精神醫學會所制定的精神疾病診斷與統計手冊的定義，只要符合下述條件中的五項以上，便可能患有自戀性人格疾患。

過剩的自戀心理

1. 毫無根據地相信自己很優秀。
2. 喜歡幻想成功、權力、或理想化的愛情。
3. 堅信自己與眾不同，並相信旁人也如此認為。
4. 極度渴望受人讚賞。
5. 酷愛特權，渴望受到特別待遇。
6. 不惜利用他人以達到自己的目的。
7. 對他人缺乏同理心。
8. 嫉妒心強。
9. 態度驕傲蠻橫。

1 醫治患病心靈的四種心理療法

心理療法是治療因心理因素而發作的疾病或障礙的方法之一。臨床治療的領域將之視為與**外科療法**、**物理療法**、**藥物療法**呈對比的**精神療法**，常用於治療**人格疾患**（▼P230）或重度**精神官能症**（▼P208）、**憂鬱症**（▼P204）等疾患。使用心理療法的專業人員包括**臨床心理師**、**諮商師**等等。

心理療法的技法大致上可分為以下四類。

①**諮商療法**：包括**理性情緒行為療法**（▼P240）、**個人中心療法**（▼P238）等，以治療者與患者一對一的形式進行。

②**表達性療法**：包括**沙盤療法**（▼P39）、**音樂療法**（▼P242）、**遊戲療法**等，透過當事人（患者）的表現活動進行治療。

③**行為療法**：包括**系統減敏療法**（▼下段）、**自我暗示訓練法**（▼P212）、**催眠療法**（▼P300）等，以學習理論為基礎改善患者的行為。

相關知識

◉系統減敏療法

由南非精神科醫師**約瑟夫·渥爾普**（Joseph Wolpe）提出的**行為療法**，使患者逐漸適應令他不安的因素，藉此解除痛苦。

渥爾普在治療罹患**創傷後壓力症候群**（▼P222）的美國越戰退伍軍人的過程中，創立了此一療法。

◉內觀療法

以淨土真宗僧侶**吉本伊信**提出的**內觀療法**為基礎所創立的**心理療法**。具體療法是使患者反覆回憶①他人為自己做過什麼，②自己為他人做過什麼，③自己給他人製造了什麼困擾，藉此深化對自己和他人的理解。自一九六〇年代開始使用後，獲得了全球心理學界廣泛的肯

主要的心理療法

心理療法視當事人（患者）的症狀，配合藥物療法等其他方式進行治療。代表性的心理療法有以下幾種。

① 諮商療法

以治療者與患者一對一的形式進行。

- 理性情緒行為療法（▶P240）
- 個人中心療法（▶P238）

② 表達性療法

透過當事人（患者）的表現活動進行治療。

- 沙盤療法（▶P39）
- 音樂療法（▶P242）
- 遊戲療法

③ 行為療法

藉由改變患者行為進行治療

- 自我暗示訓練法（▶P212）
- 系統減敏療法（▶P236）
- 催眠療法（▶P300）

④ 折衷療法

使用各種理論及技法進行治療。

- 內觀療法（▶P236）
- 森田療法（▶P244）

定。

④ **折衷療法**：使用各種理論及技法進行治療。代表性的例子有**內觀療法**（▼下段）、**森田療法**（▼P244）等。

2 學會接受自己的個人中心療法

美國心理學家**羅傑斯**（▼P60）認為，人天生具有心理復健及成長的力量。他認為當時被視為主流的**諮商療法**所使用的解釋、暗示、建議等方法可能使當事人（患者）產生依賴心理，變得一遇到問題就需要求診，並非真正有效的療法。因此治療者應採一**致**、**無條件尊重**、**同理心**（▼P60）三種立場**積極傾聽**（▼下段）患者需求，才能見效。由此可見，**個人中心療法**是一種以無條件信任病患的自我潛力為基礎的諮商療法。

治療者在使用這種療法的治療過程中不太插話，而是設身處地仔細傾聽，藉此理解患者的經驗。如此一來，治療者得以與患者建立**信賴關係**（▼P70），患者則得以透過這種關係學會面對現實，以不同的觀點看待世界。羅傑斯認為，如此能使患者心理產生正向變化，症狀也會因此好轉。

心理的不適應狀態源自**認知扭曲**。也就是患者的痛苦根源，乃是**理想我**與**現實我**之間的落差。要彌補此一落差，需要對原本缺乏認

相關知識

◉個人中心治療取向

卡爾．羅傑斯主張以**當事人中心療法**進行諮商治療，但他後來的重心從諮商轉移到透過會心團體實現世界和平，因此將之更名為**個人中心療法**。

更多詳情

◉積極傾聽

一種試圖積極理解對方陳述的聆聽方式，是**心理諮商**的重要方法之一。懂得如何在聆聽過程中，做一名隨聲附和的「好聽眾」。面對好聽眾時，人得以敞開心胸，毫不隱藏地說出自己的心聲。

積極傾聽不僅在諮商或治療的領域有效，在平時的人際關係上也是一個不可或缺的技巧。

知的現實我有充分了解，因此站在前述三種立場積極傾聽是不可或缺的。

了解現實我

羅傑斯認為，心理問題源自理想我與現實我之間的落差。只要能設身處地聆聽患者的心聲，便能幫助患者回歸現實。

當事人

天生具有心理復健及成長的力量。

積極傾聽 ←

→ 發揮

諮商師

①一致
②真誠
③無條件尊重

↓

對現實我的認知

患者學會接受現實的自己。

↓

心理產生正向變化，症狀也會因此好轉。

心理療法

3

助人擺脫強迫思考的認知行為療法

看到半杯水，有人會認為「還有半杯」，也有人會認為「只剩半杯」。即使兩種人看到的都是現實，認知方式（對事物的看法）的不同可能使心態出現完全不同的差異。

許多人的心理問題，就是源自認知方式的問題。例如把些微的失敗視為致命傷害，或以黑白二分法判斷一切等，都是對現實的認知有所偏差使然。就是藉由檢討自己的認知方式，修正自己不合理的思考或行為模式，以改善心理的失衡狀態。

認知行為療法應用範圍包括**恐慌症**（▼P212）、**社交恐懼症**（▼P210）、**輕度憂鬱症**（▼P204）、**失眠**、**強迫症**（▼P208）、**人格疾患**（▼P230）、**藥物成癮**等精神疾病的治療、夫妻關係的改善、或慢性脾氣失控的控制等。

美國心理學家**亞伯特．艾利斯**（Albert Ellis）所創立的**理性情緒行為療法**（▼下段），就是認知行為療法最具代表性的例子。

? 更多詳情

◉理性情緒行為療法

美國心理學家**艾利斯**提出的心理療法，主張應該以改變對不安或煩惱的認知方式解決心理問題。

堅持特定事物「**非〜不可**」的人，如果能察覺這不過是自己的無理堅持，便能使思考回歸正軌。

這種無理的堅持稱為**非理性觀念**，必須轉換成**理性觀念**。

例如對堅持自己「非在今年內結婚不可」的人，只要將這堅持轉為「希望今年內有機會結婚」，心理狀態便能有所改善。

修正認知偏差的理性情緒行為療法

對事物的看法（認知方式）有極端偏差，容易造成心理問題。認知行為療法藉由幫助患者檢討自己的思考模式，察覺到自己的認知偏差。

艾利斯所創立的理性情緒行為療法

理性情緒行為療法又稱為「ABC」理論。

A 事件 Activating event → **B** 信念 Belief → **C** 結果 Consequence

參加朋友婚禮，祝福新人。

陷入「今年自己也非得結婚不可」的焦慮。

把想法轉換成「要是今年也能結婚有多好」，焦慮迎刃而解。

◎改變B便能減輕煩惱，轉變成C。

非理性觀念的四種模式

❶ 非～不可	非工作不可。
❷ 悲觀	世界末日，一切絕望。
❸ 自卑	自己是個一無是處的廢物。
❹ 欲望強烈且缺乏耐性	受不了，無法忍耐。

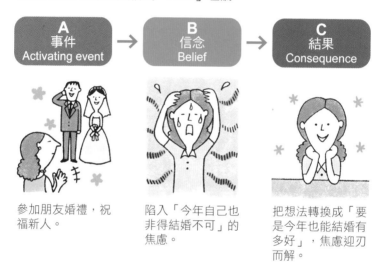

4

反映內心最深處的藝術療法

人失戀時，內心深處縈繞不去的會是什麼樣的曲子？應該不是開朗樂觀的歌曲，而是靜靜的抒情歌曲、或淡淡泣訴消逝愛情的情歌。這種現象在心理學上稱為**共時性原則**。的確，興奮時聽到節奏明快的歡樂歌曲會感覺痛快，反之聽到安靜的曲子則會沉靜下來。由此可見，**情緒與音樂達到共時性，有助於淨化心靈**。

以**音樂療法**進行治療的第一步，就是依當事人（患者）當時的情緒挑選適合的樂曲，接下來再改以異於當事人情緒的曲子進行治療。不只是音樂的領域，要幫助意志消沉的好友，盡量鼓勵雖然也是個方法，但與好友情緒達到共時性，本著同理心幫助朋友紓解，會是個更有效的方法。

將藝術視為心理復健的療法稱為**藝術療法**（▼左圖）。其他的治療方法還有**沙盤療法**（▼P39）、**心理劇療法**（▼下段）等等。

相關知識

◉心理劇療法

奧地利精神分析醫師**傑克伯．莫雷諾**（Jacob Levy Moreno）提出的團體心理治療。

療法是先將約十名患者的團體分為**導演**、**助理導演**（副導演）、**演員**、**觀眾**四種角色。演員站上舞台做即興的**角色扮演**，同時讓觀眾和助理導演自由上台進行互動，大家藉由參與演出獲得**洗滌**（▼P52）的效果。即興演出結束後，再進行彼此自由陳述感想的**分享**。

透過團體即興演出的心理劇療法，有讓人的內在獲得解放，激發創意以及激勵的可能。

有助於心理復健的藝術療法

藉由藝術幫助心靈喘息的心理療法稱為藝術療法。代表性的例子有以下幾種。

音樂療法	在作業單調的生產線或會客室內播放背景音樂有助於緩和心情。自閉症兒童等可使用合奏溝通法，語言或身體運動障礙患者也可使用音樂進行復健。	
沙盤療法 （▶ P39）	讓患者在箱子裡自由配置人偶或玩具，布置出一個表現自己內心世界的場景。	
詩歌療法	藉由創作詩、朗讀詩和欣賞他人的詩，賦予心理超越平日對話的刺激，或透過詩進行自我對話或自我探索。	
心理劇療法	透過即興表演使患者敞開心胸，是個適合治療拒學或家暴兒童的有效療法。	

順應自然的森田療法

日本特有的**森田療法**是精神醫學家**森田正馬**（▼下段）所創立的**心理療法**。精神官能症的病因，通常是內向、完美主義等特定性格特徵加上心理的運作機制使然，而這種心理機制又因為試圖將不可能化為可能而導致苦悶。

治療方法是指導患者養成「**順應自然**」的態度，從必要的事情（該做的事）開始行動，實踐建設性的生活。因此治療要產生效果，最重要的是患者本身要有「把病治好」的意志，藉培養自覺及修正行為模式加以治療。

由於第一階段的療程需要將患者隔離在單人房裡，還得躺上一整天，比起其他療法似乎門檻較高，但有些部分與東洋思想的禪學有共通之處，因此目前已為二十多國所採用。是個適合治療**社交恐懼症**（▼P210）、**強迫症**（▼P208）、**精神衰弱**與**精神官能症**（▼P208）的療法。

? 更多詳情

◉森田正馬

一九一九年創立**森田療法**。據說森田正馬本身也罹患**恐慌症**，因此在克服障礙的過程中發明了這個療法。

! 相關知識

◉建構性生活療法

美國文化人類學家**大衛．雷諾茲**（David K. Reynolds）提出的概念，是一種實踐森田療法的教育法。

這種療法的重點是，患者必須接受自己有恐懼或不安等情緒問題，並採取自己訂立的必要行動。此外，也需要了解自己從過去至今接受了這世界多少幫助，才得以生活到現在。

「順應自然」的森田療法

森田正馬所創的森田療法，治療過程分為以下四個階段，所需日程約 40 天。

第1期 絕對臥床期

約7天

患者須在單人房內臥床一整天，除了如廁及進食不許患者從事其他活動，無聊迫使患者活動欲望高漲。

第2期 輕作業期

約4天～1星期

臥床時間減少到7～8小時，在戶外從事庭院打掃等輕量工作，以促進活動動機。

第3期 重作業期

約1～2個月

從事木工或耕作等工作，藉此體驗成就感，並在專人指導下培養面對現實的臨機應變態度。

第4期 社會康復期

約1星期～1個月

為了準備回歸社會而外出，也允許患者在外過夜。有些醫院甚至允許患者從院內通學或通勤。

有趣又有用的 深層心理 6

打扮重不重要？

圖中的女性正在和一位男性友人說話。如果你是這位女性，會對這位男性友人的哪個部分感到在意？

1 襯衫

2 鞋子

解答

❶答案如果是襯衫，代表你是個重視愛情的人。尤其是在意襯衫上的汙漬或皺紋的女性，通常有母性較強的傾向。如果是男性，則是女性化的傾向較強。

❷答案如果是鞋子，代表你比較重視經濟面。鞋子代表權威或權力，對鞋子很講究的男人通常較積極進取，如果是女性則有奢侈的傾向。

由此可見，服裝的效果對他人和本人都會造成不小的影響。服裝能產生月暈效應（▶P88），讓他人先入為主對穿著者做出或好或壞的判斷。穿上制服有助於令人安心工作，穿上西裝則有助博取信任感。這些都是月暈效應產生的影響。

PART 7

大腦運作對心理的影響

心理活動源自大腦運作

關於腦與心理的關係，十七世紀法國哲學家**笛卡兒**（▼P92）曾主張「身體與心（意識）是個別獨立的」（**心物二元論**）。但如今主張「心理活動源自大腦運作」的一元論已成為主流。

心理運作有**思考**、**情感**、**情緒**、**注意力**、**意志**、**認知**、**認知意志**、**自我意識**、**語言**、**記憶**、**學習**、**睡眠**、**覺醒**、**運動控制**等功能。執掌這些功能的，是大腦的**大腦皮質**。

大腦表面二到五公分的部分為大腦皮質，根據發展時間先後可分為**古皮質**（爬蟲類腦）、**舊皮質**（舊哺乳類腦）、**新皮質**（高等哺乳類腦）。古皮質執掌食欲及性欲等生物本能，舊皮質執掌快樂、痛苦等情緒反應，新皮質則是執掌語言、藝術等創作活動相關的高等心理活動。

此外，**大腦**由功能各異的**額葉**、**枕葉**、**顳葉**、**頂葉**四個腦葉組成。額葉負責的是情緒變化、想像力等人類獨有的高度心理功能，枕葉負責處理與視覺相關的資訊，顳葉負責處理與形狀、聲音、色彩相

Psychology: Q&A

Q 人類和黑猩猩比起其他生物的演化程度更高，是因為腦部比較大嗎？許多生物的體型比人類還大，卻不比人類聰明。身體和腦的重量比例，對智能有影響嗎？

A 不同生物的智能高低，並非只是看身體和腦的大小。一般認為生物腦部的**額葉**越大、**脊髓**越小，智能就越高。

脊髓比率越低的生物智能越高，是因為腦部原本就是由脊髓演化而來，因此演化後脊髓所占比例越小，腦部應該就越發達。

人腦占脊髓的比率約為2％，猩猩為6％，狗則是約23％。這種以腦與脊髓的比率估算智能的法則稱為**規模法則**，可證明人類擁有較其他生物更高的智能。

關的資訊，頂葉則負責處理與痛覺、觸覺相關的資訊。除此之外，還有維持呼吸、心跳等基本功能的**腦幹**，以及調節身體動作與平衡的**小腦**。

腦部各器官對心理的影響

心理運作有情感、記憶、認知等功能，這些功能都由大腦皮質所執掌。除了大腦之外，腦幹、小腦等也各自負責不同的功能。

腦部的構造

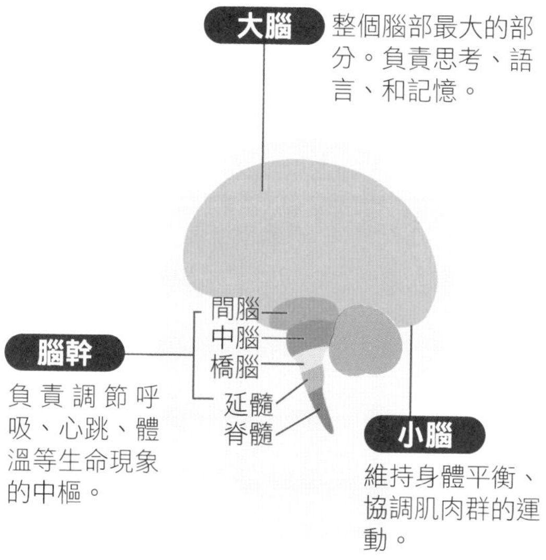
大腦
整個腦部最大的部分。負責思考、語言、和記憶。
間腦
中腦
橋腦
延髓
脊髓
腦幹
負責調節呼吸、心跳、體溫等生命現象的中樞。
小腦
維持身體平衡、協調肌肉群的運動。

大腦皮質的功能

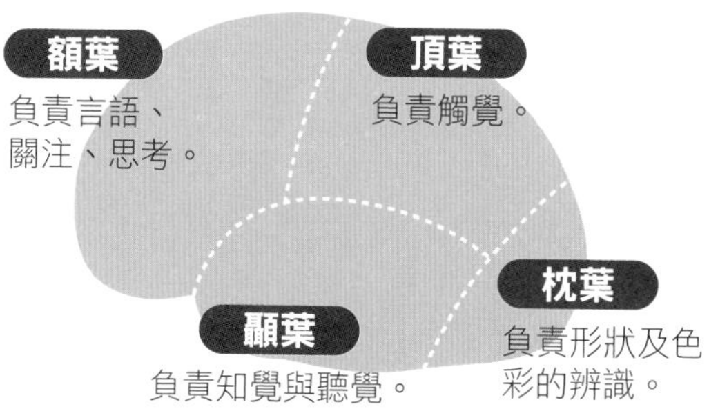
額葉
負責言語、關注、思考。
頂葉
負責觸覺。
枕葉
負責形狀及色彩的辨識。
顳葉
負責知覺與聽覺。

2 透過神經與大腦運作研究「心」的神經心理學

心理學長年針對「何謂心」這個問題進行研究。為了解開這個謎，有人分析人類行為，也有人嘗試藉夢境或神話等檢視人類心靈。其中研究進展最耀眼的，就是透過研究腦剖析心理活動的**神經心理學**。這是一種脫胎自結合**神經科學**的跨領域研究的嶄新領域，目的是解析認知、思考、語言活動、記憶等高等的心理功能。

神經組織中有**神經細胞**，由神經元與神經元之間的**突觸**負責傳達各種資訊。接收到外來刺激（光、聲音、衝擊等）或**大腦皮質**發出的指令時，都是由這些神經元負責傳達的。

那麼，大腦又是如何運作的？大腦表面有許多的縐褶，將這縐褶攤開，大概是一張報紙大。縐褶越多，腦的運作就越良好。

此外，**大腦**分為**左腦**和**右腦**，兩方各司其職，但也必須彼此協議做出各種決定。右腦控制身體左半邊的運動功能，在看到藝術性的繪畫或聽到音樂時會變得很活潑。左腦則負責控制身體右半邊的運動功能，其中有語言中樞，也有計算等重要功能，還負責感受喜怒哀樂

相關知識

◉左腦與右腦的差異

一般認為**左腦**執掌言語或邏輯性思考，**右腦**則負責以直覺理解事物，或進行創造性的發想。有些人的右腦較為發達，有些人則是左腦較為發達。

大腦可依溝痕分為**額葉**、**枕葉**、**顳葉**、**頂葉**四個部分。

一般認為，左腦的前聯合區及顳葉聯合區和語言有關，右腦的前聯合區及顳葉聯合區的一部分則與音樂有關。

或對動物的叫聲產生反應等。不過，並不是每一個人都符合這學說的解釋，男女之間也有所差異。可見關於腦的作用，依然有許多待解的謎。

左腦與右腦的功能

常有人問「你是用右腦思考，還是左腦？」有些人的左右腦作用相同，有些人的則會出現功能上的差異。

左腦與右腦的差異

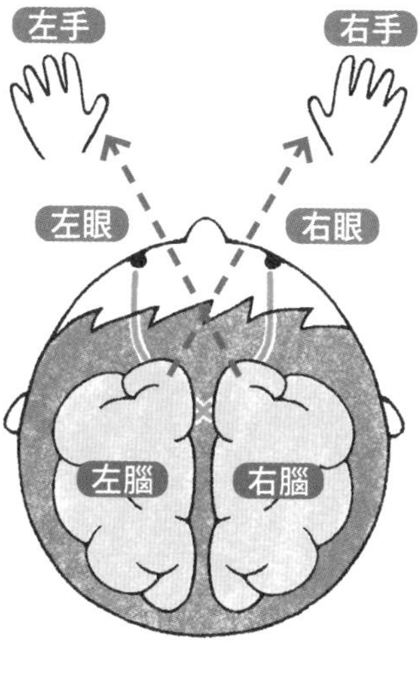

左腦	右腦
●右手的運動	●左手的運動
●以邏輯性思考解決問題	●以直覺思考解決問題
●理解圖形	●辨識空間
●語言中樞	●理解音樂
●計算	●不靠語言做判斷

↓

◎右腦發出的指令傳達到左半身。左腦發出的指令則傳達到右半身。

觀察大腦資訊處理過程的認知心理學

人腦一接收到來自外界的龐大資訊或刺激，便能在瞬間做出處理，視情況採取必要的行動。**認知心理學**（▼P46）是一門藉由觀察人腦進行**資訊處理**的過程，研究心理運作的學問。認知在運作時會使用到**感覺**和**知覺**（▼P254）等。資訊處理則可被比喻為腦（硬體）驅動心智（軟體）來處理資訊。

例如在操作電腦工作的時候接到電話時，習慣工作的人能邊看著電腦螢幕邊記下電話裡的重要事項，也就是邊處理一件工作邊關注其他的事。或是受過訓練後，人可以只看螢幕不看鍵盤地盲打，這就是資訊處理能力提升使然，而這種狀態就是**將信息處理轉變為自動化的過程**。

資訊處理也有**型態辨識**（▼下段）、**脈絡處理**（▼下段）、與**順應**三種特徵。型態辨識指在辨識外來刺激時搜尋感覺記憶（▼P264）。脈絡處理指對資訊內容可能因前後資訊不同一事有所認知。順應則是指感官能適應所接觸到的刺激或環境，例如在暗處待一

相關知識

雞尾酒會效應

在派對中等雜音充斥的場所，還是能聽出與自己交談的對象說些什麼。這是腦在潛意識中對必要的聲音和不必要的雜音做了資訊處理所造成的現象，稱為**雞尾酒會效應**。

更多詳情

型態辨識

在需要認知某一件事物時，會以儲存在記憶裡的模式為基礎進行類推。不論字跡多麼潦草，還是能大致讀出文意，就是因為對這些字已有相當程度的認知。

以既有的知識為基礎進行模式辨別，稱為**模板比對模型**。

陣子視力便能習慣陰暗，或新人剛參加社團時會為嚴苛的訓練感到畏縮，但在漸漸習慣後便能跟得上其他成員的腳步，都是因為透過這順應的作用對事物產生認知使然。

◉脈絡

每件事都是因為周遭環境及狀況等而發生的。在解釋或定位一件事時，需要依靠其周遭環境及狀況，也就是**脈絡**來下判斷。「何事」、「何時」、「何地」等就是構成脈絡的資訊。

人如何理解事物

理解事物稱為認知。認知的運作有以下幾種方式。

自動化處理

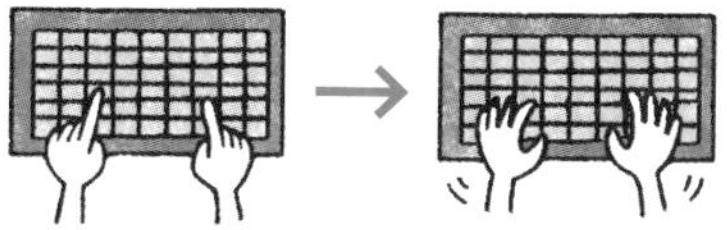

以一支手指邊看鍵盤邊打字（控制下的處理） → 不看鍵盤便可盲打（自動化的處理）

型態辨識

不論多潦草的筆跡，都可透過模式識別推測文意。

脈絡處理

「她很輕」

「她又瘦又輕」：表示體重

「她說話的方式輕柔」：表示性格

「何事」、「何時」、「何地」、「如何」等構成脈絡的資訊。

順應

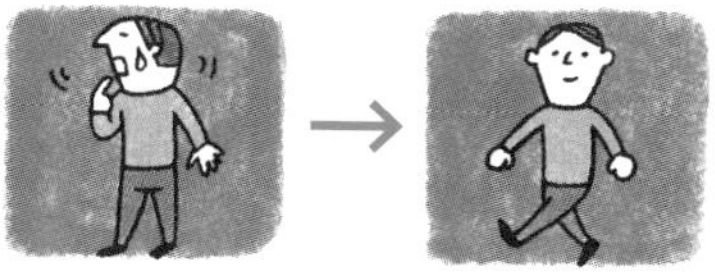

在暗處待一陣子視力便能習慣黑暗。感官能夠適應所接觸到的刺激或環境。

4 第一眼的錯覺因視覺感知而起

知覺心理學是一種研究**知覺**的學問。知覺包括**視覺**、**聽覺**、**嗅覺**、**味覺**、**觸覺**這五感。其中為最多人所研究的，就是視覺。

映入我們眼簾的一切，都需要透過視覺進行認知。在認知一個形體時最先出現的現象，就是**圖形與背景區分開來**。在有名的「**魯賓之盃**」（▼左圖）中，白色的部分在背景的黑色部分襯托下，便會自然而然形成這是一只盃的知覺。

組合則指看到一些形體時，會下意識地將之看成呈某種秩序的排列。**接近律**、**閉合律**、**相似律**（▼P94）也同樣屬於**視覺組織化**的範疇。

錯視則是指眼睛將某個形體看成不同的東西的現象，俗稱「視覺錯覺」。例如原本靜止的東西看似在移動的**似動現象**（▼P94），便屬於**運動知覺**的一種。把實際上由靜止畫面組成的電影或卡通看成活動影像，就是似動現象造成的。

相關知識

◉空間認知

實際上是平面的繪畫，卻解釋成有景深的三元空間，這就叫**空間認知**。

- **重疊**：幾個形體重疊在一起時，覆蓋住其他要素的形體看起來宛如在最前面。
- **質地的遞變**：看似越遠的形體質地越細。
- **直線透視**：兩條如鐵軌的平行線往前延伸，在遠方看似有交集。

◉恆常性

對環境因素造成的視覺差異，仍能維持穩定的視覺經驗。

例如距離越遠的形體看起來越小，但還是能以眼睛所見的比例估算出實際大小。

神奇的視覺法則

透過雙眼認知事物的感官稱為視覺。視覺會造成以下幾種現象。

圖形與背景的區分	 在「魯賓之盃」的圖形裡，如果只注意黑色部分，看來像兩張面對面的臉。如果只注意白色部分，看來則像一只盃。
組合	 即使左圖是由各色圓形組合而成，我們還是會看成一個完整的圖形，不過會先進行黑色、粉紅色等色彩的識別，接下來才會產生各色圓形的群化。
錯視	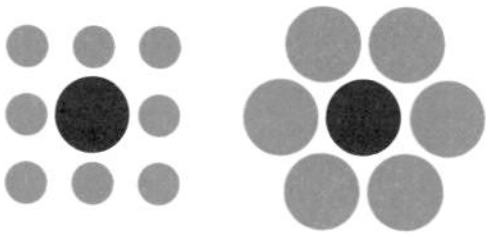 左圖中央的圓形看似比右圖大，其實兩者一樣大。 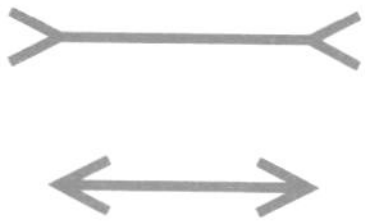 上面的橫線看似比下面的長，其實兩者一樣長。
似動現象	 反覆交替看左圖中的兩個圓點，雖然實際上是靜止的兩個點，看來卻像一個左右移動的點。

造成殘影效果的閾下知覺

持續凝視一個形體後，即使該形體從視野裡消失，卻感覺彷彿殘留在眼底。這種現象就稱為**殘影**。

造成殘影的原因，是眼睛與生俱來的生理功能。首先，映入眼簾的資訊（刺激）會使**視神經**活化。在一個活化結束前接收到其他資訊，便會產生錯覺，看見與原本的刺激相同、或相異的形體。例如看過一個移動的形體後再看一個靜止的形體，便會將這形體看成往原本的形體的方向移動（**運動殘影**）。

利用殘影效果的**閾下知覺**（或隱性知覺），是指在播放一個影像時，趁觀眾不注意悄悄換上其他影像，製造出殘影效果以向觀眾做出暗示。一九五七年美國有家電影院放映一齣名為《野餐》的電影時，由於片中有以隱性暗示的方法插入「多喝可樂」、「多吃爆米花」的文字及聲音，導致福利社裡可樂及爆米花的銷售出現爆炸性成長。

閾下知覺的效果，是透過**聽覺**做出暗示。例如在音樂中以難以

Psychology: Q&A

Q **閾下知覺**的運用，有哪些具體的事例？

A 一九九〇年**猶太祭司事件**就是個相當著名的例子。

英國重金屬樂團「猶太祭司」在他們創作的一首曲子裡，插入了以逆向播放的鼓勵自殺訊息「Do it」，一名少年聽了之後死亡，遺族向唱片公司及樂團提起訴訟，但最後以無罪判決告終。

此外，一九九五年日本奧姆真理教在相關節目中反覆穿插教團代表麻原彰晃的臉，因此飽受抨擊。當時的郵政省也對電視台發出了嚴厲警告。

近年，有廠商推出據說可以有效防止偷竊、擺脫繭居生活、鍛鍊專注力等的**潛能**ＣＤ。這種ＣＤ都是

聽清楚的音量、頻率或速度反覆穿插旁白，聽著聽著就會對聽眾的潛意識產生刺激。這種方法可被運用在提振奧運選手的士氣、治療風濕等慢性病患者，或提升大學生的學業等各方面（▼下段）。

在自然音中以**閾下**（意為人類聽覺可辨識的極限「閾」以下）音量插入隱性訊息，市場上的反應似乎還不錯。

殘影的原理與閾下知覺

眼睛接收到強烈刺激時，由於這刺激彷彿在視網膜上留下深深烙印，因此會對下一個接收到的刺激造成影響。這就是殘影現象。

什麼是互補色殘影

凝視某一種顏色一陣子，再將視線從該顏色移開，視覺上就會出現該顏色的互補色（紅→青藍→綠→洋紅→藍→黃）的殘影。

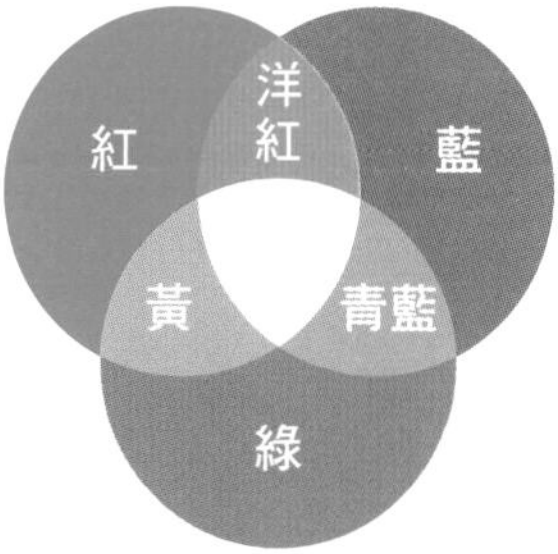

閾下知覺

閾下知覺指在播放一個影像時插入其他影像，製造出殘影效果以向觀眾的潛意識發出指令。

電視上播放新聞的天氣預報。

↓

突然間插入選舉候選人的影像。

↓

該候選人的形象被烙印在觀眾的潛意識裡。

6 未來「頭腦好壞」將以EQ為準

「頭腦好壞」要以什麼為判斷標準？從前認為**ＩＱ**高＝頭腦好。ＩＱ為**智力商數**之意，測量ＩＱ的傳統方法是以生活年齡及精神年齡的比例為基準。根據**智商測驗**的測定結果，ＩＱ越高智力越高，越低智力也就越低。

不過，如今不同於ＩＱ的「感性」開始受到矚目，越來越多人認為情緒相關能力也該被視為知性的一部分，因此**ＥＱ**，即**情緒商數**的概念就開始備受關注。由了解自己的情感、形塑真正的自我、以此做為行動指針的能力（**自我概念**），以及感知旁人的意向以採取適切行動的能力（**社交技巧**）所構成的**人格素養**開始被重視。

ＥＱ，也就是情緒商數雖然難以測量，但ＥＱ高的人，將來在社會上應該能備受好評。事實上，日本某些企業已經開始以ＥＱ做為採用新人或決定升遷的基準。

相關知識

◉ＰＱ

掌管知性的中樞，是與**自我**關連密切的**前額葉皮質區**。由於ＥＱ與自我密切相關，因此ＥＱ與自我結合而成的能力就叫做ＰＱ。

ＰＱ是代表適切控制自己的情緒，巧妙經營社交關係，積極正向地幸福生活，這點應該被視為人生的重心。因此一般認為，自幼少期就該以教育奠定紮實的ＰＱ基礎。

前額葉是腦的控制中心，除了控制自己的心理，也負責執掌臆測及理解他人的能力。

IQ與EQ的差異

IQ 並不代表一個人的資質，數據也可能因訓練或接受測驗時的身體狀況而異。EQ 則代表心理的各種能力。

IQ（智力商數）

二十世紀初法國心理學家阿爾弗雷德・比奈（Alfred Bine）所創，後又有美國學者加以修改。

IQ測驗

$$IQ = \frac{\text{心理年齡}}{\text{實際年齡} \times 100} \times 100$$

- 受試者在限制時間內回答各種問題，測量出實際年齡與心理年齡的比值。例如，假設一個10歲的孩子答對了幾乎所有15歲孩子能回答的問題，他的IQ便是150。
- 近年常被用於判斷心智遲緩，但IQ值原則上並不公開。

EQ（情緒商數）

一九八〇年代由美國心理學家彼得・薩洛威（Peter Salovey）及約翰・梅爾（John D. Mayer）提出。丹尼爾・高曼（Daniel Goleman）撰寫了《EQ》一書，才迅速普及到全世界。

構成EQ的五種能力

自我認識力	感知並尊重自己的真正意向，以做出自己所能接受的決策。
自我控制力	能壓抑衝動及成為壓力源的情緒。
自我激勵	以正向思考朝目標邁進，並為此努力不輟。
他人情緒察覺能力	敏感地察覺他人的意向，並以同理心待人。
人際關係管理能力	與群體中的其他人協調、合作。

◎即使IQ再高，不具備能使IQ得以發揮的EQ也是沒有意義的。

7 喜怒哀樂與身體、大腦關係密切

情感（**情緒**），也就是所謂的**喜怒哀樂**，可分為與身體感覺有關的**感覺**和**情緒**兩種。通常認為前者與**大腦皮質**及**額葉**有關，後者則與**大腦邊緣系統**（**杏仁核**、**海馬迴**、**下視丘**）有關。

情感與身體和大腦有密切關係。例如接收到強烈恐懼時之所以會發冷、冒汗或劇烈心悸，乃是因為大腦皮質偵測到來自外界的刺激並做出判斷，造成末梢的反應。

在以電極刺激貓的杏仁核的實驗中，較弱的電流會使貓發出呻吟、瞳孔放大，強烈的電流則會使貓劇烈呻吟，並出現攻擊性或逃避性的行為。從這實驗可以得知，與貓同為哺乳類的人類也有同樣的功能，反之，也證明了人類以外的動物也同樣有感覺。

這種以科學方式分析動物的智能及心理，並與人類做比較的學問，稱為**比較認知科學**。

Psychology: Q&A

Q 新生嬰兒在成長過程中，是依某種順序學習情緒的嗎？

A 心理學家**布里吉斯**（K. M. B. Bridges）觀察從剛出生到兩歲的兒童後，解開了**情感**（情緒性的行為）如何發展的謎。根據他的研究，剛出生的嬰兒對人都是無差別的反應，三個月後才會發展出**不愉快**和**愉快**兩種情緒。這現象叫做**情緒分化**。

而從不愉快又會分出恐懼、憤怒、不開心，從愉快則會分出愛情、歡喜、和開心等情感。

到五歲時，會進一步分出害羞、嫉妒、失望、厭惡、對父母的愛、期望、專長等情感，到這個階段已經和成人相當。

大腦與情感有關的部位

一般認為感覺與大腦皮質及額葉有關，情緒則與大腦邊緣系統（杏仁核、海馬迴、下視丘）有關。

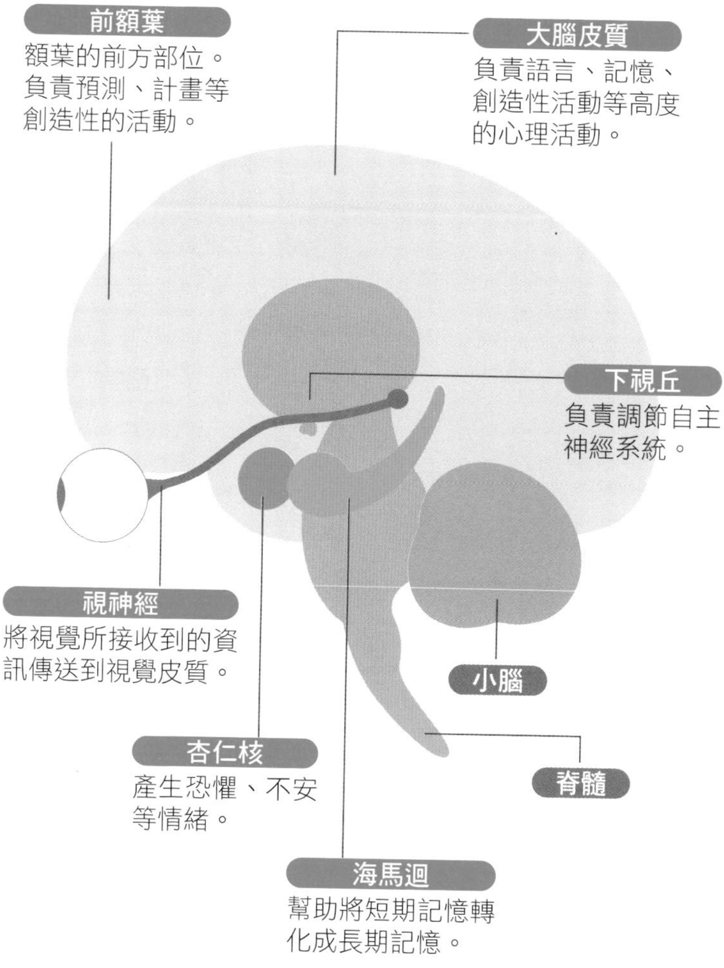
前額葉
額葉的前方部位。負責預測、計畫等創造性的活動。
大腦皮質
負責語言、記憶、創造性活動等高度的心理活動。
下視丘
負責調節自主神經系統。
視神經
將視覺所接收到的資訊傳送到視覺皮質。
小腦
杏仁核
產生恐懼、不安等情緒。
脊髓
海馬迴
幫助將短期記憶轉化成長期記憶。

記憶
1

感動的經驗有助於提升記憶力

在**記憶**的過程中，大腦會出現什麼樣的活動？眼睛或耳朵所接收的外來刺激（資訊），會由神經細胞的**突觸**傳送到大腦皮質的枕葉，最後被儲存到**大腦邊緣系統**的**海馬迴**裡頭。

至於**喜怒哀樂**等與情緒或本能有關的資訊，則是在由**大腦邊緣系統**的**下視丘**接收後傳遞到杏仁核，在不經由大腦皮質的路徑下直接抵達海馬迴。因此比起經由大腦皮質的記憶更強烈。

由此可見，**感動的經驗是有助於提升記憶力的**。大家不妨試著回想，在做枯燥乏味的考前複習時，碰上自己喜歡的老師所教的科目，複習起來似乎會比較輕鬆；因為比起其他科目，記得的內容應該要來得多些。這是因為考前複習這個「資訊」，加上看到喜歡的老師上課時那雀躍的「情感」，會**使記憶烙印得更為深刻**。

相關知識

◉加西亞效應

吃了某種食物後感到不舒服，這種不愉快的經驗會成為記憶，導致無法再接觸這種食物的**味覺嫌惡**現象。由美國心理學家**約翰．加西亞**（John Garcia）提出。

◉情節記憶

情節記憶是**陳述性記憶**的一部分，意指某件事只體驗過一次便被記憶下來。這件事發生的時間、場所和當時的**情感**與事件本身產生連結，被強化成記憶（情節）。**自傳式記憶**則是**情節記憶**的一部分，指的是對自己在人生中所經歷過的事件留下的記憶，特徵是具有故事性、創造性和情緒性。

記憶的運作方式

人所接收到的刺激轉化成資訊，最後被傳送到海馬迴，成為記憶。

刺激轉化成資訊

從視覺接收到的資訊，會被神經細胞傳達到枕葉，再傳送到海馬迴，成為記憶。

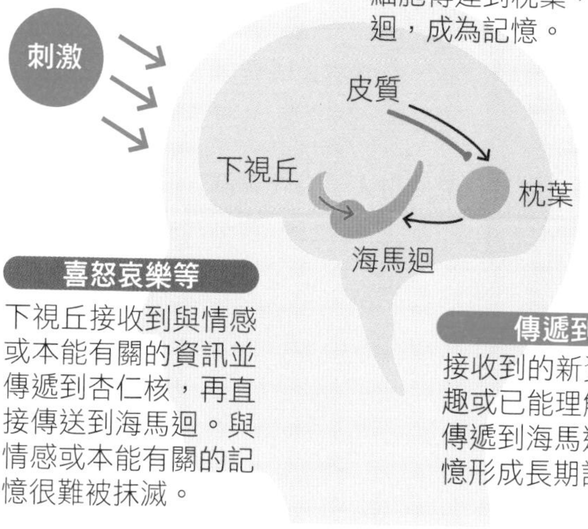

喜怒哀樂等

下視丘接收到與情感或本能有關的資訊並傳遞到杏仁核，再直接傳送到海馬迴。與情感或本能有關的記憶很難被抹滅。

傳遞到海馬迴

接收到的新資訊中，感興趣或已能理解的內容會先傳遞到海馬迴，由短期記憶形成長期記憶。

有效的考前複習

伴隨因老師的教學方式、或喜歡特定老師教而產生的感動，比較可能成為深刻的記憶。看來感動對學習而言也是個正面因素。

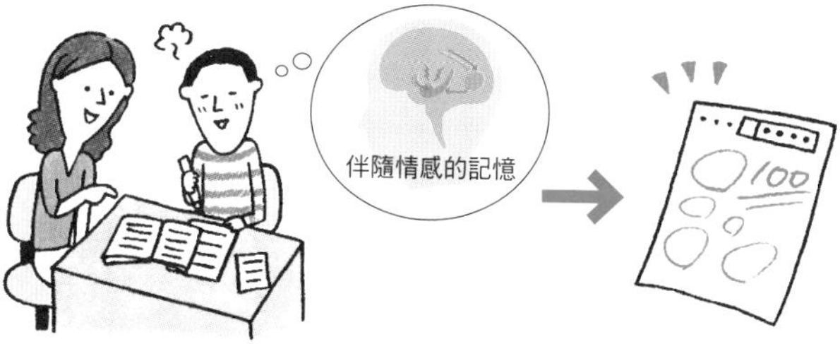

記憶

2

立刻遺忘的記憶與成為永恆回憶的記憶

記憶可粗略分為**認知記憶**與**動作記憶**（▼P268）。認知記憶是對事物的記憶，動作記憶則是指身體動作的記憶。本節先介紹認知記憶。

透過**視覺**或**聽覺**接收到資訊後，會成為稍縱即逝的記憶。這種超短期的記憶稱為**感覺記憶**，由視覺所接收的資訊會在約一秒後消失，由聽覺所接收的資訊則會在幾秒後消失。

至於記憶傳送到**海馬迴**的狀態則稱為**短期記憶**。這種記憶會在短時間內消失。

暫時保存在海馬迴的記憶，大約一小時到一個月左右會形成**長期記憶**。不過，這些重要記憶必須在一個月以內被憶起兩次以上，才會成為長期記憶。這種現象稱為**複誦**。這就是為什麼考前複習時必須反覆做同樣的練習題，或背新單字時必須不斷在筆記本上反覆書寫，因為反覆練習才能將這些資訊牢記。

長期記憶分為以言語記憶的**陳述性記憶**，以及以動作記憶的**程序記憶**（▼下段）兩種。陳述性記憶則分為記憶特別事件的**情節記憶**

更多詳情

◉程序記憶

長期記憶的一種，意指保存某種手續性的知識技能。例如學騎自行車、學舞、背誦般若心經等冗長文章等，都是**程序記憶**的例子。

觸發記憶是既有記憶經過潛意識的強化所成的記憶。例如聽到「醫生」就會想到「護士」。

古典制約又稱為**帕夫洛夫的制約反射**，是藉由反覆以刺激挑起生理性反射，最後即使移除刺激也能自動產生同樣的生理性反應。

相關知識

◉閃光燈記憶

九一一恐怖攻擊或麥可．傑克遜死亡等全球關注的大新聞或對個人意義重大的事件，會留下宛如「被

（▼P262）、記憶知識的**語意記憶**、既有記憶受新的記憶影響而成的**觸發記憶**、以及因熟練而將某種技術或技能轉化成本能反射記憶下來的**古典制約**等。

相機的閃光燈照射」般的鮮明記憶。這種記憶就稱為**閃光燈記憶**。但也有人認為這種現象，是因為這類重大記憶隨時可能成為聊天話題而不斷被提起。

記憶有哪幾種

記憶可被分為以下幾個類型。

- **記憶**
  - **動作記憶** 記憶身體運動的感覺（▶P268）
  - **認知記憶** 記憶事物
    - **感覺記憶** 立刻遺忘的記憶
    - **短期記憶** 短時間便遺忘的記憶
    - **長期記憶** 長期牢記的記憶
      - **陳述性記憶** 以言語留下的記憶
        - **情節記憶** 因情節特殊而留下的記憶
        - **語意記憶** 記住知識的記憶
      - **程序記憶** 以動作留下的記憶
        - **觸發記憶** 受到既有記憶影響的記憶
        - **古典制約** 接觸到一定條件便會造成條件反射的學習記憶

註：英法聯軍的八國（俄德法美日奧義英）背誦口訣。

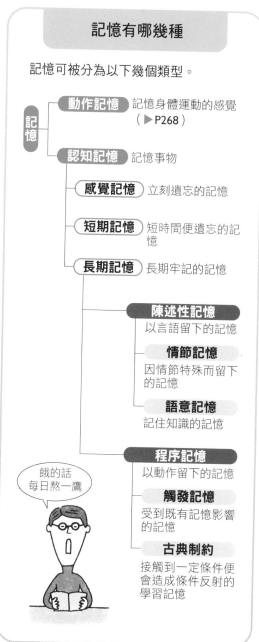

記憶
3

記憶的越多，遺忘的也越多

大腦有**記憶**、也有**遺忘**的功能。曾經記得的事，也可能被遺忘。

短期記憶（▼P264）是暫時保存的記憶，但最後都會因不被需要而被抹消。被抹消（遺忘）的原因，可能是因為當事人對這資訊不感興趣、資訊本身難以記憶、不夠專注、與類似的資訊混淆、或是過度緊張或興奮等。

有時某些資訊應該已經成為**長期記憶**，需要時卻怎麼也想不起來（**記憶困難**，▼左圖），這就是**短暫失憶**。這種記憶有時可能因某些線索或提示而被憶起，有些則是怎麼提示都想不起來，這種**記憶障礙**分為原本記得卻怎麼也想不起來的**長期記憶障礙**，以及無法憶起新的記憶的**短期記憶障礙**。記憶障礙中，想不起**陳述性記憶**（▼P264）的狀態稱為**健忘**。也可能想不起**情節記憶**或**語意記憶**，從**忘事**到**失憶**都屬於健忘的範疇。

健忘也是**失智症**常見的初期症狀。由於**阿茲海默症**多是海馬迴開始出現萎縮，因此會出現健忘的症狀。

! 相關知識

◉酒後失憶

飲酒過量導致記憶喪失的狀態。腦內酒精濃度太高，會導致**海馬迴**受損。

酒醉可以分為以下三種。

①**單純性醉酒**：普通程度的飲酒所造成的輕度醉酒。

②**複雜性醉酒（量的醉酒）**：興奮得宛如變了一個人。雖然人會變得昏昏沉沉（輕度意識障礙），但並不會喪失多少記憶，只是有時可能會失去一部分判斷能力。

③**病理性醉酒（質的醉酒）**：激烈的興奮，出現記憶障礙、幻聽、妄想，並做出脫序行為。

酒後失憶是發生在前述第②階段的現象。②或③雖是常見於酒精中毒患者的狀態，但健康的人如果飲大家都認為人年紀越大會越健忘。的確，腦細胞只會隨年齡增長減少，不會增加。但只要讓腦不斷接受新的刺激，細胞連結的網路即使上了年紀也能持續增長。

酒過量也可能會如此。人在這種狀態下很容易做出犯罪行為，因此需要格外小心。若非得喝酒，最好能盡量限制在①的狀態。要避免造成任何遺憾，最好能對自己的酒量有充分掌握。

記憶困難與酒後失憶

再怎麼努力回想也想不起某件事的狀態稱為記憶壁障。飲酒過量造成記憶喪失則稱為酒後失憶。

記憶困難

昨日吃了
什麼呀？

先試著回想其他相關資訊。
- 到百貨公司地下街
- 試吃
- 因為太疲憊而想吃點酸的東西

↓

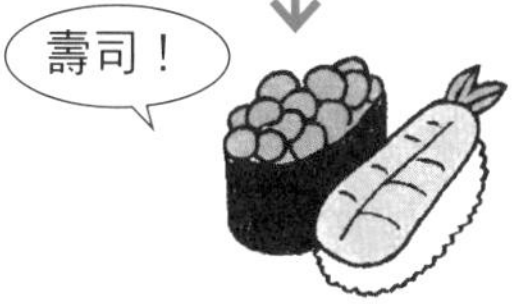
壽司！

神經迴路復甦，記憶再度浮現。

酒後失憶

海馬

海馬迴與其他腦區的連結受到抑制，
本能原形畢露。

4 鍛鍊動作記憶有助於改善運動細胞

一個人對運動是否擅長，取決於**記憶力**的好壞。不過這種記憶力並非記憶資訊的**認知記憶**（▼P264），而是**與中樞神經系統中專司記憶的海馬迴無關**的**動作記憶**。

有些傑出的運動選手特別擅長棒球、高爾夫球等，因為他們持續反覆練習。只要了解動作記憶如何運作，就能理解一千下揮棒練習這種嚴苛的訓練其實是有效的。

動作記憶由**大腦皮質**經由神經迴路向**小腦皮質**發出神經訊號，向肌肉下達動作相關的指令。不過剛接收到訊號時，肌肉沒辦法正確做出動作。以棒球為例，就好比無法順利接到朝自己飛來的球，或想看到投手投球卻揮棒落空。這種失敗是因為小腦發出的是錯誤的**動作指令**。這種時候，大腦會向小腦發出「這動作失敗了」的訊號，壓抑錯誤的動作指令。這一連串腦部活動稱為**回饋**，在反覆回饋的過程中，小腦發出正確動作指令的神經迴路會逐漸獲得強化，運動能力也因此提升。

相關知識

◉知覺動作訓練

藉由看或聽反覆磨練某種知覺，學會有效地做出某些動作。**知覺動作訓練**依照以下三個階段進行。

第一階段「感知」：以棒球的訓練為例，訓練對投球、打擊的認知。

第二階段「統合」：熟悉從看清球路到揮棒的一連串動作。

第三階段「自律」：學會不靠意識便反射性做出動作。

一般認為不論是體育活動還是樂器演奏，最有效的方法就是邊**想像**自己達到動作訓練目標的狀態邊練習。

以學習英文為例，最重要的就是藉由反覆練習將短期記憶轉化成長因此要在運動中出類拔萃，最重要的就是讓身體在反覆失敗中逐漸適應正確的感覺。這不只是體育活動，也是演奏、演戲等利用身體的活動的共通訣竅。

期記憶。事實上，許多教材也確實採用動耳（聽）、動眼（讀）、動手（寫）、動嘴（說）這一連串感官功能製造動作記憶。

藉反覆練習提升動作記憶

與身體的活動方式有關的記憶稱為動作記憶。動作記憶並不是保存在海馬迴內，而是由小腦直接向肌肉發出指令。

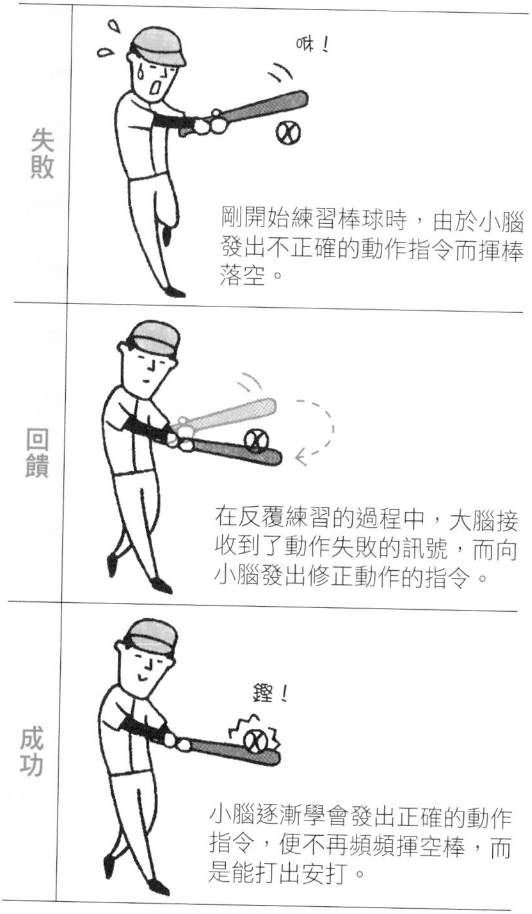
失敗
咻！
剛開始練習棒球時，由於小腦發出不正確的動作指令而揮棒落空。
回饋
在反覆練習的過程中，大腦接收到了動作失敗的訊號，而向小腦發出修正動作的指令。
成功
鏗！
小腦逐漸學會發出正確的動作指令，便不再頻頻揮空棒，而是能打出安打。

◎琢磨動作記憶，是精通運動、演奏、演戲等身體活動的共通訣竅。

5 記憶力可被提升到什麼程度備受關注

雖說**記憶力**的好壞因人而異，但每個人的腦容量都相當龐大。發明電腦的匈牙利數學家**馮・諾伊曼**（John von Neumann）便曾計算出，人類的腦容量約為**10^{20}位元**。位元是電腦資訊的最小單位，8位元＝1位元組，而1位元組則相當於一個英文字母的資訊量。而如果與電腦硬碟的記憶容量相比，近年的標準硬碟容量為100GB（10億位元組），約為8600億位元。諾伊曼算出的10^{20}位元要比這大上許多，約等於一億台100GB電腦的總和。

針對此一主張，也有人質疑扣除遺忘功能，人腦的記憶量應該要少一些，但不管怎麼說，人腦的記憶容量都是超乎想像的龐大。

語意網路清楚說明大腦的記憶功能如何運作。從左圖可以看出，大腦在記憶一個概念時，會將相關的概念以網狀連結，關連越高的概念靠得越近。這種邊彙整相關概念邊整理資訊的運作方式，就叫做**觸發效應**（▼P264）。

利用觸發效應只是提升記憶力的方法之一，想必未來將會研究

! 相關知識

◉記憶術

頭腦好的人大都擅長記憶。以下就是幾種具代表性的**記憶術**。

●**視覺意象法**：先想像一個實際存在或虛構的場所並做編號，再依順序把要記的每個資訊與場所以心像的方式連結。如果能儘可能佐以不尋常的意像，記憶的效果會更好。

●**故事法**：想出一個故事，再將要記的資訊放進去。如果能輔以強烈的意像效果會更好。

●**諧音法**：將歷史上的年號轉換成容易記住的語句。例如八國聯軍的俄德法美日奧義英，可以用「餓的話每日熬一鷹」來記憶。

●**首字語法**：把要記的資訊首字串聯起來記憶。英法聯軍時台灣開

出更多的有助於開發記憶力的新方法。

放的港口為基隆、淡水、安平、打狗，就可用「雞蛋安打」來記憶。

- **串節法：**把要記的資訊以某種邏輯串連起來。例如知名披薩廣告中的電話號碼882-52-52就是分節記憶。

依資訊關係遠近進行彙整的觸發效應

以圖像化的方式解釋記憶如何運作的語意網路。關連性高的概念位置比較近，關連性低的則位置比較遠，因此判斷起來較花時間。

語意網路

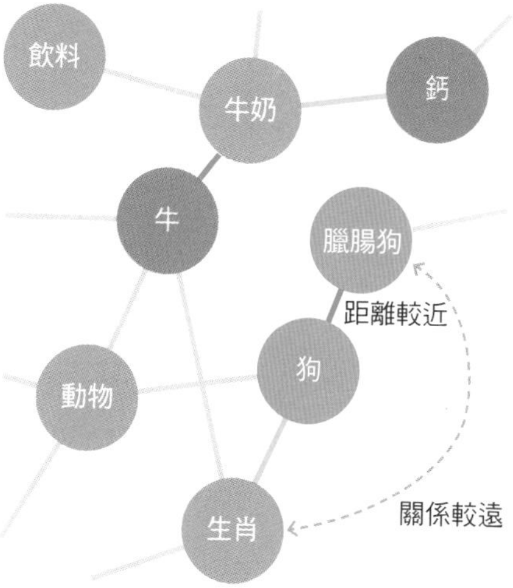

- 「臘腸狗」與「狗」關連性高，因此距離比較近。
- 「臘腸狗」與「生肖」需要想到「生肖」裡也有「狗」才會產生關連。由於關連性比較低，因此距離比較遠。
- 同樣，「牛」與「鈣」需要想到「牛奶」裡含「鈣」才會產生關連，因此判斷起來較花時間。

有趣又有用的
深層心理
7

你有克服逆境的勇氣嗎？

你撿到一隻裝在箱子裡被丟棄的狗。覺得可憐把牠帶回家，父母卻要你「拿出去丟掉」。面對這種情況，你認為以下的哪一種因應方式最有勇氣？

❶

到處詢問有沒有其他人想養。

❷

把牠帶回原本的地方，每天過去餵食牠。

❸

拚命說服父母讓你養牠。

❹

無可奈何地帶出去丟掉。

解答

答案是❸。選擇這麼做的人意志力強，擁有遭逢逆境也能順利克服的實力，而且應該也廣受旁人信賴。

選擇❶的人懂得在體諒周遭氣氛的同時貫徹自己的意志，是個謀略高手。

選擇❷的人無法果斷解決問題。由於個性和善，因此常過度聽信他人的意見而迷失了自我。選擇❹的人應該是最沒有勇氣的。生性過於優柔寡斷，容易為他人的意見所左右。

PART 8

性格與深層心理分析

性格 1

先天後天都會對性格產生影響

性格是什麼？這自古便有**性格**與**人格**兩種定義。性格是指一個人與生俱來的，也就是遺傳性的資質。反之，人格則是成長環境的影響所造成的特性。

但到底是先天要素、還是後天要素對性格的影響比較強，至今仍無定論。

一般認為一個人的思考或行動模式是從後天的學習經驗養成的。從觀察**同卵雙胞胎**的統計數據發現，兩人即使在不同環境下成長，也可能出現相似的特徵（▼P278）。如此看來，與生俱來的性格加上後天養成的人格，才是一個人的完整性格，由性格與人格的交互作用而形成的。

個性的意思與性格相當類似。我們可能形容一個人的個性是灰暗還是開朗，穿著品味或喜歡什麼顏色也算是個性的表現。也就是說，個性是指一個人有別於其他人的特徵。**個人**這個字本就有「無法分割」或「無可取代」的意涵，因此個性不只用來形容性格，也可以

相關知識

◉拓樸心理學（場地理論）

美國心理學家**勒溫**提出的理論，主張一個人的行為不只被**人格**或欲望所驅策，也會被身處的「**場地**」影響。

也就是說，**環境也可以影響並且塑造一個人的人格**。以這理論為依據開發環境，或許可以驅使人做出符合期待的行為。

Psychology: Q&A

Q 我的朋友講話很刻薄，常造成旁人的不快。人的性格是不是無法改變？

A **性格**是由先天遺傳的**氣質**與後天環境所影響的人格所構成的。後天環境所影響的人格，又可分為被社會影響的**社會人格**、因

用來形容一個人的能力或外表。

此外，**氣質**這個字則被用來形容感情方面的個性。氣質是性格的基礎，一般認為氣質深受遺傳的影響。

應目前扮演的角色所產生的**角色人格**。天生的氣質很難改變，後天養成的性格則不然。這位朋友的刻薄性格如果是因為環境影響，應該不難矯正。

什麼是形成性格的要素？

一般認為性格是遺傳與環境影響的產物。

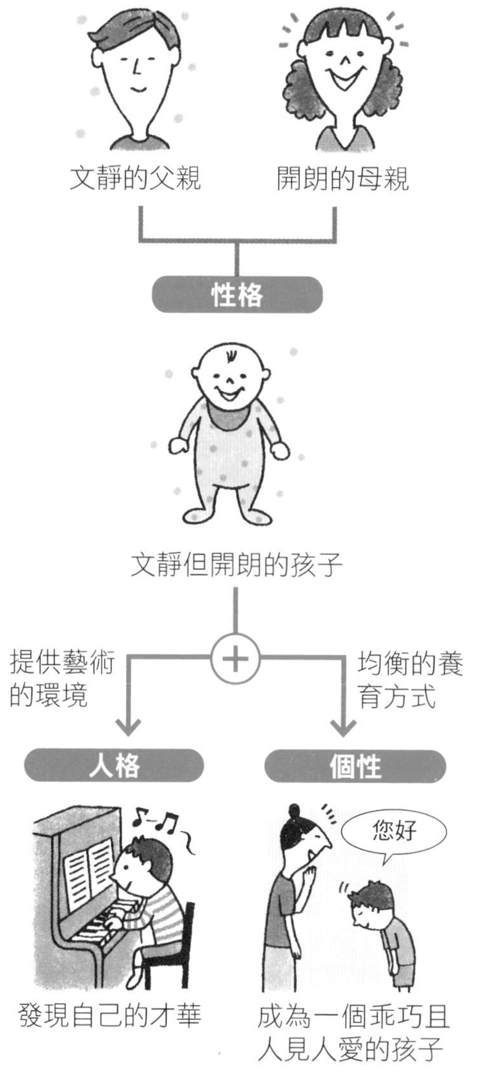
文靜的父親
開朗的母親
性格
文靜但開朗的孩子
提供藝術的環境
均衡的養育方式
人格
個性
您好
發現自己的才華
成為一個乖巧且人見人愛的孩子

性格 2

兄弟姊妹的性格

兄弟姊妹的性格是如何決定的？即使是同樣的父母所生，在同樣的環境下長大，兄弟姊妹的性格仍可能是南轅北轍。因此，有人認為**父母養育方式的不同**，是造成兄弟姊妹性格差異的原因。

例如父母在照顧**長子**時，對育兒可能最為熱心積極。但到了照顧**次子**時，對育兒已經遊刃有餘。此外，父母會催促長子儘早獨立，卻期望**么子**永遠惹人憐愛。

在長子眼裡，次子的誕生奪走了自己享有的一半母愛。克服這個打擊有助於培養抗壓力。至於次子基於被迫和哥哥競爭的需要，因此會抓到訣竅，儘可能採取吸引父母注意的行動。

年齡差距也可能造成兄弟之間的差異。兄弟的年齡差距小，彼此會產生敵對意識，比較容易爭吵或打架。年齡差距大，則哥哥會比較包容弟弟。

由此可見，兄弟姊妹關係是形成**朋友關係**、也是培養**社會化**的基礎。但有人擔心近年只擁有親子這種**縱向關係**的獨生子與日俱增，

Psychology: Q&A

Q 常有人猜我「應該有哥哥」，其實並沒有。為何大家會這麼認為？

A 一般認為**長子**的行為模式有背負社會期待的傾向，而**次子**應該比較自由自在，**么子**則習慣撒嬌。東方在傳統上為**家父長制**，父母通常要求長子長女「要像個哥哥姊姊」的樣子，么子則備受寵愛。因此大家認為「你應該有哥哥」，或許是大家認為你性格裡有點「受寵愛」的影子？

反之，如果被大家認為「應該有弟妹」，可能是因為處事有擔當。

Q 我們姊妹總是吵個不停。請問這和性別有關係嗎？

A 一般認為兄弟之間通常有互不干涉、保持距離的傾向，

可能導致沒有機會學習競爭、合作、妥協、或忍耐等人際關係的孩子越來越多。

姊妹之間則比較親密，但也因此容易產生較強的對立意識。

兄弟、姊妹的人際關係差異

有兄弟或姊妹，對孩子的性格也可能造成差異。

和諧關係	 姊妹比較可能培養親暱的關係，但如果年齡差距小也可能頻頻爭吵。
對立關係	 年齡差距小可能頻頻發生爭執。
專制關係	 兄妹、姊弟常出現兄姊比較跋扈的情況。
疏離關係	 彼此互不干涉，在年齡差距大的兄弟姊妹間相當常見。

性格

3

性格與智能取決於遺傳還是環境？

藉由比較同卵雙胞胎及異卵雙胞胎，研究**遺傳**與**環境**孰者對**性格**影響較大的研究法，稱為**雙胞胎研究法**。

由於同卵雙胞胎生自同一個授精卵，基因完全一致。異卵雙胞胎則因為由兩個卵子分別受精，基因相似度跟不同胎的兄弟一樣。由此可以推測，如果同卵雙胞胎兄弟的性格差異比異卵雙胞胎小，就代表性格受遺傳的影響較大。而如果同卵雙胞胎與異卵雙胞胎的性格沒有太大差異，則代表環境對性格的影響較大。

此外，還有美國心理學家**亞瑟・傑森**（Arthur Robert Jensen）提出的**環境閾限理論**，主張一個人的才能主要受遺傳影響，但是才能要得到發揮的前提是，他所身處的環境一定要達到一定的水準（閾限）。依此理論，體型或智能等容易受遺傳影響，如果在外語學習或學業成績上想要有所提升，就需要有超越閾限的環境才可能有成效。

Psychology: Q&A

Q 頭腦好的父母，是否也會生出聰明的孩子？

A 德國心理學家萊茵埃爾曾針對親子的智能關係做過研究。評價基準為A＝優秀，B＝普通，C＝不優秀。

● 雙親為A－A，子女A：71.5%，B：25.5%，C：3.0%
● 雙親為B－B，子女A：18.6%，B：66.9%，C：14.5%
● 雙親為C－C，子女A：5.4%，B：34.4%，C：60.1%

智能並不優秀的父母生下智能優秀子女的比例還是有5%，可見遺傳對智能雖然有很大的影響，但還是有可能出現烏鴉生鳳凰的例子。

性格與智能會遺傳嗎？

決定性格的因素是遺傳＋環境。針對雙胞胎的研究顯示，即使在同樣的環境成長，兄弟的性格還是可能有差異，而在不同的環境成長，兄弟也可能培養出類似的性格。出生後大腦的使用方式不同等，也可能造成性格及智能的差異。

雙胞胎研究法

藉由比較同卵雙胞胎和異卵雙胞胎的異同，可以看出遺傳與環境孰者對性格的影響較大。

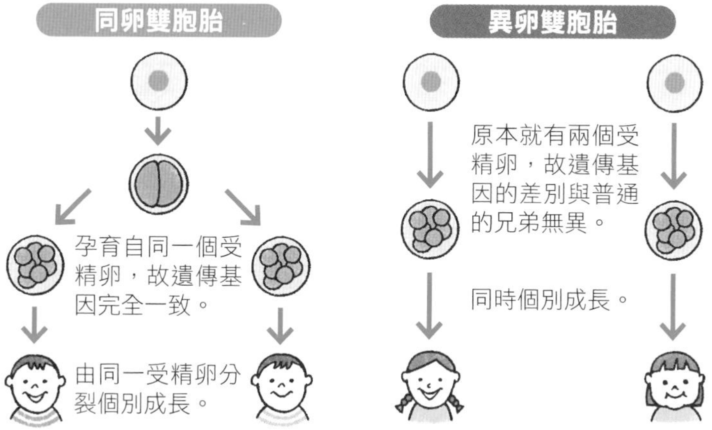
同卵雙胞胎
孕育自同一個受精卵，故遺傳基因完全一致。
由同一受精卵分裂個別成長。
異卵雙胞胎
原本就有兩個受精卵，故遺傳基因的差別與普通的兄弟無異。
同時個別成長。

雙胞胎智力商數的異同比例（50＝平均，100＝完全一致，0＝不一致）

成長於同一環境的同卵雙胞胎	92	成長於不同環境的同卵雙胞胎	87	異卵雙胞胎	相似度**55** 相異度**56**

傑森的環境閾限理論

一個人的才能受遺傳影響，但是才能要得到發揮的前提是他所身處的環境一定要達到一定的水準（閾限）。父母提供好的學習環境能使孩子成績進步，便是證據。

性格 4

將失敗歸咎於他人，還是歸咎於自己？

勝敗乃兵家常事。但接受失敗的方式卻是因人而異。人在失敗時如何歸咎責任的概念稱為**控制信念**。控制點分為將失敗歸咎於外在環境的**外控型**，以及視為自己內在問題的**內控型**。

以搭乘新幹線出差為例，由於換乘的電車誤點，導致無法準時搭上新幹線，外控型的人會認為「這是不可抗力，只好認了。」反之，內控型的人則會認為「早知道該更早出門。」雖然面對的是同樣的情況，兩者的思考模式卻是南轅北轍。

外控型習慣將失敗歸咎於外部因素。如果是工作上的失敗，便可能怪罪同一組的同仁能力不足等，將責任轉嫁到他人身上。或是認為自己運氣欠佳。

這種人不會為失敗煩惱或後悔不已，但由於不懂得自省，很可能一再重蹈覆轍，有時甚至會被貼上不負責任的標籤。

相反的，**內控型則習慣將失敗歸咎於自己本身**，因此有容易沮喪、或累積壓力的傾向，但他們懂得找出失敗的原因做反省，以避免

相關知識

◉歸因

推測人類行為的原因。**歸因**分為**內在歸因**與**外在歸因**兩種。前者習慣將一切歸咎於自己的性格等內在因素，後者則習慣從狀況或運氣等外在因素找理由。美國心理學家**伯納德·韋納**（Bernard Weiner）所發表的成功·失敗歸因模型，將內在歸因分為**不穩定歸因**（能力等）及**穩定歸因**（努力等），並將外在歸因分為**可控制歸因**（運氣等）及**不可控制歸因**（目標的困難度）。

◉自利歸因偏差

傾向以對自己有利的方式解釋結果。成功時歸因於自己的能力，失敗時則歸咎於環境。

重蹈覆轍。因為這類型的人認為成敗都該由自己負責，因此總是能提升自己的能力。

◉控制的錯覺

無法控制，卻深信自己有能力掌控的狀態。例如相信「自己挑彩券就會中獎」等，認為純屬偶然的事也能靠自己的能力或意向改變結果。

外控型與內控型

將失敗的理由歸咎於自己以外的因素者屬外部控制型，不歸咎他人選擇自己承擔者則屬於內部控制型。

外控型	失敗時不懂得反省，只知道找理由推託。 ●不是自己的錯。 ●因為難度太高。 ●因為運氣不好。 ●因為有其他事要忙。 
內控型	分析失敗原因並做反省，以避免重蹈覆轍。 ●自己太粗心大意。 ●自己努力不足。 ●下次要更努力。 ●危機就是轉機。 

以特定基準歸納性格

性格的分類法可粗略分為**類型論**與**特性論**兩種。類型論用幾種基準將性格分類，特性論則是將人的性格視為幾種特性的集合體。

類型論最具代表性的例子是德國精神醫學家**恩斯特．克雷奇默**（Ernst Kretschmer）提出的**體型學說**。克雷奇默認為人的體型與性格有一定的關連，並將體型分為三類，並解釋每一類的特徵。

1 肥胖型（躁鬱氣質型）：個性開朗、擅長社交，雖然性格樂觀，但情緒起伏較大。

2 瘦長型（分裂氣質型）：神經質且個性拘謹。比起與他人互動，比較偏好獨處。此外，對他人的些微言語行為反應敏感，對他人卻相當遲鈍。

3 肌肉型（黏著氣質型）：富正義感，頑固且堅持己見。雖然對任何事不合意時可能暴怒，但也不乏彬彬有禮、有條不紊的一面。

! 相關知識

◉源自古希臘的類型論

類型論的起源可回溯至古希臘醫師**希波克拉底**主張的**四體液說**，後來又有諸多學者提出形形色色的學說。

- **四體液說**：由希波克拉底提出。他認為人體內有血液、黏液、黃膽汁、黑膽汁四種體液，只要保持均衡，就能維持健康。
- **體液學說**：由古希臘醫學家蓋倫提出。他將人體分為**多血質**、**黏液質**、**黃膽質**、**黑膽質**四大氣質。
- **榮格類型論**：榮格（▼P110）從人的基本態度切入，將性格分為**外向型**與**內向型**兩大類，每一類又可細分為思考型、情感型、感覺型及直觀型四種類型（▼P284）。

代表性的類型論

性格的類型論，最具代表性的例子有克雷奇默的體型學說、美國心理學家威廉·雪爾頓（William Sheldon）的發生學論、德國心理學家愛德華·斯普朗格（Eduard Spranger）的價值論等。

克雷奇默的分類法	**肥胖型** 躁鬱氣質型。外向親切，但有時會暴怒或號啕大哭。 	**瘦長型** 分裂氣質型。嚴肅拘謹，不擅交際。雖神經質但個性溫和。 	**肌肉型** 黏著氣質型。一絲不苟，講求秩序，對任何事物都較為熱中。 
雪爾頓的分類法	**內胚／黏液型** 消化系統及呼吸系統較為發達，體態偏圓。食欲、愛欲較強。 	**外胚／神經型** 神經系統及表皮較發達，體態瘦長。個性細膩但容易疲乏。 	**中胚／筋骨型** 骨骼及肌肉較為發達，體態粗壯。有強烈自我主張，活動力強。 
斯普朗格的分類法	**理論型** 講理、客觀、冷靜沉著。	**經濟型** 講求金錢至上。	**審美型** 重感性，重美感。
	權力型 權力欲強。	**宗教型** 尊崇神聖的事物。	**社會型** 懂得與他人協調共生。

性格

6

將性格細分並歸納的榮格類型論

榮格（▼P110）以**佛洛伊德**（▼P98）提出的**性衝動**（▼P102）為基礎，將人分為對外界的人事物較感興趣的**外向型**、與對自己的內心世界較感興趣的**內向型**兩種。兩種類型又各別分出**思考型**、**情感型**、**感覺型**、**直觀型**四種心理功能。這就是**榮格類型論**。

榮格認為，每個人的心中其實都有外向性與內向性兩種面向，但只有比較強的那一面才會被凸顯。不過一個**性格**浮現表層，另一個對立的性格就會在**潛意識**出現。此外在心理功能中，**思考與情感**為**對立關係**，反之**感覺與直觀**則屬**同類關係**。每個人都有外向性及內向性，也都具有這四種心理功能，只要其中任何一種比其他發達，就會對意識造成影響，浮現表面並形成一個人的性格。

例如一個外向型思考型的人，一切都以客觀事實為基礎來思考，可能會被旁人視為冷淡。但一個內性型思考型的人在思惟上較注重主觀而非事實，因此也可能被視為頑固、執著。

榮格所歸納的八種類型並不是固定不變的，而是會隨與他人的

! 相關知識

◉五大人格特質論

從一九九〇年代開始普及的**五大人格特質論**（或人格五因素論），是**人格特質理論**的一種，主張人類性格中有五種基本的特性因子。傳統的特性論由於被不同的研究者過度細分，已經無法呈現人類整體的性格面貌。相對的，五大性格特質論則認為人類有超越民族差異的以下五種共通特性。

① **外向性**：擅長社交活動的程度。此傾向越高則**社交**能力越高。

② **親和性**：擅長配合他人行動的程度。此傾向越高則**協調性**越高。

③ **嚴謹性**：誠實面對一切事物的程度。此傾向越高則勤勉度越高。

④ **神經質性**：擅長注意細節的程度。此傾向越高則**情緒越不安**

榮格所歸納的八種性格

榮格依照以下的邏輯推演，將人的性格歸納成八種特性。

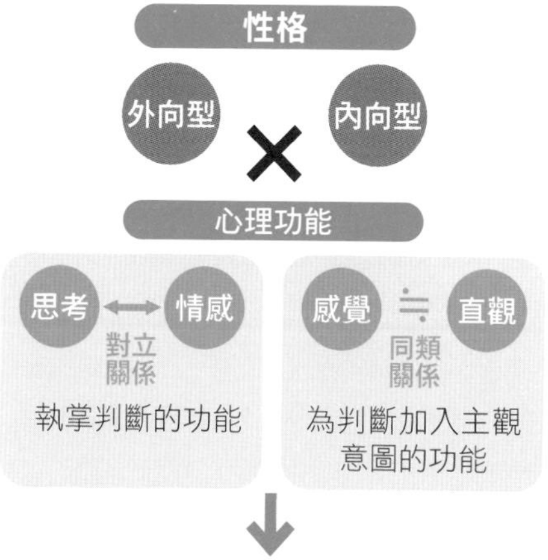
性格
外向型
內向型
心理功能
思考
情感
對立關係
執掌判斷的功能
感覺
直觀
同類關係
為判斷加入主觀意圖的功能

心理功能＼性格	外放的	內向型
思考	**外向思考型** 凡事以客觀事實為基礎做思考，對人較不寬容。	**內向思考型** 較注重主觀而非事實。頑固、執著，有哲學家氣質。
情感	**外向情感型** 喜歡跟流行，不擅長深度思考。較有人情味。	**內向情感型** 感性強，渴望充實自己的內在
感覺	**外向感覺型** 樂於接受現實。追求快感，享樂主義。	**內向感覺型** 可深度解讀一切事物背後的真貌。具獨特的表現能力。
直觀	**外向直觀型** 企業家中常見的天才型。積極追求各種可能性。	**內向直觀型** 以非現實的才華為行動基礎，在藝術家中頗為常見。

互動、環境變化等發生功能上的轉換或改變。這特質稱為**個體化的過程**（▼P116）。後來美國諸多心理學家以榮格的類型論為基礎，發展出測定外向性・內向性的性向測驗，衍生出**人格特質理論**。

定。

⑤**經驗開放性**：對一切事物感興趣的程度以及接受度。此傾向越高，**好奇心越旺盛**。

性格

7

以性格測驗分析人的性格與行為

人的**性格**是以與生俱來的**遺傳**及**氣質**為基礎，再加上後天身處的環境或經歷的經驗，階段性地成形。而性格通常被解釋為代表人格特質的行為或特徵。因此，**性格測驗**就成了判斷一個人的性格，或出自性格的行為是否適合學習活動或企業文化等的基準。

性格測驗有許多檢測方法，大致上可分為以下三類。

①**問卷法**：類似問卷調查，藉由受試者針對問題回答「是」、「否」、或「以上皆非」檢測其性格。

②**作業法**：設定某種特定的檢測場面，藉由受試者的作業結果或過程判斷其性格特徵。

③**投射法**：給予受試者意義不明的刺激環境，藉由他的反應分析其**深層心理**或判斷其性格。

相關知識

◉巴納姆效應

明明是可以套用到每個人的模糊性格描述，卻能使當事人對號入座的心理效果。

血型占卜堪稱**巴納姆效應**最具代表性的例子。截至目前，尚未證實血型與性格有任何因果關係，但大多數人對血型占卜卻依然深信不疑，因為箇中描述似乎的確與自己的性格相符，有些人甚至依血型占卜的結果採取行動。這種行為可視為一種**自我應驗預言**（▼P84）。

這名稱源自美國馬戲團經紀人巴納姆（Phineas Taylor Barnum）的心理操作方法，於一九五六年正式定名。

因應目的選擇心理測驗

解讀深層心理或性格特徵等的性格測驗可分為以下幾個種類。有些測驗適合測量一般性的性格，有些則適合測量特定領域的適性，可視目的挑選測驗方法。

問卷法	喬伊·吉爾福特性格測驗	讓受試者測驗120則問題，並回答「是」、「否」、或「以上皆非」以解讀性格。
問卷法	明尼蘇達多相人格測驗	讓受試者測驗550則問題，並回答「是」、「否」、或「以上皆非」。如果「以上皆非」過多，可信任度便降低。
問卷法	自我狀態測驗（自我圖）	讓受試者測試50則問題，並回答「是」、「否」、或「以上皆非」，以解讀其心理韌性、同理心、冷靜度、自我中心度、順應性等。
作業法	內田－克雷貝林精神測驗	受試者將相鄰的一位數數字相加，1分鐘後換行再開始計算。測驗結束後將每行行尾的點連成作業曲線，以曲線解讀受試者的性格。
投射法	羅氏逆境圖畫測驗	讓受試者觀看日常生活中可能遭逢的逆境圖片，以答案解讀其深層心理。
投射法	羅夏克墨漬測驗	讓受試者對左右對稱的墨漬圖進行自由聯想，以解讀其深層心理。發明者為瑞士心理學家羅夏克（Hermann Rorschach）。
投射法	樹木人格測驗	讓受試者畫一棵樹，從構圖或造型（有無果實或葉子、樹枝或樹根的形狀等）解讀其深層心理。
投射法	語句完成測驗	讓受試者將「我常被他人……」等60則文章的空格填滿，以讀取其深層心理或扭曲心理。

性格 8

自尊是積極進取的要素

為什麼人的個性有積極、消極之分？美國心理學家**威廉・詹姆斯**（William James）將這差異歸因於**自尊感**（▼P136）。自尊感指的是一個人對自己的肯定程度，詹姆斯為此列出了**自尊感＝成功÷自我期望**的計算公式。

舉例來說，一個人如果將得到好成績視為成功的指標，對「得到好成績」的期望越強，分母的期望值越高，失敗時的自尊感就會變得越低。反之，一個習慣失敗的人期望值雖低，也不代表自尊感就低，畢竟成功的基準因人而異。即使一場比賽或考試的結果不夠理想，如果能視失敗為成功之母，自尊感也可能升高。

美國心理學家**莫里斯・羅森伯**（Morris Rosenberg）提出以**自尊感量表**來測量自尊感。接受這項測驗的受試者需要做十項問題，並在「很同意」、「同意」、「不同意」、或「很不同意」四種答案中擇一，再以答案的總分算出自尊感的高低。

觀察受試者的答案後，羅森伯格的結論是，認為自己「夠好」

相關知識

◉習得性無助

由美國心理學家**馬汀・塞利格曼**（Martin Seligman）提出。主張人如果長期處在無法迴避的嚴峻狀況，面對這種狀況會喪失採取任何行動的能力。

塞利格曼以不同的方式向兩隻狗施以電擊。一隻裝上按下按鈕便可中止電擊的裝置，另一隻則無，並不斷對兩隻狗電擊。後來將兩隻狗遷移到另一個房間，周遭有道牠們跳得過的圍牆，再對牠們施以同樣的電擊。學會如何中止電擊的狗會試著跳過圍牆躲避電擊，另一組的狗則沒有採取任何行動，只能無助地承受電擊。

從實驗中，塞利格曼導出了無助狀態是學習而來的結論。

的人自尊感較高。因為相對於認為自己「非常好」的人習慣和他人做比較，這類人較傾向認為「我是我，他是他」。也就是說，自尊感高的人比較懂得找出自己的價值。

由此可以推論，人如果長期處於完全無計可施的情況下，也會學會這種**習得性無助**。因此人需要學會如何提升**自尊感**，也需要努力擺脫習得性無助。

測量自尊感的自尊感量表

肯定自己的價值的感覺，就是自尊感。

詹姆斯的自尊感計算公式

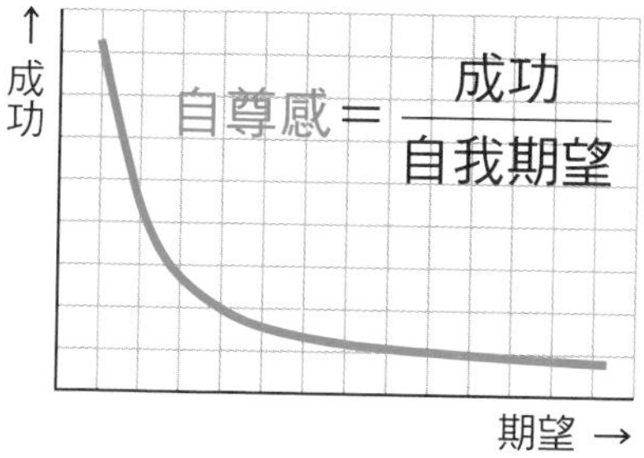

◎期望越高，失敗時自尊感會降得越低。願望越低，則即使失敗也不會損及自尊感。

羅森伯格的自尊感量表

受試者對以下十項問題，在「很同意」、「同意」、「不同意」或「很不同意」四種答案中擇一，四種答案分別為4分、3分、2分、1分，合計25分以下者屬於自尊感低的人，26分以上者則屬於自尊感高的人。

❶ 我對自己感到滿意。
❷ 有時我覺得自己一無是處。
❸ 我認為自己有許多優點。
❹ 我認為自己做事能做得和朋友一樣好。
❺ 我認為自己沒什麼值得自豪的地方。
❻ 有時我覺得自己一點用也沒有。
❼ 我認為自己是個有價值的人，至少和別人不相上下。
❽ 我要是能更看得起自己就好了。
❾ 我覺得自己做什麼都會失敗。
❿ 我覺得自己是個積極進取的人。

性格 9

發現另一個自我的喬哈里窗

有時，別人對自己的**性格**會和自己的認知截然不同。將這種現象以圖表化呈現的是，美國心理學家**喬瑟夫・勒夫**（Joseph Luft）與**哈里・英格拉姆**（Harry Ingham）的「人際關係認知圖表模型」，後來又結合兩人的名字，改名為**喬哈里窗**（▼左圖）。

這理論將人類的自我領域比喻為一扇窗，其中分成四格窗框（領域）。也就是說，每個人的性格都有四個部分，也就是自己和他人都知道的部分（**開放領域**）、自己不知但他人知道的部分（**盲點領域**）、自己知道但他人不知的部分（**隱蔽領域**），以及自己和他人都不知道的部分（**未知領域**）。

如果認為自己的性格需要改善，最好能藉由提升**自我揭露能力**擴展開放領域或減少隱蔽領域。此外，也要尊重指出自己盲點的他人，並透過未知領域拓展潛力。因此，對自己的性格有所不滿時，不妨畫個喬哈里窗將性格整理一番。

Psychology: Q&A

Q 我上司是個十分傾向正向思考的人，就連不特別值得自豪的事，也會視為自己的「特技」來炫耀。這麼樂觀的人，和其他人是不是有哪裡不同？

A 過度自我肯定、對自己的評價過高，超過實際狀況的心理狀況稱為**正向錯覺**（▼P160）。

正向錯覺有以下三個特徵：

①對自己做出超越現實的正面（肯定）評價。

②認為自己對外界有超越現實的控制能力。

③將前途描繪得一片光明。

這種幻想要是過了頭，的確是一種病態，但適度的正向幻覺對適應社會生活或許也不無幫助。

透過喬哈里窗發現另一個自我

喬哈里窗將人的自我分為四類，並將之圖像化。

		自己：知道	自己：不知道
他人	知道	**開放領域** 自己和他人都知道的部分。公開的自我。	**盲點領域** 自己不知道，但他人知道的部分。
他人	不知道	**隱蔽領域** 自己知道，但他人不知道的部分。	**未知領域** 自己和他人都不知道的部分。 蘊藏無限潛力。

性格 10

「男性化」與「女性化」差異

什麼是**男性化**？什麼是**女性化**？人在潛意識中，往往期待擁有男性軀體的人應該要夠男性化，擁有女性軀體的人則應該要夠女性化。

性別心理學從兩性的腦部結構及荷爾蒙的角度，來探討兩性差異。此外，也以**性別角色**的觀點來討論兩性的能力差異。

在原始社會裡，男性負責出外蒐集糧食，並負責抵禦外敵保護女性與兒童。而女性則是在男性保護下肩負生育後代的義務。女性應是受保護的一方，男性則是負責保護婦孺的一方，就這麼衍生出男性化、女性化的差別。

通常男性化、女性化有時候代表身強體壯的物理特徵，有時候則代表包容力等精神特徵。而社會普遍認知中的男性化和女性化，通常影射的應該就是精神特徵。不過，性別差異應該從職業適性的差異、價值觀的差異、社會或心理差異等角度來檢視比較妥當。

相關知識

◉男女的性別差異

性別差異也可以從以下幾個角度切入。在生物學上，女性提供卵子，男性提供精子。在心理學上，女性重視人際關係，男性偏好物質或機械，只把人際關係視為達成目的的方式。而在社會學上，偏向團結互助的女性信奉集體主義，獨立性較強的男性則信奉個人主義。

◉刻板印象

下意識地將他人歸類成幾種類型的心態稱為**刻板印象**。在各種刻板印象中，認為「男人應該如何如何」的心態就稱為**性別刻板印象**。用這種心態作負面陳述，便成為性別歧視。

男性化形象及女性化形象

在一般人的認知中，男人和女人背負著什麼樣的形象？外表以及內在的兩性形象，大致上的分布可能如下圖。

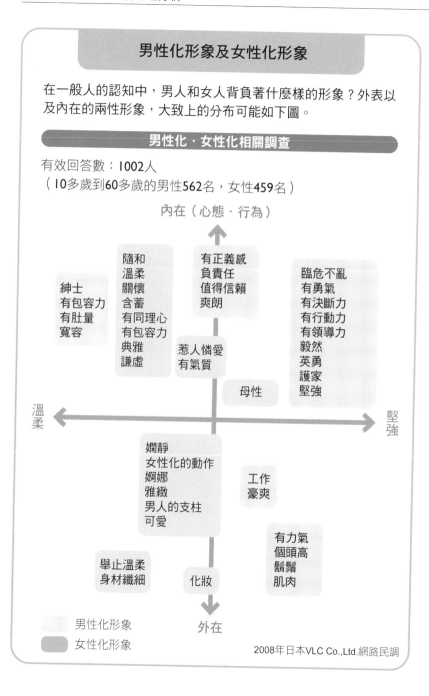

男性化・女性化相關調查

有效回答數：1002人
（10多歲到60多歲的男性562名，女性459名）

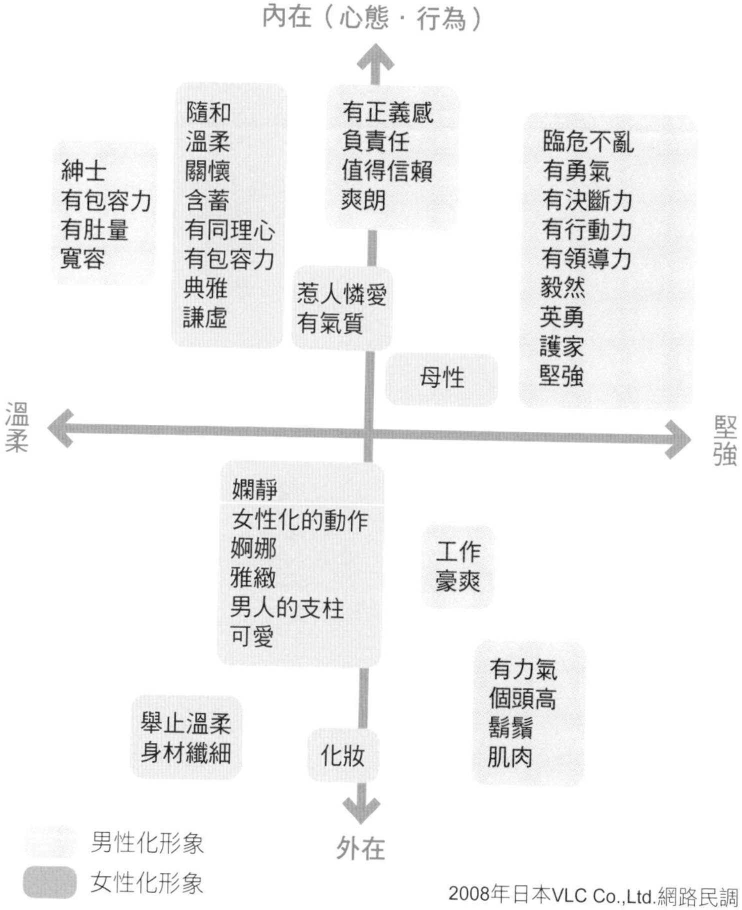
內在（心態・行為）
隨和
溫柔
關懷
含蓄
有同理心
有包容力
典雅
謙虛
有正義感
負責任
值得信賴
爽朗
紳士
有包容力
有肚量
寬容
臨危不亂
有勇氣
有決斷力
有行動力
有領導力
毅然
英勇
護家
堅強
惹人憐愛
有氣質
母性
溫柔
堅強
嫻靜
女性化的動作
婀娜
雅緻
男人的支柱
可愛
工作
豪爽
有力氣
個頭高
鬍鬚
肌肉
舉止溫柔
身材纖細
化妝
外在
男性化形象
女性化形象

2008年日本VLC Co.,Ltd.網路民調

性格

11 從性格來看因人而異的大腦功能

PART7以大腦科學的角度討論了心理的運作，而腦部結構也是形成**性格**的因素之一。**大腦邊緣系統**內的**杏仁核**（▼P260）與**海馬迴**（▼P262），都有穩定性格的功能。杏仁核負責控制焦慮、恐懼等情緒，功能失常便可能導致食欲、性行為、以及喜怒哀樂情感表達失去控制。而負責維持記憶順暢運作的海馬迴如果失去正常功能，便可能出現**記憶障礙**（▼P266）。

即使腦部功能沒有異常，腦部結構與生俱來的差異也會造成性格差異。美國心理學家**黛博拉・強森**（Deborah Johnson）曾比較內向的人與外向的人的腦部結構，發現內向的人額葉與丘腦前側活化程度較高，外向的人則是丘腦後側活化程度較高。實驗結果也顯示，生性害羞的人杏仁核的活性較普通的人高。

可見大腦結構的個人差異，也可能反映在性格上。

! 相關知識

◉男腦與女腦

從男孩和女孩的成長過程看來，通常女孩比較早學會言語。這可能和女孩執掌言語功能的**左腦**比較發達有關。而通常認為男性比較有方向感，女性則多為路癡，則可能是因為男性負責空間認知的**右腦**比女性發達。

女性負責交換左腦與右腦資訊的**胼胝體**比男性大，心思與感官可能因此比較細膩。而男性由於胼胝體比較小，左右腦的資訊交換比較難臨機應變，即使失敗也無法立刻切換思路。由此可見，大腦功能因性別而異，也因人而異。

腦部結構的不同造成性格差異

執掌情感的大腦邊緣系統內的杏仁核與海馬迴的功能，會造成性格上的差異。

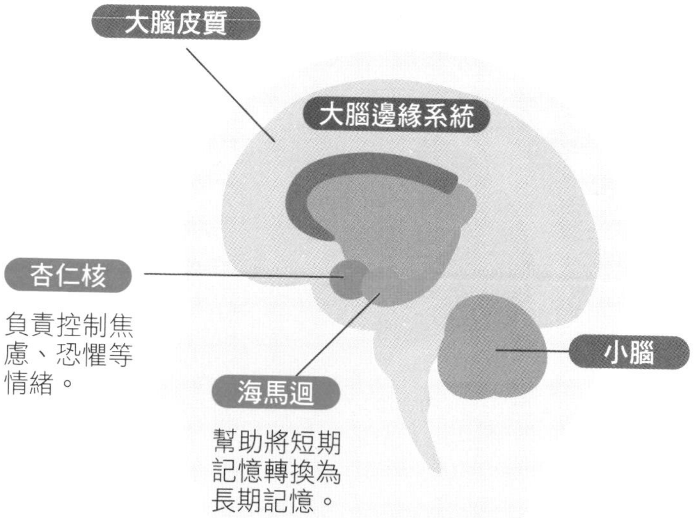
大腦皮質
大腦邊緣系統
杏仁核
負責控制焦慮、恐懼等情緒。
小腦
海馬迴
幫助將短期記憶轉換為長期記憶。

內向的人的腦

杏仁核與海馬迴對刺激很敏感。

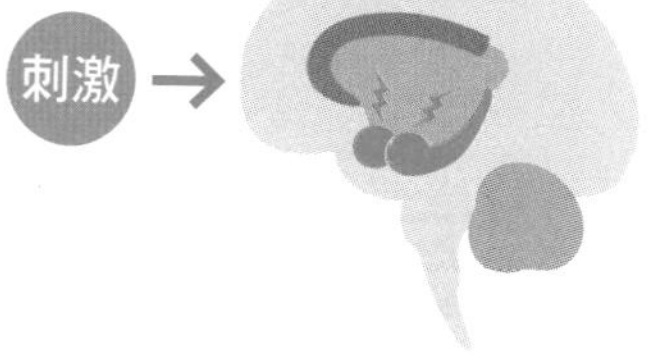
刺激

外向的人的腦

杏仁核與海馬迴對刺激不敏感。

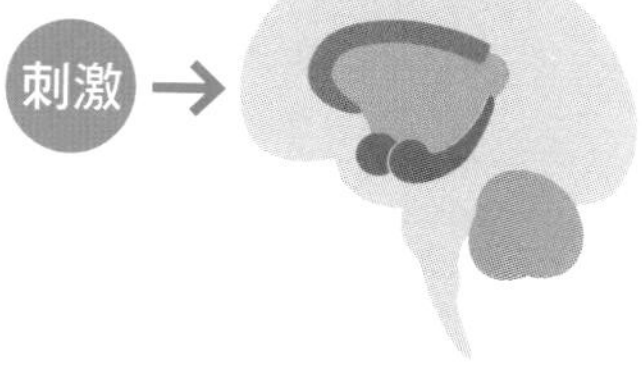
刺激

深層心理

1

呈現成長過程的馬斯洛需求層次理論

人的欲望無極限，即使生活再富裕也無法滿足，新的欲望還是會接連浮現。不過欲望無法滿足並不是壞事，因為這正是人類進步的原動力。

美國心理學家**馬斯洛**（▼下段）將人的**基本需求**分為五個層次，一個層次的需求被滿足，又會出現更高層次的需求。

基本需求的第一個層次是**生理需求**。也就是為了止飢的「吃」、止渴的「喝」、以及「排泄」等生活最基本欲望。第二個層次則是確保自身安全及生活安定的**安全需求**。第三個層次是期望為自己所屬的群體所愛、也能愛其他人的**社交需求**，最後一個層次則是期望獲得他人的認可與尊重的**尊重需求**。一個層次的需求被滿足，便會進而滿足另一個層次的需求，同時也在這種滿足需求的過程中成長。

例如滿足了衣食的需求後，便會進而追求適合安居的家，這需求也滿足後又會追求好的工作，也期望能結婚生子建立幸福家庭，最後則會期望能成為一個受人尊敬的人。

更多詳情

◉亞伯拉罕・馬斯洛（Abraham Maslow）

馬斯洛被譽為人本主義心理學之父。他創立的人格理論為**需求五層次理論**，廣為管理學等其他領域所引用。馬斯洛於一九六七年被澳洲人本主義協會選為「年度最優秀人本主義者」。

◉存在的挫折

奧地利精神醫學家**維克多・弗蘭克**（Viktor Frankl）曾於第二次世界大戰時期經歷過集中營的拘禁生活，發現人可能陷入無法滿足存在意義需求的狀態，並命名為**存在的挫折**。

經歷存在的挫折時，人會失去求生的欲望，每天漫無目的地過活，當所有的基本需求被滿足後，便會進一步嘗試滿足更高層次的**自我實現需求**，希望儘可能發揮能力、拓展潛力。只要為滿足這些需求層次積極行動，就有機會擁有充實的人生。

試圖逃避所有責任，並被一股無力感所籠罩。

情結（▼P150）或**創傷**（**心理創傷**，▼P222）的起因，也常與存在的挫折有關。

馬斯洛的需求五層次理論

人類的需求可用下圖的五層金字塔狀呈現。當一個層次的需求被滿足，便會進而滿足更高層次的需求。

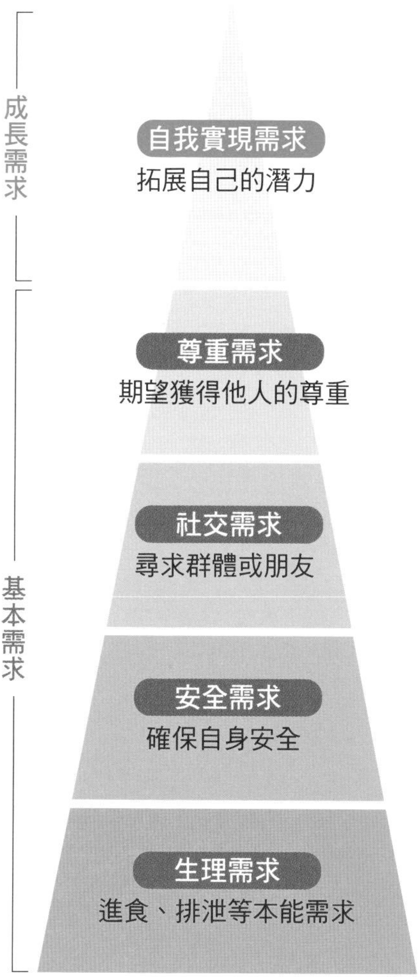
成長需求
自我實現需求
拓展自己的潛力
尊重需求
期望獲得他人的尊重
社交需求
尋求群體或朋友
安全需求
確保自身安全
生理需求
進食、排泄等本能需求
基本需求

深層心理 2

需求未被滿足而產生的挫折

人生不如意十之八九。遇到不如意時，滿心欲望的人會出現什麼樣的狀況？

心理學上將想滿足需求卻無法實現的狀況稱為**需求挫折**。例如一個人原本有個夢想，但父母卻一味逼他讀書（需求挫折），實現夢想的需求無法被滿足，便會因需求挫折與需求不滿足同時發生而產生**挫折感**。在這種情況下要堅毅地活下去，便需要培養**挫折容忍力**。否則挫折過度累積所造成的壓力，可能導致**防衛機制**（▼P150）失效而引發失常行為。

至於因為同時存在兩種以上的需求、不知該滿足哪一方而猶豫不已的現象，則稱為**衝突**。

美國心理學家**勒溫**將衝突分為以下三種類型。

① **雙趨衝突**：同時有兩種需求，猶豫不知該滿足哪一個所造成的衝突。

② **雙避衝突**：同時想迴避兩件事，卻不得不兩者擇一所造成的衝

Psychology: Q&A

Q 我們夫婦都認為不該累積壓力，所以一碰到問題立刻以吵架解決。從心理學的觀點來看，夫妻吵架是否有用？

A 有人認為夫妻吵架有增強**挫折容忍力**的效果。如果無法培養出足夠的**挫折容忍力**，一味忍耐遲早會大爆發，兩人可能就此分道揚鑣。

平時就以吵架發洩情緒，等於是為雙方的情緒打開一個出口，不失為一個紓解壓力的好方法。

不過夫妻吵架必須以雙方有互信基礎為前提，有些話必須有「說這種話應該沒問題」的認知才能說出口。而夫妻如果本來就關係冷淡，吵起架來怕會過度狠毒，可能使雙方出現足以造成離婚或分居的裂

突。

③趨避衝突：一件事同時有好處和壞處，不知是否該做所造成的衝突。

痕。

此邏輯不只適用於夫妻關係，也可以套用在親子關係上。總之培養出可在互信的前提下吵架的關係，或許有助於強化家人關係的維繫。

需求挫折與衝突

需求無法滿足（需求挫折）可能導致挫折感。而同時有兩個以上的需求，為該滿足哪一方猶豫不已的現象，則稱為衝突。

需求挫折

需求挫折導致挫折感過度累積，便會造成壓力。

衝突

①雙趨衝突

兩邊都是自己的菜，不知該選擇哪一個。

②雙避衝突

兩邊都不是自己的菜，不知該選擇哪一個。

③趨避衝突

雖然不是自己的菜，但因為她是資產家的女兒而猶豫。

以催眠療法改造潛意識克服心理情結

人在**深層心理**中，會認為自己有哪裡不如人（**情結**），並努力跨越這層障礙，可以說是在情結的影響下成長。舉例來說，**防衛機制**（▼P150）就是一種情結發揮正面作用所產生的結果。

不過，情結過度嚴重會使人喪失自信，導致各種心理疾病。有效克服情結造成的障礙的方法之一，就是具有**引導催眠**及**自我催眠**兩種形式的**催眠療法**（**心理療法**的一種）。

引導催眠能使人在進入催眠狀態後，不再注意周遭的其他聲音，只會專注地聆聽催眠者的指示。在這種狀態下，**潛意識腦**的活動會變得比**意識腦**更為活潑。接受催眠療法時最重要的，就是放鬆心情，聽任催眠者的誘導及指引。

❗相關知識

◉各種情結

- **灰姑娘情結**：女性渴望受到男性拯救的情結。
- **蘿莉塔情結**：成年男性對未成年女性的性愛情結。
- **戀母情結**：成年男性尚未脫離對母親的依附，無法獨立的情節。
- **兄弟對立情結**：為了獨占父母的關愛而與其他兄弟對立的情結。
- **白雪公主情結**：年幼時曾遭母親體罰，當了父母後也對孩子如法炮製，造成跨世代虐待行為的情結。
- **彌賽亞情結**：彌賽亞為救世主，指對自己缺乏愛，只能藉由他人的感謝之情實現自我，對助人、博愛等理想主義過度堅持的情結。

激發潛意識的催眠療法

催眠療法（引導催眠）為在心理治療專門機構使用的一對一催眠法。其他還有受催眠者在家中接受催眠的遠距離催眠療法、以催眠誘導回溯受催眠者童年記憶以找出病因的退行催眠療法等各種方法。

進行催眠療法的療程

❶ 事前諮商	針對目前的苦惱進行諮商。受催眠者解釋自己想知道什麼、為什麼苦惱，以及希望能獲得什麼樣的結果。
❷ 催眠誘導	以輕度催眠誘導舒緩情緒。
❸ 催眠開始	進入催眠狀態，潛意識的意象浮現。意象因人而異。
❹ 找到內在小孩	內在小孩（潛藏於潛意識之中的童心）出現。憶起兒時心理受到傷害的經過。
❺ 與潛意識中的自我對話	意識與潛意識開始溝通。在兒時自我的觀點及成人自我的觀點之間對話。
❻ 整合自我	與潛藏於潛意識深處的自我交換資訊，找出真正的自我有何期望。
❼ 覺醒	在專家的引導下舒舒服服地清醒。
❽ 事後諮商	陳述催眠過程中的感受，並聽取建議。

深層心理

4

從睡相判斷性格，潛意識展現的姿勢

釋夢（▼P304、306）是解讀人的**深層心理**的有效方式之一，但美國精神分析醫師**山謬・但克爾**（Samuel Dunkell）則提出以**睡相**了解一個人的性格或當時的心理狀態，尤其是煩惱等深層心理。理由是由於睡相是反映**潛意識**的姿勢，和一個人的性格有關。

睡相有大字形、側身、蜷腿、雙手抱胸等，姿勢可謂形形色色。而最具特徵的睡相有胎兒型、國王型、趴睡型、擁抱型、人面獅身型、半胎兒型等（▼左圖）。

睡相一晚會改變好幾回，並不會太固定。不過第二天早上醒來時，如果睡眠時間充足卻還是感覺疲憊，便可能代表依然有睡眠不能紓解的壓力累積在身體裡。總而言之，從睡相可以看出人在潛意識狀態下是緊繃還是放鬆。

Psychology: Q&A

Q 睡眠時，有時會碰上**鬼壓床**的情況。請問這和潛意識是否有什麼關係？

A 發生於睡眠中的**鬼壓床**現象，在醫學上稱為**睡眠麻痺**，大抵都發生在全神貫注地忙過什麼事後就寢時。由於發作時感覺宛如有人壓在自己身上，或是有誰進了房間裡，因此常被視為靈異現象。

鬼壓床大都在**快速動眼睡眠**（▼P308），也就是大腦活躍的睡夢狀態中發作。一般認為是因為在用腦過度或激烈運動後後強迫身體休息，導致身體與大腦未能同步清醒的結果。

從睡相看性格

但克爾認為，從睡相可以看出一個人的性格與深層心理。

1 胎兒型

宛如蜷曲在母親胎內的姿勢，呈現出自我防衛本能。

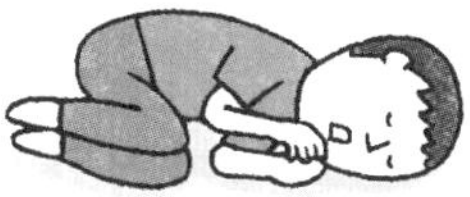

2 國王型

大剌剌且充滿自信。常見於個性強烈的人。

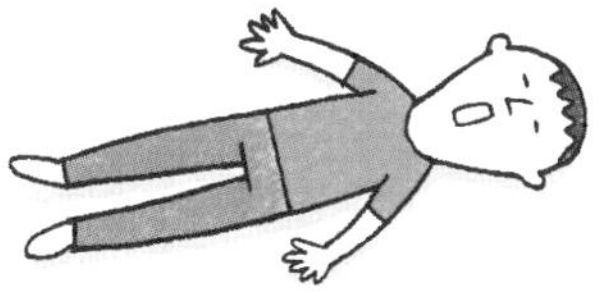

3 趴睡型

展現控制欲。常見於保守且神經質的人。

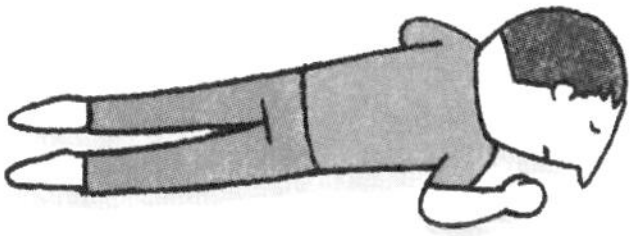

4 擁抱型

對無法實現理想的現實心懷不滿。

5 人面獅身型

常見於兒童，或神經質、常失眠的人。

6 半胎兒型

容易保護內臟的姿勢。呈現出有常識、均衡的性格。

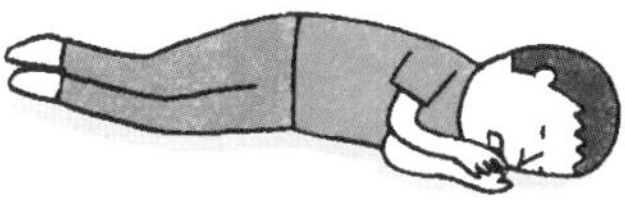

釋夢 1

夢滿足人的願望：佛洛伊德的釋夢

每個人對自己的**夢**象徵什麼意義都很感興趣。**佛洛伊德**（▼P98）認為**做夢的目的是滿足人的願望，一切夢境都是有意義的**，主張透過夢便能打開內心深處通往**潛意識**的大門。

情結（▼P150）或性方面的**創傷**（▼P222）等對人類的**自我**有負面影響的狀態，通常不會出現在**意識**面，而是被封閉在潛意識裡。但在**睡眠時**，意識的控制減弱，這些負面狀態便會從意識的縫隙間竄出。佛洛伊德認為這就是我們做的夢。

因此，佛洛伊德讓患者依夢到的順序對夢境進行自由聯想，試圖藉此解讀患者的**深層心理**，理由是夢是**超我**（道德性的根源，▼P98）被加工成安全的形式後在意識中浮現。他也發現出現在夢中的事物，與某些欲望或情感是相對應的。佛洛伊德認為夢是被封閉在潛意識裡的另一個自己，與幼兒期的**性衝動**（▼P102）或經驗息息相關。他也做出了皇帝象徵父母、跳水象徵誕生、槍象徵男性生殖器、果實象徵女性生殖器、動物則象徵性欲或性行為的結論。

相關知識

◉夢為滿足願望而存在

佛洛伊德對夢的著名定義。例如想見情人卻見不到時，人便會以夢到和情人見面的形式代為實現這個願望。

至於有時會做意義不明的夢，則是因為被壓抑的欲望在潛意識中產生**扭曲**。通常自我尚不發達的兒童，大都是做在睡眠中肚子餓而夢到吃東西等淺顯易懂的夢，成人則多做扭曲難解的夢。

◉不安、退化、壓抑、檢閱

佛洛伊德所主張的夢的四種性質。遭猛獸追趕四處逃竄的夢境象徵**不安**，這樣的夢可被視為幼兒期來自父母的壓力化為潛在不安的顯現。**退化**（▼P104）是幼兒期曾逃在佛洛伊德所處的年代，性議題還是個禁忌，因此這劃時代的學說造成了相當大的轟動，也受到不少譴責。他提出的種種理論，依然影響今日的心理學。

避的往事重新浮現，**壓抑**是潛意識中被壓抑的願望或情感的呈現，**檢閱**則指在願望化為夢境前進行檢查並適時煞車的功能。

佛洛伊德的釋夢

佛洛伊德認為在潛意識中浮現的情結或創傷就是夢的真面目，並將以下的事物視為有意義的象徵。

男性生殖器的象徵

- 長且突出的東西：樹、棒子、拐杖、傘
- 可伸縮的東西：自動鉛筆
- 會流出液體的東西：噴水池、水龍頭

女性生殖器的象徵

- 可以放入東西的空洞：箱子、鞋子、口袋

誕生的象徵

- 跳水的夢
- 從水中爬上岸的夢

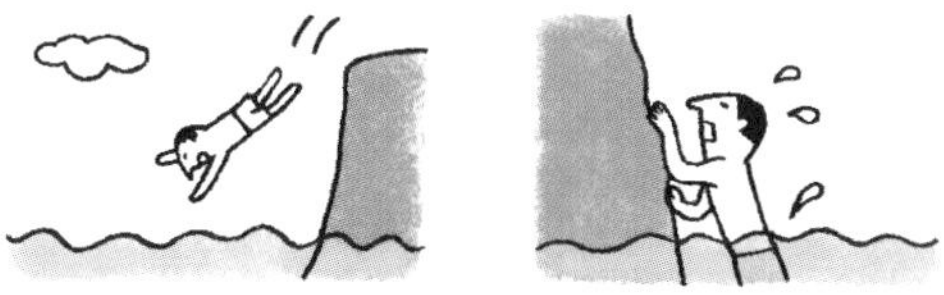

死亡的象徵

- 旅行的夢
- 搭火車的夢

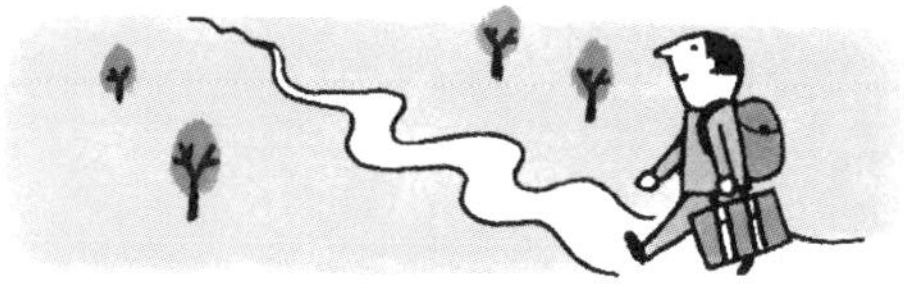

釋夢 2

兩種潛意識浮現的夢：榮格的釋夢

佛洛伊德的釋夢（▼P304）將夢視為願望的投射，尤其與幼兒期的性方面體驗有關。相對的，**榮格**（▼P110）則認為**夢是各種願望的象徵，更具有表達的功能**。

榮格認為**潛意識**有兩種，也就是**集體潛意識**（▼P110）與**個人潛意識**（▼P110）。個人潛意識一如佛洛伊德的主張，就是傳統觀念中人所擁有的潛意識。相對的，集體潛意識則是全人類共有的心態及思惟，他將之稱為**原型**（▼P116），並認為這解釋了為什麼不同的文化或環境也會有類似的神話或傳說。榮格的結論是，這兩種潛意識化為**潛在願望**出現，就是夢。

除此之外，榮格認為夢境成真的**預言夢**（▼P118）也是由集體潛意識所引發，創立了獨特的釋夢方式。

相關知識

◉客體精神與主體精神

榮格在**釋夢**時，判定一個夢是否屬於真正的潛意識的基準。

例如一個少年夢到遇見一個魁梧的男性。如果少年以前見過這位男性，便代表這只是個關於實際存在的人物的夢。榮格稱此為**客體精神**。

而如果少年在潛意識裡對「魁梧男性」懷有憧憬，夢裡的「魁梧男性」就成了自己潛意識的投射。這就稱為**主體精神**。

由此可見，即使是同一個夢，對這個夢的解釋也可能隨這兩種基準而產生微妙的差異。

榮格的釋夢

榮格認為，個人潛意識與集體潛意識化為願望出現，就是夢的真面目。

集體潛意識

正想認識女性時，一個符合自己理想女性的原型就出現了。

個人潛意識

正在想A子時，A子就出現了。

預言夢（正夢）

夢見登山攻頂。 後來經過一番努力而通過考試。

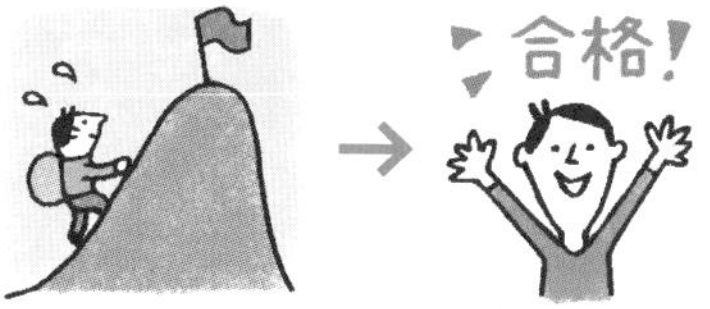

釋夢 3

做夢發生在快速動眼睡眠還是非快速動眼睡眠？

有些人天天做夢，也有些人幾乎不做夢。為什麼會有這種差異？

第一位解明人在睡眠中的哪一段時間做夢的，是美國生理學家**尤金・阿瑟林斯基**（Eugene Aserinsky）與**內森・克萊特曼**（Nathaniel Kleitman）。他們將睡眠歸納為**快速動眼睡眠**及**非快速動眼睡眠**兩種。

在快速動眼期可以觀察到**眼球迅速轉動**。快速動眼睡眠是幫助消除身體疲勞的淺眠，腦波的狀態與清醒時無異，血壓會上升、呼吸次數也會增加。相對的，非快速動眼睡眠時則是深眠，血壓下降、呼吸次數也減少。快速動眼睡眠及非快速動眼睡眠以約九十至一百分鐘的週期進行循環（▼左圖）。

一般認為，通常是在快速動眼期做夢。醒來後記得的夢，就是最後一次快速動眼睡眠時所做的夢。至於聲稱自己不會做夢的人，有人認為應該不是沒做夢，而是還在快速動眼期時就忘記了。

相關知識

◉睡眠肢動症

一種因腦內負責神經傳達的**多巴胺**分泌失調，導致患者從傍晚到夜間感覺腳癢難耐的神經疾患。不舒服的感覺會造成慢性睡眠不足，也可能因此併發憂鬱症。

◉α波與β波

皆為**腦波**的種類，可用數值表示測定當時的精神狀態（焦慮、緊張、安靜等）。腦波共分為**α波**、**β波**、**γ波**、**θ波**、**δ波**五種，每一種腦波的特性如下。

α波：在心情輕鬆的狀態下集中精神、身心協調的狀態下出現。

β波：在面對龐大壓力的緊張狀態下出現。

不過，近年發現人在非快速動眼睡眠時也會做夢。據說**情境再現**（▼P222）性的噩夢就是在這種時候做的夢。

做夢的原因至今尚未清楚解明，但身體在睡眠時的感覺會對夢造成影響已經得到肯定，最容易反映在夢境中的感覺就是尿意。除此之外，心中的牽掛等也可能轉化為其他意象出現在夢境裡。

γ波：在心神不寧、興奮或緊張時出現。

θ波：在睡前（或淺眠時）、冥想時出現。

δ波：在熟睡時或無意識層次的腦波。

睡眠循環與夢的關係

在一整晚的睡眠中，快速動眼期及非快速動眼期以約 90 至 100 分鐘的週期進行循環。一般認為在快速動眼期時做夢。

快速動眼睡眠	●接近覺醒的淺眠。 ●眼球不斷轉動。 ●做夢。 ●呼吸、脈搏不規律。 ●感覺渾身無力。 ●接近清醒。此時起床會感覺渾身舒暢。
非快速動眼睡眠	●剛睡著時的睡眠狀態。 ●熟睡，幾乎不做夢。 ●呼吸、脈搏減緩。 ●體溫下降、出汗。 ●肌肉仍保持運作。

睡眠及覺醒的頻率

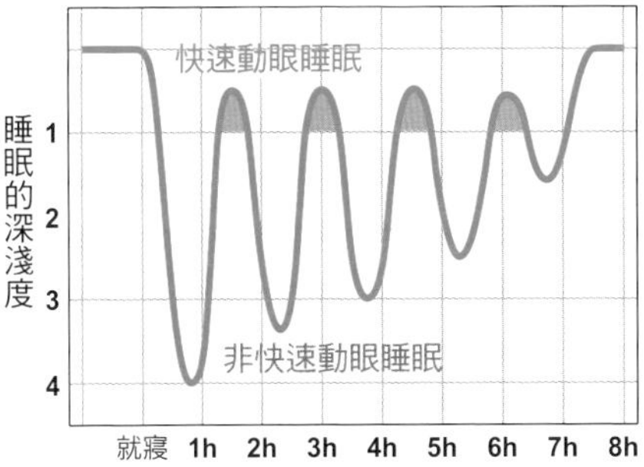

◎睡著後第一個出現的是非快速動眼睡眠，接下來才是淺眠的快速動眼睡眠。

索引

圖解心理學（二版）

正面迎戰人生難題！讀懂自己、看穿他人，從 0 到 99 歲都適用的生涯處方

面白いほどよくわかる！心理学の本

作　　者　澀谷昌三
譯　　者　劉名揚
插　　圖　平井きわ
繪　　圖　志岐design事務所股份有限公司
（佐々木容子、小宮祐子）
原版編輯　peakone有限公司
小文publishing股份有限公司
封面設計　郭彥宏
版面構成　陳姿秀
行銷企劃　蕭浩仰、江紫涓
行銷統籌　駱漢琦
業務發行　邱紹溢
營運顧問　郭其彬
編輯協力　蕭琮蓉
審　　定　Daihua
責任編輯　劉文琪、賴靜儀
總 編 輯　李亞南
出　　版　漫遊者文化事業股份有限公司
地　　址　台台北市103大同區重慶北路二段88號2樓之6
電　　話　(02) 2715-2022
傳　　真　(02) 2715-2021
服務信箱　service@azothbooks.com
網路書店　www.azothbooks.com
臉　　書　www.facebook.com/azothbooks.read
發　　行　大雁出版基地
地　　址　新北市231新店區北新路三段207-3號5樓
電　　話　(02) 8913-1005
訂單傳真　(02) 8913-1056

二版 4 刷 (1)　2024年7月
定　　價　台幣480元

ISBN　978-986-489-794-0

國家圖書館出版品預行編目 (CIP) 資料

圖解心理學 : 正面迎戰人生難題! 讀懂自己、看穿他人, 從0 到99 歲都適用的生涯處方 / 澀谷昌三著 ; 劉名揚譯. -- 二版. -- 臺北市 : 漫遊者文化事業股份有限公司, 2023.05
320 面 ; 14.8×21 公分
譯自 : 面白いほどよくわかる！心理学の本
ISBN 978-986-489-794-0(平裝)
1.CST: 心理學
170　　112006380